내러티브로 풀어가는

왕들의 이야기

열왕기상 · 열왕기하
내러티브로 읽는 성경 3

| **이연길** 지음 |

쿰란출판사

내러티브로 풀어가는

왕들의 이야기

책을 펴내면서

성경은 읽기 쉬운 책입니다. 그러나 동시에 읽기 어려운 책입니다. 읽기 쉽다는 말은 성경을 표면적으로 읽었다는 뜻이고, 어렵다는 것은 성경 내면의 이야기를 읽었다는 말입니다. 열왕기는 표면적으로 읽으면 역사로 보이고, 내면을 읽으면 하나님의 이야기가 보입니다. 성경은 표면적으로 읽으면 사람이 보이고, 내면의 이야기로 읽으면 하나님이 보일 뿐 아니라 하나님의 말씀이 들려옵니다.

우리 민족은 성경을 참 사랑하는 민족입니다. 우리처럼 성경을 많이 읽는 민족도 드물 것입니다. 그러나 아쉬운 것은 많은 그리스도인이 성경의 표면적 이야기를 읽는 데 치중한 나머지 진짜 말씀은 잃어버리고 있다는 점입니다. 그래서 성경을 바르게 읽도록 안내하는 지침서 같은 책을 써야겠다고 계획을 세우고, 그간 《에덴에서 가나안으로》(2009)와 《사사들과 다윗왕국 시대》(2009)라는 책을 냈습니다.

그리고 14년이 흘렀습니다. 열왕기에 대해 쓰려고 했지만, 내용이 너무 방대하고 복잡해 엄두를 내지 못하고 지금까지 망설여 왔습니다. 그러다 이제 더는 미룰 수 없다고 생각해 어설프지만 《내러티브로 풀어가는 왕들의 이야기》를 세상에 내놓게 되었습니다. 이제야 비로소 창세기에서 열왕기까지 내러티브 성경 읽기 안내서가 완성된 것입니다.

이 책을 완성하도록 용기를 준 것은 몇 년 전에 말씀목회 공동체 회원들과 함께 열왕기를 연구했던 모임이었습니다. 콘퍼런스란 제한된 시간으로 인해 이처럼 방대한 내용 중 극히 일부분만 다룰 수밖에 없었지만, 이 연구 모임을 통해 열왕기에 흥미를 더 느끼게 되었고 이를 연구해 보고 싶은 열망이 커졌습니다. 그래서 그때 다루지 못했던 부분을 보충하고, 부족했던 부분을 보완해 책을 완성하게 되었습니다. 이 책을 저술하면서 우리 목회자들과 성경을 더 깊이 알고 싶어 하는 교인들을 생각하며, 설교자들에게는 설교의 촉을 예리하게 하고, 교인들에게는 성경을 바르고 재미있게 읽을 수 있는 팁을 주려고 노력했습니다.

열왕기는 한마디로 오늘날과 같이 복잡다단한 시대에 우리 개인과 교회에 주시는 말씀입니다. 어떻게 해야 교회가 교회다울 수 있는지, 어떻게 해야 교회가 활력을 얻고 생동력 있게 성장해 나갈 수 있는지, 어떻게 해야 하나님의 은혜 안에서 늘 새 힘을 얻고 살 수 있는지를 정확하게 보여 주는 책이 열왕기입니다.

이 책을 쓰면서 많은 분의 도움을 받았습니다. 무엇보다 이 책에 소개한 참고 자료들은 열왕기를 바르게 읽는 데 큰 도움이 되었습니다. 모든 저자분들께 감사를 드립니다. 아쉬운 점은, 누구나 이 책을 친구 삼아 가볍고 즐겁게 읽도록 각주를 생략하다 보니, 인용한 자료의 출처를 일일이 밝히지 못했습니다. 이번 열왕기 연구는 성경이 최종 본문이라는 관점에서, 그 안에 담겨 있는 의미와 하나님의 말씀을 밝히고 전달하는 데만 중점을 두었습니다. 그리고 부족하나마 가능한 한 역대기 본문과 비교해 보려고 노력했다는 점을 말씀드리고 싶습니다.

이 책에서는 하나님의 호칭을 여러 가지로 사용했습니다. 일반적으로 부를 때는 '하나님', 언약의 하나님을 의미할 때는 '여호와 하나님', 그리고 하나님을 조금 더 엄위하신 분으로 느끼게 하고자 할 때는 '야웨 하나님'이라는 호칭을 사용했습니다. 한 가지 부탁하고 싶은 것은, 이 책을 읽기 전에 먼저 성경 본문을 자세히 읽고, 그다음에 책을 읽으면 좋겠습니다.

이 책을 내면서 진심으로 많은 감사를 느꼈습니다. 먼저 평생 저를 가르쳐 주신 스승님들께 감사를 드립니다. 그리고 성경을 사랑하는 마음으로 늘 함께 연구해 온 말씀목회 공동체 회원들에게 감사를 드립니다. 이 책을 만들어 주신 쿰란출판사 이형규 장로님과 모든 수고하신 분에게도 감사의 마음을 전합니다. 그리고 무엇보다 평생 묵묵히 참고 기다려 주면서 책을 쓸 수 있는 환경을 만들어 주느라 수고한 아내 임숙자 님에게 감사를 드립니다. 글을 쓰는 동안 내내 어린 나에게 성경을 가르쳐 주셨던 어머니 최옥련 권사님이 생각났습니다. 어머니, 진심으로 감사합니다.

아무것도 아닌 저에게 성경을 연구할 수 있는 기회를 주시고, 건강을 주시고, 적절한 스승들을 만나게 하시고, 책을 쓸 때마다 영감을 주신 하나님께 진심으로 감사드리며 경배를 드립니다.

2023년 5월

라구나 우즈(Laguna Woods)에서

이연길

목차

열왕기상

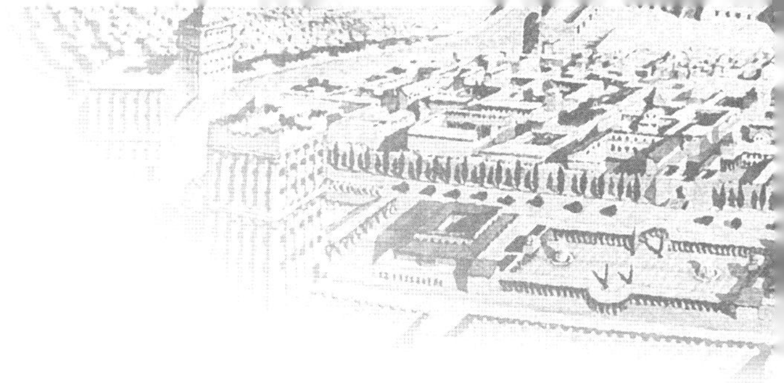

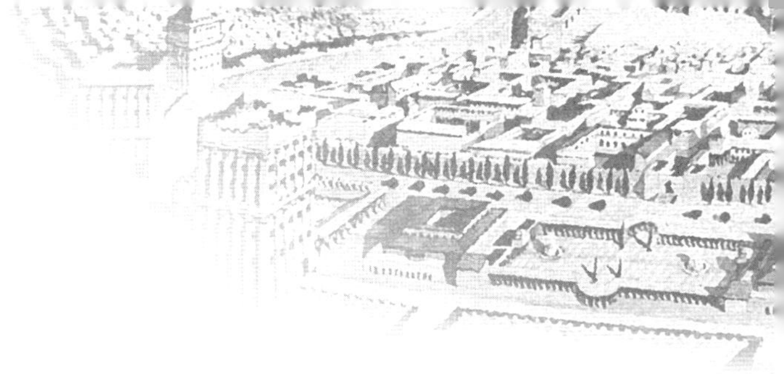

열왕 기하

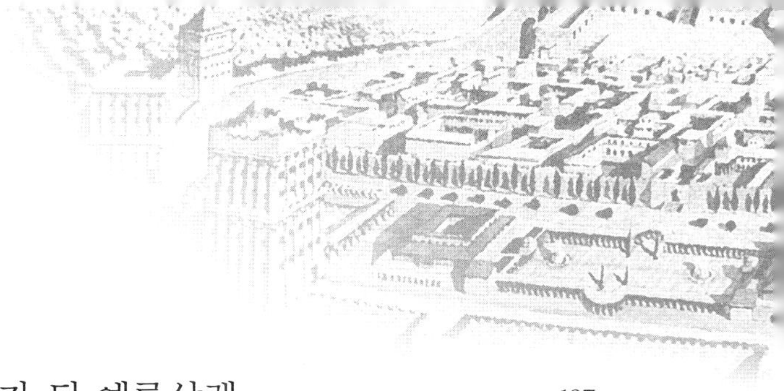

III. 아합의 사위가 된 예루살렘 197

IV. 기울어져 가는 사마리아 219

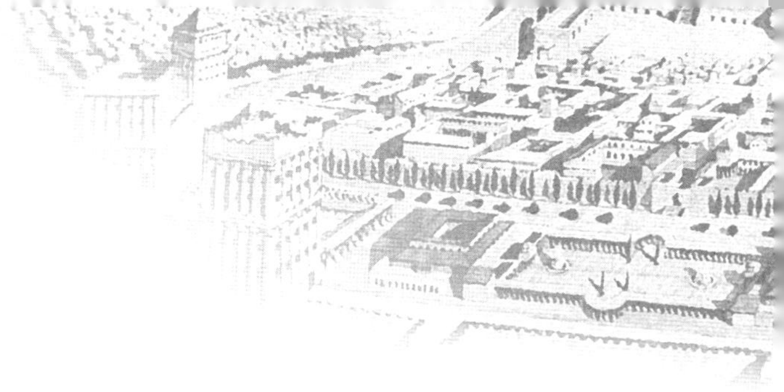

내러티브로 풀어가는

왕들의 이야기

열왕기상

I.

아비삭으로 출발하는 열왕기

열왕기를 시작하는 첫 문장은 “다윗 왕이 나이가 많아 늙으니 이불을 덮어도 따뜻하지 아니한지라”(왕상 1:1)이다. 다윗 왕이 늙어서 이제는 죽어 가는구나 하고 생각하게 하는 구절이다. 그런데 이 단락의 마지막은 이렇게 끝난다. “이 처녀는 심히 아름다워 그가 왕을 받들어 시중들었으나 왕이 잠자리는 같이 하지 아니하였더라”(왕상 1:4). 이 단락의 주제는 나이 많은 다윗의 임종에 관한 이야기인 줄 알았는데, 그것이 아니라 왕이 젊은 아비삭과 잠자리를 같이 하지 않았다는 것이다. 이로써 열왕기라는 거룩한 문서를 시작하기에는 좀 상스러운 내용이 되어 버렸다. 책을 쓰는 사람은 누구나 매력적인 문장으로 처음을 시작하고자 한다. 성경 저자들도 예외는 아니었을 것이다. 그런데 열왕기는 왜 이런 내용으로 출발할까? 열왕기가 원래는 사무엘서와 연결된 하나의 책이었다는 것은 이미 다 알고 있는 상식이다. 그렇다면 하나의 책을 둘로 나누면서 저자는 어떤 내용으로 시작할지를 놓고 무척이나 고민했을 것이다. 그리고 마침내 내린 결정이 아비삭의 이야기로 출발하는 것이었다. 왜 열왕기는 이렇게 출발해야 했을까?

1. 저무는 별, 다윗(왕상 1:1-4)

위대한 민족의 영웅 다윗의 시대가 다 저물어 가고 있다. 이 긴박한 순간에 다윗의 참모들은 급하게 또 하나의 계획을 시도한다. 젊은 처녀 하나를 구해 왕의 몸을 따뜻하게 해주려는 것이다. 이불을 덮어도 따뜻하지 않은 왕의 몸을 따뜻하게 해줌으로 꺼져 가는 심장이 다시 생기를 찾게 해주려 하는 것은 어찌 보면 신하로서 당연한 배려일지 모른다. 한편 이 제안에 다윗은 아무런 언급을 하지 않는다. 찬성인가, 아니면 반대인가? 그러나 신하들은 아랑곳하지 않고 계획을 행동으로 옮긴다. 뭔가 확신이 있다는 증거다.

다윗의 침묵, 반면 신하들의 발 빠른 행동 사이에 깊은 괴리의 강이 흐른다. 이들은 평생을 다윗과 함께한 사람들이다. 다윗의 뱃속까지 꿰뚫어 알고 있는 사람들이다. 그런 신하들이 다윗의 허락도 없이 발 빠르게 행동으로 옮긴 데는 그들 나름대로의 이유가 있었을 것이다. 신하들은 온 나라에서 젊고 예쁜 처녀를 물색하기 시작했고, 드디어 그런 처녀를 찾았다. 수넴 마을에 사는 아비삭이란 여인이었다. 당시 수넴이란 마을은 미인이 많은 것으로 알려진 곳으로, 헬몬산 서남방 경사면에 있는 술람미라고도 하는 마을이다. 유대역사에 관해 뛰어난 학자인 R. 드보는 술람미는 마을이라기보다는 가문을 가리킨다고 말했다.

왕궁에 들어온 아비삭은 정성껏 왕의 시중을 들었다. 그러나 이야기는 엉뚱한 말로 끝을 맺는다. “왕이 잠자리는 같이 하지 아니하였더라"(5절). 신하들은 다윗이 대단히 기뻐할 줄로 알았다. 또 그녀를 통해 다윗이 젊음을 되찾을 줄로 기대했다. 그러나 다윗이 그녀와 잠자리를 같이 하지 않았다는 말로 이 단락은 끝이 난다. 다윗의 신하들은 아비삭이 시중드는 일을 넘어 뭔가를 더 하기를 원했던 것이다. 그것이 무엇이었을까?

다윗의 일생은 하나님 보시기에 완벽했다고 열왕기는 말한다. 한 가지를 제외하고는 말이다. "다윗은 주님께서 보시기에 올바르게 살았고, 헷 사람 우리야의 사건 말고는, 그 생애 동안에 주님의 명령을 어긴 일이 없었다"(왕상 15:5, 새번역). 이 문장에서 열왕기는 다윗에게 가장 문제 되는 약점을 날카롭게 지적한다. 그의 약점은 여자 문제였다. 다른 말로 말하면 다윗은 색(色)에 약했다는 의미다. 그래서 그의 유일한 실책도 바로 여색의 문제였다고 지적한다. 그러면서도 저자는 우리야의 아내 밧세바의 사건을 우리야의 사건이라고 한다. 밧세바의 사건으로 거론하고 싶지 않았다는 뜻이다.

본문은 아비삭에 대해 '아름답다'라는 수식어를 두 번이나 반복한다. 4절의 '심히 아름답다'에 해당하는 히브리어 '아드 메오드'는 어떤 여자와도 비교할 수 없을 정도로 아름답다는 의미가 담겨 있다. 좀 거칠게 말하면, 다윗이 거부하려 해도 거부할 수 없는 미와 젊음을 갖춘 처녀란 뜻이다. '왕의 품에 눕다'(2절)의 히브리어 표현은 성적인 접촉을 의미한다(참고. 미 7:5). 그렇다면 신하들은 다윗이 노년에 상실해 가는 성적 욕망을 회복하게 해서 이전처럼 다시 활발하게 활동하기를 기대한 것은 아닐까? 유대 역사가 요세푸스도 이런 풍습은 당시의 의학적 처방의 한 형태였다고 했다. 그렇다면 신하들이 기대했던 것은 다윗의 성적 욕구를 만족시켜 줌으로 건강도 되찾게 해주고 싶었다는 말이 된다.

70인역 성경에는 "그녀로 하여금 그를 흥분케 하고 그와 함께 눕게 하려고"라는 말을 덧붙여 놓았다. 그런데 그 끝은 "왕이 잠자리는 같이 하지 아니하였더라"(4절)로 마무리된다. 여기서 사용된 동사는 강한 부정을 나타낸다. 그러므로 다윗은 신하들이 의도한 것을 의지적으로 하지 않았다는 말이 된다. 다윗의 나이가 너무 많아서였을까? 그렇다면 열왕기 저자가 여기서 말하고 싶은 것은 다윗의 임박한 죽음이 아니라는 것을 알 수 있다. 이스라엘의 위대한 별인 다윗의 마지막을 통해 무엇인가 말하고 싶은 것이 있었다는 뜻이다.

그렇다면 왜 다윗은 그들의 배려를 거절했을까? 당시 다윗의 나이는 몇 살이었을까? 솔로몬 이전에는 연대나 나이를 측정하는 것이 불가능하다. 그러므로 다윗의 나이를 추측할 수 있는 근거는 오직 사무엘하 5장 4-5절뿐이다.

> "다윗이 나이가 삼십 세에 왕위에 올라 사십 년 동안 다스렸으되 헤브론에서 칠 년 육 개월 동안 유다를 다스렸고 예루살렘에서 삼십삼 년 동안 온 이스라엘과 유다를 다스렸더라."

다윗이 30세의 나이에 헤브론에서 왕이 되어 7년을 다스리고, 예루살렘에서 33년을 더 다스린 뒤 왕위에서 물러났으니 70세가 되는 셈이다. 그러나 아비삭 내러티브의 시기와 다윗이 임종한(왕상 2:1) 시기 사이에 몇 년의 세월의 간격이 있는지는 확실히 알 수 없다. 이에 이때 다윗의 나이를 꼭 70세라고 단정하기는 어렵다. 또 한 가지, 성경은 사울의 통치 기간이 40년, 다윗이 40년, 그리고 솔로몬이 40년이라고 말한다. 40년이라는 시간은 완전한 한 세대의 기간으로 이상적인 인생, 이상적인 왕이란 의미를 담고 있다. 이런 의미에서 다윗의 통치 기간을 40년이란 숫자로 의도적으로 맞추려 했다는 생각이 든다.

그렇다면 이 40년의 기간은 상징적인 햇수로도 생각할 수 있다. 성경 저자들이 일부 숫자를 제시할 때는 실제적인 수(數)를 밝히기보다 어떤 의미의 상징으로 언급했을 가능성이 크다. 만약 이런 가정을 받아들인다면, 다윗이 지금 곧 죽어 가는 사람처럼 그려지고 있지만, 당시 다윗의 나이는 70세에 훨씬 못 미쳤을지도 모른다. 만약 그렇다면 다윗은 왜 아비삭을 거절했을까?

성경에서 성(性)적 문제를 그 책의 맨 앞에서 다룬다는 것은 예사로운 일이 아니다. 더욱이 위대한 왕 다윗의 마지막을 기록하면서 성적인 주제로 시작한다는 것은 이해하기가 어렵다. 열왕기 저자는 왜 이 문제를 불쑥 던진 것일까? "왕이 잠자리는 같이 하지 아니하였더라"(4절)라는 말만 던져놓고 어떤 언급도 없이 다른 주제로 옮겨간다. 열왕기에 의하면 다윗은 어떤 면에서도 약점을 보인 적이 없었던 사람이다(왕상 15:5). 특별히 누구보다 여호와 하나님으로부터 사랑을 받은 사람이다. 그처럼 완벽했던 사람이 헷 사람 우리야의 일에서만은 약점을 보였다고 지적한다. 이것은 다윗의 유일한 약점이 무엇이었는지를 말해 준다. 그처럼 여자를 좋아했던 다윗이 이스라엘에서 가장 뛰어난 미인이었던 아비삭을 거절했다는 것은 단순한 문제가 아니라는 말이다.

그렇다면 책 서두에서 다윗과 아비삭의 문제를 다룬 데는 그럴만한 이유가 있었을 것이다. 다윗의 일생을 뒤흔들어 놓은 건 밧세바 사건이다. 그 이후로도 다윗에게 일어나는 모든 문제는 이 사건과 얽혀 있고, 또 이 사건은 늘 그를 괴롭혔다. 그렇다면 아비삭을 옆에 두고도 잠자리를 같이 하지 않았다는 말은 이런 다윗의 생애와 연관 지어 생각해야 할 것이다. 다윗은 자신이 그처럼 좋아했던, 아니 자신을 그토록 괴롭혔던 약점을 완전히 청산하려고 한 것이 아니었을까? 아비삭 사건은 하나님 앞에서 온전한 모습으로 생을 마치고

자 한 그의 결단이 나타난 것이라고 봐야 한다. 다윗에게 아비삭은 죄의 화신(化身)이었다. 자신의 모든 죄가 얽혀 있는 욕망의 집합체였다. 다윗은 그것을 이제 잘라내고 싶었던 것이다. 아비삭이 나쁜 사람이었다는 말이 결코 아니다. 이것은 오직 다윗의 문제요, 다윗이 풀어야 할 숙제였다.

그러므로 열왕기 저자가 이 이야기를 맨 앞에 등장시킨 이유는 열왕기에는 대단한 의미를 가진다. 즉, 다윗을 자신의 상처를 씻고 약점을 해결한 사람으로, 또 하나님 앞에서 온전히 살았던 왕의 본보기로 제시하고 싶었던 것이다. 동시에 잘못이 있지만 회개하고 돌이키기만 하면, 하나님은 어떤 잘못이나 과오도 용서하시고 받아 주시며 은혜의 길로 인도하신다는 진리를 백성에게 제시하려 한 것이다. 이처럼 아비삭의 내러티브는 다윗의 일생을 정리하는 중요한 내용일 뿐 아니라, 이스라엘 역사에서도 중요한 자리를 차지한다.

2. 아비삭과 아도니야(왕상 1:5-10)

이야기는 갑자기 아도니야에게로 넘어간다. 아도니야는 스스로 "내가 왕이 되리라"(5절)라고 결단한다. 자기 아버지가 살아 있는데 자신이 왕이 되겠다고 한 왕자는 유대 역사에서 찾아볼 수 없다. 그렇다면 왜 아도니야는 자기가 이제 왕이 되리라고 성급하게 선언한 것일까? 아도니아의 반역 이야기는 "왕(다윗)이 아비삭과 잠자리를 같이 하지 않았다"는 말끝에 바로 이어 나온다. 이는 그의 반역이 이 사실과 관계가 있다는 말이다. 다윗이 아비삭과 잠자리를 같이 하지 않았다는 말을 들었을 때 아도니야는 무슨 생각을 했을까? 다윗의 생애는 끝났고, 이제는 자기가 왕이 될 차례라고 생각했던 것은 아닐까? 그뿐 아니라 아버지 다윗은 늙었고 나라를 통치할 힘이 없으니 다른 일이 진행되기 전에 왕이 될 수 있는 자신의 권리를 찾아야 된다고 생각하지 않았을까?

이후에도 언급하겠지만, 아도니야는 자신이 왕위에 오를 차례라고 생각하면서도 마음 한구석에 걸리는 게 있었다. 그것은 솔로몬이었다. 솔로몬의 어머니 밧세바가 당시에 막강한 권력을 누리고 있었기 때문이다. 그렇다면 밧세바가 솔로몬을 왕으로 추천하기 전에 자신이 먼저 선수를 쳐야 한다고 생각했을지도 모른다.

또 한 가지 유추해 볼 수 있는 것은, 아도니야는 다윗의 마지막 여인인 아비삭을 지극히 사랑했을 것이라는 점이다. 열왕기상 2장 17절에 의하면, 아도니야가 반역에 실패하고 일종의 가택연금 상태에 있을 때, 잘못되면 아비삭뿐 아니라 자신도 목숨을 잃을 수 있는 그때에, 그는 밧세바에게 아비삭을 아내로 달라고 요구했다. 그가 그런 위험을 무릅쓰고 아비삭을 요구한 이유가 무엇이었을까? 그녀를 너무나 사랑했기 때문이 아닐까? 당시 규례대로라면 만약 아도니야가 왕이 된다면 아비삭을 아내로 맞이할 수 있었다. 결국 자기가 왕이 되면 아비삭까지 얻는, 말 그대로 일거양득이 되는 것이었다.

다윗의 아들들을 살펴보자. 장자가 암논이고, 둘째가 길르압, 그리고 셋째가 압살롬이지만 이들은 모두 일찍 세상을 떠났다. 그렇다면 왕위는 넷째인 아도니야의 차지가 되는 셈이다. 그러니 그가 왕이 되겠다고 한 것은 이상한 일이 아니다(삼하 3:1-5). 또한 아도니야는 "용모가 심히 준수한 자"(6절)였다. 이 말은 그가 타고난 외모와 신체적 조건 때문에 사람들의 사랑을 받았고, 차기 왕위에 오를 사람으로 기대를 모았다는 것을 암시한다. 또 아버지 다윗이 아도니야에게 "네가 어찌하여 그리하였느냐?"와 같은 말로 그를 섭섭하게 한 일이 한 번도 없었다(6절).

우리말 성경에서는 6절의 문장 순서가 "그는 압살롬 다음에 태어난 자요 용모가 심히 준수한 자라"라고 되어 있으나, 히브리어 성경에서는 강한 부정에 사용되는 '로'(לא)를 맨 앞에 놓음으로, 그의 부친이 그를 섭섭하게 한 일이 한 번도 '없었다'는 점을 강조하고 있다. '용모가 심히 준수하다'는 표현도 '심히'와 '준수하다'가 결합되어 그가 다른 이들과 비교할 수 없을 정도로 매우 잘생긴 사람이었음을 나타낸다. 열왕기 저자는 어떤 의미로 다윗이 그를 꾸짖거나 책망한 일이 한 번도 없었다고 기록했을까? 정말 아도니야가 전혀 흠이 없었다는 뜻일까, 아니면 다윗이 아도니야를 한 번도 책망하지 않은 것은 잘못이란 의미일까? 그것도 아니면 그만큼 그를 사랑했다는 의미일까? 그렇다면 왜 다윗은 아도니야를 한 번도 책망하지 않았을까? 사실 다윗은 다른 아들들에게도 "왜 그랬느냐?"고 한 번도 책망한 적이 없다. 왜 그랬을까?

여하간에 열왕기 저자가 6절에 다윗이 아도니야를 한 번도 꾸짖지 않았다는 말을 끼워 넣은 것은, 아도니야가 다윗은 자신을 신뢰할 뿐 아니라, 자랑스럽게 생각한다고 스스로 착각했을 수도 있었음을 암시한다. 사실 아도니야는 이미 자신이 왕위를 물려받을 사람인 것처럼 행세하고 다녔다. 자기 병거를 타고 기병과 호위병 오십 명을 거느리고 다녔다. 그의 위용이 얼마나 대단했는지 알 수 있다. 이는 마치 왕의 모습이나 다름이 없었다. 그렇기에 군 총사령관인 요압과 제사장 아비아달도 그를 지지하게 되었을 것이다.

마침내 행동 개시 예정일이 왔다. 아도니야는 추종자들을 모아 에느로겔 근방 소헬렛 바위로 내려갔다. 그리고 잔치를 베풀었다. 이때 그는 솔로몬과 선지자 나단을 제외하고 다른 모든 왕자들과 신하들을 다 그곳에 초청했다. 당시의 분위기를 추측할 수 있는 장면이다. '에느로겔'은 '로겔의 샘'이란 뜻으로 '엔 로겔'(En Rogel)을 말한다. 일명 세탁자들의 우물이라고도 한다. 이 엔 로겔은 다윗 성에서 동남쪽 아래로 기드론 시내와 힌놈의 골짜기가 만나는 지점에 위치해 있다. 학자들에 따르면 이곳은 오래전부터 종교의식을 거행하던 곳이었다. 아무리 그렇다 해도 그 이유가 쉽게 이해되지 않는다. 왕위에 오르려면 예루살렘 법궤가 있는 곳으로 가야 한다. 그런데 그가 선택한 장소는 다윗 왕궁에서 보면, 저 멀리 산 아래 위치한 곳이다. 이는 아마도 자신의 행동이 떳떳하지 못하다는 양심의 가책 때문이 아니었을까? 그래서인지 아도니야는 잔치는 베풀되, 아직 자신을 왕으로 선포하지는 않았다.

3. 솔로몬이 왕이 된다고?(왕상 1:11-40)

아도니야가 왕이 되려 한다는 소식을 듣고 놀란 사람은 선지자 나단이다. 그는 솔로몬이 왕의 자리를 빼앗길 수 있음을 직감하고, 급히 밧세바를 찾아가 언젠가 다윗이 하나님 앞에서 솔로몬을 후계자로 세우겠다고 맹세했던 일을 회상시킨다. 그리고 다윗에게도 그 일을 회상하도록 하라고 밧세바에게 권한다(13절). 성경에는 언제 그런 일이 있었는지에 대한 언급은 없다. 아마도 밧세바에게 그런 언질을 주었고, 밧세바는 나단 선지자에게 그 비밀을 나누었던 것으로 보인다. 그뿐 아니라 아직 아도니야가 자신을 왕으로 정식 선포한 것도 아닌데, 나단은 아도니야가 왕이 되었다고 전하라고 재촉한다. 그러면서 온 이스라엘이 다윗이 왕위를 누구에게 물려줄지 기다리고 있다고 말하게 한다. 만약 이 일이 실패하면 밧세바는 물론 솔로몬의 생명까지 위험해진다는 말도 덧붙였던 것 같다(21절).

나단의 각본대로 밧세바가 움직이기 시작했다. 밧세바는 다윗을 찾아가 이전에 자기에게 했던 말을 회상하게 했다. "하나님 앞에서 '솔로몬을 내 뒤를 이어 왕이 되게 하겠다'고 맹세하지 않았던가요?"(17절) 하고 말이다. 그러면서 아도니야가 왕이 되었는데도 왕께서는 이 일을 모르고 있다고 압박했다. 그러나 밧세바가 이처럼 길게 이야기를 하는 동안에도 다윗은 입을 열지 않는다. 그때 나단이 들어와서 아도니야가 왕이 되어 다윗의 자리에 앉으리라고 하신 적이 있느냐고 또 물었다(24절). 그리고 아도니야가 왕위에 올랐고, 백성들은 "아도니야 왕 만세"도 외쳤다고 전한다(25절). 이는 곧 새 왕이 즉위했음을 알리는 예식을 의미한다.

나단은 자신과 제사장 사독, 여호야다의 아들 브나야, 왕의 종 솔로몬만 청하지 않았다는 사실도 강조한다. 그는 여기서 솔로몬을 다윗의 종이라 칭하고 있다. 그리고 자신에게 숨김 없이 모든 것을 의논하던 왕이 이 일에 대해서는 어찌 말하지 않았는지 의구심을 나타내며, 은근히 아도니야의 일에 대해 "혹 왕께서 지시한 일은 아니겠지요?" 하고 반문한다. 드디어 다윗이 명령을 내린다. "밧세바를 내 앞으로 부르라"(28절). 그리고 밧세바 앞에서 선언한다.

> "내가 이전에 이스라엘의 하나님 여호와를 가리켜 네게 맹세하여 이르기를 네 아들 솔로몬이 반드시 나를 이어 왕이 되고 나를 대신하여 내 왕위에 앉으리라 하였으니 내가 오늘 그대로 행하리라"(30절).

이어서 "제사장 사독과 선지자 나단과 여호야다의 아들 브나야를 내 앞으로 부르라"라고 명령한다. 그리고 자기가 타던 노새에 솔로몬을 태워 기혼 샘으로 내려가, 그 머리에 기름을 붓고 왕으로 세우라고 지시한다. 이에 브나야는 친위대를 거느리고 앞서 가고, 백성들은 그 뒤를 따르며 나팔을 불며 "솔로몬 왕은 만세수를 하옵소서" 하고 외쳤다. 이는 왕의 즉위식에서 백성들이 행하는 일종의 예식이다.

다윗 성의 동북쪽에 위치한 기혼 샘은 엔 로겔 샘에서 보면 높은 곳에 위치해 있고, 다윗 궁에서 매우 가까운 곳이다. 기혼 샘의 함성은 600미터 아래에 위치한 엔 로겔까지 충분히 들린다. 반면 엔 로겔의 소리는 기혼에서 들리지 않았을 것이다. 그런 측면에서 볼 때 이 두 곳의 위치와 거리는 합법과 불법, 정의와 불의의 위치요 거리가 아닐까?

당시 왕의 즉위식은 옥새 수여(솔로몬의 경우에는 기록되어 있지 않음), 기름 부음, 환호, 등극, 고위 관리들의 충성 맹세 등으로 이어진다. 아도니야 추종자들은 자신들이 실패한 것을 본능적으로 알았다. 불법을 행한 자들은 조그마한 일에도 스스로 놀라는 법이다. 불법은 언제나 자신감을 상실하게 한다. 그래서 불법은 적법(適法)을 이기지 못하는 것이다. 아도니야는 도망치듯 성소로 가서 제단 뿔을 잡았다. 그리고 스스로를 "솔로몬의 종"이라 칭했다. 솔로몬은 그를 죽이지 않고 집으로 돌려보낸다. 그러나 조건이 붙는다. "그가 충신이면 그의 머리카락 하나도 땅에 떨어지지 않을 것이다. 그러나 그에게서 악이 발견되면 죽으리라." 집으로 돌려보냈다는 말은 정치에서 손을 떼고 물러나라는 명령이고, 일종의 가택연금 또는 집행유예(執行猶豫) 형을 내렸다는 뜻이다. 반역죄를 지은 아도니야에게 솔로몬은 이처럼 아량을 베풀었다.

그런데 왜 다윗은 솔로몬의 즉위식 장소를 기혼 샘으로 정했을까? 아마 왕이 즉위식을 하려면 먼저 결례(缺禮)로서 몸을 씻어야 했기 때문에 그곳을 택했을 것이다. 그러나 더 큰 이유는 기혼 샘 근처에 법궤가 있는 성막이 있었기 때문일 것이다(왕상 1:39).

아도니야에게 솔로몬 즉위식에서 있었던 일들을 전한 사람은 제사장 아비아달의 아들 요나단이다. 요나단은 기혼 샘에서 있었던 일을 소상하게 전한다. 다윗이 솔로몬을 왕으로 세웠다는 것, 왕이 침상에서 몸을 굽히고, "이스라엘의 하나님 여호와를 찬송하리로다 여호와께서 오늘 내 왕위에 앉을 자를 주사 내 눈으로 보게 하셨도다" 하며 하나님을 찬양했다는 것, 그리고 왕궁 내전에서 있었던 일까지 소상하게 이야기한다. 요나단은 이전에도 이런 사신의 역할을 한 적이 있다(삼하 15:27, 36, 17:17-21). 이런 직책을 전령관이라 한다. 당시에는 왕의 '전령관'(Mazkir)이란 직책이 있어 왕궁의 모든 의식을 규제하고, 왕의 알현에서 사람들을 안내하며, 백성과 나라에 관련된 모든 것에 대하여 왕에게 보고하고, 반대로 백성에게 왕의 명령을 전달하는 일을 했다. 이에 따르면 요나단은 다윗 왕의 전령관으로 왕궁에 남아 있으면서 다윗 왕궁의 움직임을 살필 수 있었을 것이다(롤랑 드보, 《구약시대의 생활풍속(Das Alte Testament Und Seine Lebensordnungen)》, pp. 264-265). 그런데 지금은 아버지인 제사장 아비아달을 따라 아도니야 편에 서 있다.

다윗은 왜 솔로몬을 왕으로 세웠을까? 솔로몬은 다윗과 밧세바 사이에서 태어난 첫째 아들이 아니라 둘째 아들이다. 그러나 다윗과 밧세바의 결혼에 대해 정당하다고 말할 사람은 아무도 없다. 여하튼 솔로몬은 밧세바에게서 난 아들일 뿐 아니라, 왕이 될 차례도 아니었다. 그런데 어떻게 그가 왕이 될 수 있었던 것일까? 당시 왕궁에는 많은 후궁이 있었고, 그 후궁들을 다스리는 '그라비'라는 지위가 있었다. '그라비'란 '주인'(아돈)과 동일한 뜻으로 왕궁의 절대적인 권위를 누리는 위치다. 참고로 예레미야의 어머니를 "왕후[그라비]"(렘 13:18)라 했다. 다윗 당시에 '그라비'는 밧세바였다. 즉, 밧세바는 이스라엘 역사상 최초의 '그라비' 곧 '최고의 여주인'이었다. 솔로몬이 그녀를 영접할 때 경의를 표하고, 그녀를 자기 오른편 자리에 앉게 한 것도 '그라비'에 대한 예의를 갖춘 것이다. 더욱이 다윗이 자기 후계자에 대해 밧세바와 의논했다면 그녀는 다윗 시대에도 특별한 위치에 있었음이 틀림없다. 따라서 '그라비'의 아들이 후계자가 되는 것은 너무나도 당연한 일이었다.

여하튼 밧세바의 아들이 왕이 되었다는 사실은 이스라엘 백성에게 긍정적이든 부정적이든 엄청난 충격을 주었을 것이다. 동시에 솔로몬이 왕이 되었다는 사실은, 아무리 큰 죄를 지었더라도 회개하고 돌아오기만 하면 하나님은 누구에게나 용서와 은혜를 베푸신다는 메시지를 그 당시뿐 아니라 지금도 웅변적으로 보여 준다. 이것이 바로 열왕기가 전하려 하는 메시지다.

4. 말씀과 벗하는 다윗(왕상 1:22-40)

우선 선지자란 어떤 사람인지부터 생각해 보자. '선지자'에 해당하는 히브리어 '나비'는 '하나님으로부터 온 계시의 말씀을 전하는 사람'이라는 뜻이다. 그러므로 선지자에게는 두 가지 일이 전제된다. 첫째는 하나님으로부터 먼저 듣는 일이고, 다음엔 자신이 받은 하나님의 말씀을 전하는 일이다. '나비'를 선지자 또는 예언자라 부르는 이유도 여기에 있다. '선지자'는 하나님께 듣는 일에 강조점이 있고, '예언자'는 그 말씀을 선포하는 면이 강조된다고 생각할 수도 있다. 이런 이유로 개역개정 성경에서는 '나비'를 '선지자'로 번역했을 것이다. 예레미야 28장 9절에서는 "예언하는 선지자"(참고, 대하 18:9)라고 표현했다.

게르할더스 보스(Geerhardus Vos)는, "'나비'는 말하는 사람이다. 그러나 '나비'는 먼저 수동적이어야 하고, 무엇인가를 받고, 경험해야만

한다"고 정의했다. 그리고 선지자를 일컫는 헬라어 '프로페테스'에서 '프로'는 시간적인 의미의 '앞서서' '미리'(before hand)를 뜻하는 것이 아니라 공간적 의미를 가지고 있다고 설명했다. 즉, '프로페테스'는 '밖으로 말하는 자'(forth-teller), 즉 하나님으로부터 받은 신탁(神託)을 말하는 자를 의미한다는 것이다. 그러므로 선지자라고 하든, 예언자라고 하든 이 직책은 하나님으로부터 듣는 것이 무엇보다 중요한 일이다. 하나님께 듣지 않고 선포하는 자가 바로 거짓 예언자다.

이스라엘은 야웨 하나님이 직접 통치하시는 나라다. 이에 백성들이 왕을 세워달라고 사무엘에게 청원했을 때, 하나님께서는 "백성들이 너를 버린 것이 아니라 나를 버려 자기들의 왕이 되지 못하게 한 것"이라고 말씀하셨다(삼상 8:7). 그러므로 선지자는 왕을 돕는 부수적 직책이 아니라, 하나님의 왕국을 구현하는 일에서 정중앙에 서 있었던 사람들이다. '나비'는 여호와와 이스라엘 백성 간에 의식적인 친밀한 교제를 이루어 가는 그 중심에 서 있는 직책이며, 또 야웨 신앙을 하나님은 주관하시고 사람은 듣고 복종하는 종교로 규정짓게 하는 근본적인 역할을 하는 직책이었다. "예언 활동을 통하여 성경의 종교(biblical religion)는 존재하게 되었고, 오늘과 같은 진리와 믿음의 종교요 성경의 종교에 이르게 되었다"(보스, 《성경신학(Biblical Theology)》, p. 205).

하나님께서는 이스라엘을 그분이 직접 통치하시는 신정국가로 만들려고 하셨다. 그렇게 하려면 누군가를 통해 이스라엘을 통치해야 했다. 하나님은 그 사람이 왕이 되기를 원하셨지만, 그건 이뤄질 수 없는 꿈이었다. 왕이 되는 사람마다 모두 하나님의 곁을 떠나 자기의 권력을 유지하기에 바빴기 때문이다. 또한 제사장들은 하나님과 백성들 사이에 다리를 놓아야 하는 직책임에도, 왕에게 아부하거나 백성들과 야합해 하나님의 뜻을 왜곡하는 경우가 많았다. 그렇기 때문에 하나님께서 직접 내세운 사람들이 예언자다. 그러므로 예언자는 누구에게도 제한받지 않고 직접 하나님으로부터 듣고, 그 말씀을 왕과 백성에게 전하여 하나님의 뜻을 이 땅에 실현해야 하는 직책인 것이다. 다시 말하면, 왕들이 하나님께로부터 받은 권력을 바르게 사용하도록 견제하는 한편, 백성들이 잘못된 지도자들에 의해 생각 없이 끌려가지 않게 하시려는 하나님의 안전 장치라 하겠다.

또한 이스라엘의 왕정 시대에는 율법책이 흔치 않았다. 그래서 백성들은 제사장이나 선지자를 통해 율법을 배우고, 하나님의 인도를 받았다. 역대하 15장 3절은 "이스라엘에는 참 신이 없고 가르치는 제사장도 없고 율법도 없은 지가 오래 되었으나"라고 기록하고 있다. 그 결과, 하나님의 말씀을 듣기 위해서는 선지자나 제사장을 가까이 해야만 했다. 이런 의미에서 선지자들의 위치가 얼마나 중요했는지는 더 강조할 필요가 없을 것이다.

문제는 왕들이 처음에는 하나님의 사람인 선지자들이 전하는 말씀을 잘 듣고 순종하지만, 나라가 번영하고 왕으로서 힘을 얻게 되면 선지자들을 무시하고 하나님을 멀리하며 자기 주장대로 나라를 이끌어 간다는 것이었다. 그뿐 아니라 하나님의 사람들이 전하는 말이 왕의 계획에 반대되는 경우에는 그들을 구금하거나 멀리하고, 심하면 제거하기도 했다.

그 대표적인 인물이 웃시야다. 그는 자기가 직접 제사하려는 것을 막는 제사장들에게 화를 냈고, 곧 그에게 나병이 생겼다(대하 26:18-20). 성경은 "화를 냈다"라는 말로 완곡하게 표현했지만, 이 말에 해당하는 히브리어 '와이즈아프'(ויזעף)는 물이 부글부글 끓어오르거나, 폭풍이 일어나거나, 호흡을 거칠게 몰아쉬는 모습을 나타내는 단어다. 이는 당시 웃시야의 분노가 얼마나 컸으며, 그가 얼마나 교만해졌는지를 보여 준다. 그가 대적한 이는 제사장들이 아니라 그들을 세워 자신의 왕국을 세워 가시려는 하나님이었던 것이다.

이런 맥락에서 다윗이 나단 선지자와 일생을 같이했다는 사실은 대단히 중요한 점을 시사한다. 다윗이 한 선지자를 곁에 두고, 평생 지도를 받으며 살았다는 점만으로도 그가 어떤 왕이었는지를 짐작하게 한다. 더욱이 선지자가 자기 죄를 면전에서 지적하고 책망할 때도 다윗은 그것을 받아들이고 무릎을 꿇었다. 이스라엘 역사에서 이런 왕은 다시 찾아볼 수 없다. 다윗은 왕은 물론 모든 사람이 하나님 앞에서 어떻게 살아야 하는지를 보여 주는 모범적인 사람이다. 다윗은 '말씀'과 평생 친구로 산 사람이다. 보스는 말한다. "여호와께서 이스라엘에 접근하시는 주도적인 방법은 말씀으로의 접근이다. 하나님은 그의 입으로 하시는 말씀을 통하여 당신 자신을 주신다"(보스, 《성경신학》, p. 205).

얼핏 보면 선지자들이 국내 정치와 외교 문제에 관여한 것처럼 보인다. 그러나 선지자들이 정치적인 목적으로 역사에 개입하지는 않았다. 그들은 원칙에만 충실했던 사람들이다. 오직 여호와께서 왕이시고, 이스라엘은 그에게만 의존해야 하고, 자신들은 하나님께서 입에 담아주신 말씀만 바르게 전해야 한다는 원칙을 따라 산 사람들이다(사 30:1-5; 호 7:11-16). 이런 올곧은 선지자들이 있었기에 유다는 400년의 역사를 이루어 갈 수 있었다. 이런 의미에서 아모스는 여호와께서 이스라엘에 선지자를 보내신 것은 그 백성에게 주신 하나님의 선물이라고 말했다(암 2:11).

구약의 선지자들은 현대 설교자들의 모범이고 스승임에 틀림이 없다. 오늘날의 설교자들은 예언자가 되어야 한다. 선지자들이 말하기 전에 먼저 들었듯, 오늘의 설교자들도 말하기 전에 먼저 들어야 한다. 성령의 영감을 통해서도 들어야 하지만, 무엇보다 성경을 통해 들어야 한다. 하나님이 원하시는 말씀이 아니라면 아무리 유창하게 감동적인 말을 늘어놓는다 해도 그것은 백성을 속이는 일에 불과하다. 동시에 문서를 남긴 선지자들은 성경을 깊이 연구한 자들이다. 설교자는 성경을 깊이 연구해야 하고, 자기 임의대로 해석하지 말아야 한다. 또한 하나님이 주신 말씀을 그대로 전해야 한다. 어떤 경우라도, 또한 누구 앞에서라도 생명을 아끼지 않고 전해야 한다.

5. 부모, 당신이 곧 자녀 교육(왕상 1:6)

열왕기에서 다윗의 자녀 교육에 대해 언급한 곳은 단 한 곳뿐이다.

> "그의 아버지가 네가 어찌하여 그리 하였느냐고 하는 말로 한 번도 그를 섭섭하게 한 일이 없었더라"(6절).

물론 이것은 아도니야에게 해당하는 말이다. 그러나 다윗은 다른 아들들에게도 똑같이 행동했다. 이복 누이인 다말을 강간했던 암논에 대해서 다윗은 아무런 조치를 취하지 않았다(삼하 13:15-19). 다말의 오빠 압살롬이 암논을 죽였을 때도 다윗은 아무 말 하지 않았다. 심지어 그는 압살롬이 그술로 도망하는 것을 묵인했다. 결국 압살롬은 아버지 다윗을 배반해 왕좌를 빼앗고, 다윗은 궁에서 도망가는 비극을 겪게 된다(삼하 15-18장). 그런데 이 일에 대해서도 다윗은 한마디도 하지 않았다. 그만큼 다윗은 자녀들을 지극히 사랑한 아버지였다. 압살롬이 죽었을 때 슬퍼한 모습을 보면 그가 자녀를 얼마나 사랑했는지를 알 수 있다.

그러나 한편으로 압살롬이 잘못했을 때 다윗이 그를 벌하거나 훈계하지 않았던 것은 쉽게 이해하기 어렵다. 아마도 다윗은 자녀 교육에 무관심하거나 관여하지 않았던 것으로 보인다. 그렇다면 다윗은 왜 자녀들에게 무관심하고 자녀 교육을 내팽개쳤는가?

다윗은 하나님의 택하심을 받아 어린 나이에 왕으로 기름부음을 받았지만 오랜 세월 사울에게 쫓겨 다녀야 했고, 그동안 많은 전쟁도 치러야 했다. 그러다 보니 아무래도 이 과정에서 태어난 자녀들에게 관심을 쏟고 교육을 할 수 있는 기회가 없었을 것이다. 첫째 아들 암논으로 시작해 여섯째 이드르암까지 모두 다윗이 헤브론에 있을 때 낳은 아들들인데(삼하 3:2-5) 이때는 생활도 안정적이지 않던 시기였다. 당시 자녀 교육은 상상도 할 수 없었을 것이다.

특히 다윗은 정상적인 가정에서 정상적인 사랑을 받고 자라지 못했다. 다윗 자신이 부모 교육을 받아본 적이 없는 것도 그 원인 중 하나다(삼상 16:11-12). 그러나 더 큰 이유는 그가 많은 아내를 두었다는 데 있다. 스스로 생각해도 자녀들에게 부끄러웠을 것이다. 더욱이 밧세바 사건은 가장 수치스럽고 부끄러운 일이었다. 그러니 자녀들에게 무슨 말인들 할 수 있었겠는가? 아마도 이것이 자녀들에게 침묵한 가장 중요한 이유였을 것이다. 반면 다윗은 자녀들을 무조건 사랑했다. 그것이 자녀들에게 줄 수 있는 유일한 보상이라고 생각했는지도 모른다.

열왕기 저자는 다윗이 아도니야의 행동을 한 번도 제재한 일이 없으며, 육체적 체벌을 가한 적도 없다는 점을 강조한다. 이는 아도니야가 특별하게 벌 받을 일을 하지 않았다는 의미로도 해석할 수 있지만, 그보다는 오히려 다윗이 그를 무조건 감쌌다는 의미에 더 가깝다. 다윗의 잘못된 사랑이 남긴 비극은 계속 이어진다. 압살롬이 암논을 죽였고, 또 다윗을 배반하고 왕좌에 오르려 했다. 그럼에도 다윗은 그를 사랑했다(삼하 13:39).

압살롬이 죽었다는 소식을 듣고 다윗이 성문 위 다락방으로 올라가 슬피 울었던 일을 사무엘서는 강조해서 말한다. "내 아들 압살롬아 내 아들 내 아들 압살롬아 차라리 내가 너를 대신하여 죽었더면, 압살롬 내 아들아 내 아들아"(삼하 18:33, 19:4). 또 그가 마음이 심히 아파 슬피 울었다고 전한다. 왜 다윗은 마음이 그처럼 심히 아팠을까? 자기를 쫓아내고 왕위를 찬탈한 아들의 죽음이 그리도 안타까웠을까? 그처럼 자식을 사랑한 것일까? 혹시 그보다는 자신이 잘못 걸어온 길 때문에 자식들을 바로 가르칠 수 없었던 죄책감에서 나온 탄식이 아들을 사랑하는 마음과 함께 눈물로 변한 것은 아닐까? 자녀들이 아버지 다윗의 삶에서 배운 점은 무엇이었을까? 왜 자녀들이 아버지의 신앙은 본받지 않고 잘못된 모습만 배운 것인가?

이러한 다윗의 경험을 통해 배울 수 있는 것은, 자녀 교육은 부모의 삶에서 시작된다는 점이다. 부모가 자녀들 앞에서 바른 자세로 살지 않으면 바른 교육을 할 수 없을 뿐 아니라, 자녀들 또한 부모의 말에 귀를 기울이지 않기 때문이다. 다윗의 자녀들에 대한 지나칠 정도의 지극한 사랑은 자신의 죄책감이 반영된 것이요, 바르게 가르치지 못하고 본을 보이지 못한 아픔의 표현이라 해도 틀림이 없을 것이다. 다윗은 유능한 정치인이자 하나님께도 신실한 사람이었지만, 가정을 다스리는 일에서는 너무나 큰 오점을 남긴 아버지라고 말할 수밖에 없다.

6. 다윗의 길(왕상 2:1-4)

마침내 위대했던 왕 다윗이 다음과 같은 유언을 남기고 눈을 감는다.

"내가 이제 세상 모든 사람이 가는 길로 가게 되었노니 너는 힘써 대장부가 되고 하나님 여호와의 명령을 지켜 그 길로 행하여 그 법률과 계명과 율례와 증거를 모세의 율법에 기록된 대로 지키라 그리하면 네가 무엇을 하든지 어디로 가든지 형통할지라…만일 네 자손들이 그들의 길을 삼가 마음을 다하고 성품을 다하여 진실히 내 앞에서 행하면 이스라엘 왕위에 오를 사람이 네게서 끊어지지 아니하리라 하신 말씀을 확실히 이루게 하시리라"(2-4절).

그의 유언의 핵심은 여호와 하나님의 명령을 지켜 행하고, 그 율법을 기록된 대로 지키라는 것이다. 더 짧게 말하면, '여호와의 명령과 그 율법'이다. 이것은 신명기 4장 5절에서 모세가 백성들에게 유언처럼 남긴 말이다. "내가 나의 하나님 여호와께서 명령하신 대로 규례와 법도를 너희에게 가르쳤나니 이는 너희가 들어가서 기업으로 차지할 땅에서 그대로 행하게 하려 함인즉." 이 말은 이처럼 공식화할 수 있다. 곧 '여호와 하나님의 명령=율법=규례와 법도'다.

'법도'에 해당하는 히브리어 '미쉬파타이'(משפטי)는 '미쉬파트'(משׁפט)에서 파생된 것으로 재판장이 선포하는 판결을 말한다. '규례'(חקתי, 훅코타이)는 하나님이 명하신 결정을 의미한다. 또 사람들의 실제적인 삶의 활동을 지배하고 있는 가치를 말한다. 사람들은 모두 어떤 규범 아래 살고 있다. 가나안인들의 규례가 있는가 하면, 애굽인들의 규례가 있다. 이런 규례들은 성적으로 문란한 풍습과 관련된 규례들을 포함한다. 그런 측면에서 규례와 법도는 에덴동산까지 거슬러 올라갈 수 있다. 에덴동산에서 하나님의 규례와 법도를 상징하는 것이 선악과였다면, 아담과 하와가 선악과를 따 먹은 것은 곧 하나님이 명령한 법도와 규례를 어기고 세상적인 풍습을 따라갔다는 뜻이 된다. 신명기에서 모세는 이 법도를 따라 산 사람들은 광야 40년이 지나고도 다 살아 있다고 말했다(왕상 4:4). 이 하나님의 규례와 법도는 창조에서 시작해 마지막 종말까지 인간들이 반드시 지켜야 할 규범이다. 하나님 안에서 영원히 살 수 있는 비결은 바로 이 하나님의 규례와 법도를 따라 사는 것뿐이다.

이처럼 다윗이 제시한 하나님 앞에서 형통하게 되는 길은 곧 이 땅에 살고 있는 모든 사람이 지켜야 할 영원한 법도를 따르는 것이다(왕하 17:13). 이에 이 유언은 열왕기의 신학의 중심이 된다. 다윗의 유언은 열왕기상 2장 3절과 4절로 나눌 수 있다. 3절이 여호와 하나님과 다윗의 관계에 대해 강조한 부분이라면, 4절은 여호와께서 다윗 왕국과 맺은 계약의 내용이다. 하나님이 다윗과 맺은 언약의 내용은 사무엘하 7장 8-17절에 자세히 기록되어 있다.

> "네 수한이 차서 네 조상들과 함께 누울 때에 내가 네 몸에서 날 네 씨를 네 뒤에 세워 그의 나라를 견고하게 하리라 그는 내 이름을 위하여 집을 건축할 것이요 나는 그의 나라 왕위를 영원히 견고하게 하리라 나는 그에게 아버지가 되고 그는 내게 아들이 되리니"(삼하 7:12-14a).

그리고 조건을 달았다. "그가 만일 죄를 범하면 내가 사람의 매와 인생의 채찍으로 징계하려니와…사울에게서 내 은총을 빼앗은 것처럼 그에게서 빼앗지는 아니하리라"(삼하 7:14b-15).

이 짧은 구절에서 다윗의 왕위와 나라를 견고케 하리라는 약속을 세 번이나 반복해서 강조한다(삼하 7:12, 13, 16). 하나님께서는 다윗에 대한 이 약속을 끝까지 지키셨다. 다윗도 마찬가지다. 비록 도중에 넘어지기는 했어도 다시 회개하고 하나님께 돌아감으로 끝까지 하나님과의 약속을 지켰다. 그리고 다윗에게 내려 주신 그 축복은 솔로몬만이 아니라, 그 후대 400년 내내 이어졌다. 하나님께서는 다윗 왕조를 확실히 세워 주셨다(이에 사무엘하 7장은 신학적으로 매우 중요한 자료다).

다윗의 유언에서 중요한 것은 축복에 대한 약속 다음에 붙인 조건절이다. 즉, 만약 범죄하면 그에게서 왕권을 빼앗지는 않겠지만 채찍으로 징계할 것이라는 조건이다. 다윗은 무엇보다 중요한 것은 하나님과의 관계란 사실을 알았고, 자기 아들 솔로몬에게 그 점을 특별히 당부했다. 다윗은 부모의 유산을 받는 축복보다 더 중요한 것은 하나님의 말씀을 따라 사는 것이란 사실을 솔로몬에게 강조해서 말한다. "만일 네 자손들이 그들의 길을 삼가 마음을 다하고 성품을 다하여 진실히 네 앞에서 행하면 이스라엘 왕위에 오를 사람이 너에게서 끊어지지 아니하리라." 오늘날 많은 사람이 축복에만 관심을 가지면서 이 조건은 쉽게 잊어버린다.

한편 다윗의 유언은 하나님이 그와 맺은 계약이지만, 동시에 이 계약은 신명기 신학에 근거한 하나님의 약속이다.

> "네가 네 하나님 여호와의 말씀을 삼가 듣고 내가 오늘 네게 명령하는 그의 모든 명령을 지켜 행하면 네 하나님 여호와께서 너를 세계 모든 민족 위에 뛰어나게 하실 것이라…이 모든 복이 네게 임하며 네게 이르리니" (신 28:1-2).

다윗이 솔로몬에게 전한 유언, 즉 "네 하나님 여호와의 명령을 지켜 그 길로 행하여 그 율법에 기록된 대로 지켜라. 그리하면 네가 무엇을 하든지 어디로 가든지 형통할 것이다"라는 내용은 열왕기나 역대기에서도 왕을 평가하는 기준이 된다.

7. 열왕기의 다윗에 대한 평가(왕상 14:8, 15:5)

다윗은 마침내 왕으로서의 40년 통치를 마치고 이 세상을 떠난다(삼하 5:4-5). 다윗은 하나님과의 계약에 신실했고, 사람들과의 우의(友誼)를 존중한 왕이었다. 무엇보다도 하나님의 마음에 맞는 왕이었다(삼상 13:14; 행 13:22). 그가 확장한 국경은 북으로 유브라데강으로부터 남쪽 에시온게벨에 이르기까지, 그리고 요단 동편 암몬, 모압, 에돔 등의 나라까지 포함하는 광대한 지역이었다. 하나님께서 여호수아에게 주리라고 약속하셨던 거의 전 지역을 포함한다(수 1:1-9). 에시온게벨은 유대 나라 최남단에 위치한 현재 아카바만의 에일라트(Eilat) 지역을 말한다. 다윗은 에돔인들이 살고 있던 이 지역을 처음으로 정복해 영토를 확장했다. 그 후 솔로몬이 이곳에 조선소와 항구를 건설해 당대 최고의 무역항으로 발전시켰다.

열왕기는 다윗에 대한 평가를 두 절로 요약한다.

> "내 종 다윗이 내 명령을 지켜 전심으로 나를 따르며 나 보기에 정직한 일만 행하였음과"(왕상 14:8b).

> "이는 다윗이 헷 사람 우리아의 일 외에는 평생에 여호와 보시기에 정직하게 행하고 자기에게 명령하신 모든 일을 어기지 아니하였음이라"(왕상 15:5).

비록 우리아의 일로 큰 죄를 범한 적이 있었으나 아비삭의 사건에서 본 것처럼 다윗은 마지막에 자신의 약점을 완전히 극복하고 그의 인생 경주를 끝마쳤다. 그런 점에서 그는 온전한 사람이었고, '여호와 보시기에 정직하게 행하고 자기에게 명령하신 모든 일을 어기지 아니하고 지킨 사람'이다. 여호와 하나님께서 이런 그를 어찌 사랑하지 않을 수 있었겠는가! 다윗은 이스라엘 역사에 가장 위대하다고 길이 기억될 만한 왕이다. 그러나 그의 위대한 삶의 출발은 다윗 자신이 아니라, 그가 평생 함께 살아온 하나님께 있다고 할 수 있다. 어릴 적 사울에게 골리앗과 싸우러 나가겠다고 요청하면서 했던 말이 평생 그의 삶에 지주가 되었을 것이다.

> "주의 종이 아버지의 양을 지킬 때에 사자나 곰이 와서 양 떼에서 새끼를 물어가면 내가 따라가서 그것을 치고 그 입에서 새끼를 건져내었고 그것이 일어나 나를 해하고자 하면 내가 그 수염을 잡고 그것을 쳐죽였나이다…여호와께서 나를 사자의 발톱과 곰의 발톱에서 건져내셨은즉 나를 이 블레셋 사람의 손에서도 건져내시리이다"(삼상 17:34-37).

8. 솔로몬에게 넘겨진 숙제(왕상 2:13-46)

다윗은 반역한 아도니야를 살려주었듯이, 아도니야를 도왔던 요압과 시므이에 대해서도 호의를 베풀어 살려주었다. 요압은 백발로 평안히 음부에 내려가지 못하게 하고, 시므이는 무죄한 자로 여기지 말라고만 당부했다. 다윗은 자기 당대에는 복수를 하지 않았다. 그러나 솔로몬에게는 이들이 주의해야 할 인물이란 점을 일러 주었다. 솔로몬은 아버지의 충고를 가슴에 새겨 두었다.

아도니야의 문제는 솔로몬에게 상처로 깊이 남아 있었겠지만 그는 서두르지 않는다. 유대인들은 지혜보다 인내가 더 소중하다고 여긴다. 환부는 피부 스스로 치료해 딱지가 떨어질 때까지 두어야 한다. 시간이 흘렀다. 아도니야의 문제를 해결할 실마리는 아도니야 스스로 제공했다. 아도니야는 밧세바를 찾아가 아비삭을 아내로 달라고 요구한 것이다. 그 이유가 무엇일까? 왕위를 양보했으니 보상을 달라는 것일까? 왕의 자리는 본래 자기 것이었고, 백성들도 자기가 임금이 되기를 바라고 있었다고 했다. 그러니 아비삭을 자기 아내로 허락해 달라는 것이다(13-17절). 밧세바는 이 일을 작은 일로 여겼다. 그러나 이 말을 들은 솔로몬은 크게 화를 냈다. 솔로몬이 분노했던 이유는 무엇일까?

당시에는 왕이 퇴임하거나 죽으면 후궁실(하렘)은 그의 계승자에게 인수하는 것이 유대 왕궁의 법도였다. 그리고 후궁실의 소유자는 왕위를 주장할 수 있는 법적 권리를 가지게 되어 있었다. 그렇다면 아도니야는 자신이 아비삭을 차지한다면, 사랑하는 여인을 얻을 뿐 아니라 왕으로서의 법적 권리를 얻을 수 있다는 계산을 했다는 말이다. 솔로몬은 이러한 아도니야의 속셈을 정확하게 파악하고 있었다. 그래서 브니야를 보내 즉시 그를 처형했다.

다윗 생전에 제사장 아비아달은 사형에 해당하는 죄를 범했다. 그러나 다윗은 그에 대해 아무런 언급을 하지 않았다. 솔로몬도 그를 죽이지 않았다. 아버지의 좋은 친구였기에 단지 제사장직을 파면하고 고향 아나돗으로 쫓아냈을 뿐이다. 아비아달은 제사장 엘리의 후손이다. 엘리의 두 아들이 성소에서 범죄하고 돌이키지 않았을 때, 하나님께서는 이렇게 말씀하셨다.

> "이스라엘의 하나님 나 여호와가 말하노라 내가 전에 네 집과 네 조상의 집이 내 앞에 영원히 행하리라 하였으나 이제 나 여호와가 말하노니 결단코 그렇게 하지 아니하리라 나를 존중히 여기는 자를 내가 존중히 여기고 나를 멸시하는 자를 내가 경멸하리라"(삼상 2:30).

이 예언이 그대로 엘리의 집에 이루어졌다(삼상 3:10-14). 엘리의 두 아들이 성소에서 범죄하고 돌이키지 않은 까닭에 하나님께서는 그 집안에 심판을 내리셨다. 선지자 예레미야의 고향이 바로 아나돗이란 사실은 놀라운 일이다. 엘리의 가정에 대한 예언은 솔로몬 시대에 제사장 아비아달의 가문이 무너지면서 이루어졌다. 그리고 이제 제사장 아비아달의 자리에 사독을 임명함으로 사독 가문의 시대가 열린다. 이 사독의 후손들이 주전 587년 예루살렘이 멸망할 때까지 제사장직을 이어 나간다.

아도니야의 죽음에 대한 소식을 들은 요압은 성전으로 도망해 제단 뿔을 붙잡는다. 그러나 죽음을 피할 수는 없었다. 죄 없는 사람의 피를 흘린 죗값이었다.

솔로몬은 처음에 시므이를 용서했다. 단지 예루살렘에 집을 짓고 그곳에만 머물러 살면서 기드론 시내를 건너지 말라는 가택연금형을 내렸을 뿐이다. 아버지 다윗의 유언을 그대로 따랐다. 그러나 3년 후 자기 두 종이 도망했다는 소식을 들은 시므이가 가드까지 가서 그 종들을 데려온다(39-46절). 솔로몬의 경고를 잊었던 것일까, 아니면 무시한 것일까? 결국 그의 어리석음이 죽음을 자초했다.

요압은 다윗을 도와 다윗 왕국을 세운 건국의 충신이고, 30년 동안 다윗을 도와 나라를 평안하게 이끌어 온 군대 총사령관이었다. 동시에 그는 다윗의 생질(甥姪)이기도 했다(대상 2:13-17). 그런데도 다윗은 그를 제거하도록 솔로몬에게 유언했다. 아마도 다윗은 요압의 중심을 보았을 것이다. 그는 진실하지 못하고, 공(公)적인 일과 사(事)적인 일을 구분하지 못하며 감정에 치우치고, 정의롭지 못해 신뢰할 수 없는 사람이라고 판단했을 것이다. 그 이유는 아브넬과 아마사를 죽인 일과 연관이 있을 것이다(삼하 3:27-30, 20:8-12).

"솔로몬이 그의 아버지 다윗의 왕위에 앉으니 그의 나라가 심히 견고하니라"(왕상 2:12).

다윗의 생애를 마무리하는 마지막 문장이다. 다윗은 하나님 앞에서 바르게 살려고 평생 피나는 노력을 하며 산 사람이다. 그 결과, 많은 결점에도 그는 하나님께 인정받는 사람이 되어 많은 축복을 받았다. 그럼에도 다윗은 한 가지 씻을 수 없는 악의 씨를 자녀들에게 남겨 놓았다.

"그의 아버지가 네가 어찌하여 그리 하였느냐고 하는 말로 한 번도 그를 섭섭하게 한 일이 없었더라"(왕상 1:6).

열왕기 저자는 다윗과 자녀들과의 관계를 보여 주는 이 같은 짧막한 글을 남겼다. 그가 삶에서 보인 약점으로 인해 자녀들 간에 암투가 벌어지고, 자녀들 안에서 그 악의 씨가 자라게 되었다.

II.

솔로몬 안에 숨겨진 우상들

1. 공사가 끝나기를 기다리다(왕상 3:1-3)

"솔로몬이 애굽의 왕 바로와 더불어 혼인 관계를 맺어 그의 딸을 맞이하고 다윗 성에 데려다가 두고 자기의 왕궁과 여호와의 성전과 예루살렘 주위의 성의 공사가 끝나기를 기다리니라…솔로몬이 여호와를 사랑하고 그의 아버지 다윗의 법도를 행하였으나 산당에서 제사하며 분향하더라" (왕상 3:1-3).

열왕기 저자는 왜 이런 말로 솔로몬 통치의 시작을 설명하는 것일까? 그는 이처럼 솔로몬을 소개하고, 4절부터는 담담하게 솔로몬이 유명한 산당에서 제사를 드렸다면서 그 일에 대해 말하기 시작한다. 이 구절의 내용을 분석하면 다섯 가지로 나눌 수 있다.

1) 바로와 혼인 관계를 맺었다.

2) 바로의 딸을 다윗 성에 두었다.

3) 솔로몬이 여호와를 사랑하고 다윗의 법도를 행했다.

4) 이방 여인들을 위해 산당을 지어 주었다.

5) 솔로몬 자신이 이방 산당에서 제사하며 분향했다.

이처럼 열왕기는 솔로몬이 이집트 왕 바로와 혼인 관계를 맺고, 바로의 딸을 아내로 맞았다는 말로 그의 정치 이야기를 시작한다. 다윗의 마지막은 아비삭과 잠자리를 같이 하지 않았다는 것이었고, 솔로몬의 시작은 바로와 사돈 관계가 되었다는 것이다. 이는 예언자의 눈으로 솔로몬의 일생을 평가하고 예견하는 내용이다. 다윗이 끝까지 하나님 앞에서 성결하게 살려고 노력했다면, 솔로몬은 이방 여자를 자기 왕궁에 끌어들이고 여러 공사가 끝나기를 기다리는 것으로 그의 사역을 시작했다고 한다. 공사가 끝나면 무엇을 하겠다는 말인가? 결국 솔로몬 자신이 산당에서 이방 신들에게 제사한다. 그 이유가 무엇일까?

솔로몬은 행운아다. 아버지 다윗에게서 물려받은 재물과 권력, 넓은 영토뿐 아니라 주변 강대국들의 상황이 그가 자신의 기량을 마음껏 펼쳐 나갈 수 있도록 도왔기 때문이다. 그 시대의 정치적 상황은 특히 유리했다. 당시 강대국이었던 애굽은 타니스 왕조의 무력함으로 아시아에 간섭할 처지가 못 되었고, 앗수르 역시 긴 역사 중 가장 보잘것없는 위치로 떨어졌다. 그리고 두로에 수도를 정한 새로운 시돈 국가는 해상무역과 상업의 확대에만 전념했기에 솔로몬은 외세의 위협 없이 자기 기량을 펼쳐 나갈 수 있었다. 정치적으로 말하면, 그는 애굽과 혼인 관계를 맺음으로써 애굽의 우방이 되어 막대한 힘을 얻게 되었다. 솔로몬에게는 이 점이 가장 자랑스러운 일이었을 것이다.

이처럼 열왕기는 솔로몬의 일생을 매우 간단하게 요약해 놓았다.

애굽의 공주를 아내로 맞이한 일을 시작으로, 마침내는 그녀를 따라 이방 여러 산당에 가서 제사하며 분향하게 되었다(3절).

그런데 열왕기 저자는 여기에 한 가지 사실을 끼워 넣었다. "솔로몬이 여호와를 사랑하고 그의 아버지 다윗의 법도를 행하였으나 산당에서 제사하며 분향하더라"(3절). 특히 새번역 성경은 솔로몬이 여러 산당에서 제사했다는 말 앞에 '그(솔로몬)도'라는 단어를 넣어, 백성들이 높은 제단이 있는 산당들에서 제사했던 것처럼 솔로몬도 여러 산당에서 제사한 것을 지적하고 있다. 또 열왕기 저자는 아직 예루살렘 성전이 건축되기 전이라고 변명하는 한편, 솔로몬이 아버지 다윗의 법도를 따라 행했으나, 산당들에서 제사하는 것만은 아버지를 닮지 않았다는 점을 지적하고 있다. 솔로몬이 여러 산당을 좋아한 것만은 사실인 듯하다.

열왕기상 3장 1-3절을 도식화하면 다음과 같다.

'바로의 딸과 결혼 ↔ 여호와 사랑' '다윗 법도를 따름 ↔ 산당에서 제사하고 분향함'

이런 도식은 앞으로 솔로몬의 일생을 이 순서로 기록해 나갈 것이라는 암시이기도 하다.

솔로몬은 애굽 공주와 결혼함으로 장차 세상에서 얻을 수 있는 모든 욕망을 한꺼번에 쟁취했다고 생각했을 뿐, 앞으로 이 일이 얼마나 큰 비극을 불러올지는 상상도 못했을 것이다. 그래서 그는 아버지 다윗이 섬겼던 여호와 하나님도 정성을 다해 사랑했고, 하나님의 복을 받아 형통하는 듯했다. 그러나 그 끝을 예언자들은 내다보고 있었다. 이것이 이제부터 기록하려는 솔로몬의 일생이다.

열왕기 저자는 솔로몬이 애굽 공주와 결혼해 다윗 성에 데려다 두고 공사가 끝나기를 기다리고 있었다는 설명의 말미에, 그가 여호와를 사랑했고 또 산당도 사랑했다고 기록해 놓았다. 우리를 헷갈

리게 하는 모습이다. '여호와를 사랑했고, 산당도 사랑했다.' 솔로몬의 통치는 영광스러운 통치가 될 것이며, 그는 이스라엘과 유다를 다스리는 왕으로 선포되었다. 그러나 외형상으로는 하나님을 사랑하고 예배하는 자로 보였지만, 내적으로는 산당도 사랑한 사람인 솔로몬이다. 이 두 가지 면의 통일성이 두 지역의 통일성처럼 오래가지 못할 것을 열왕기 저자는 예견하고 있다. 이처럼 열왕기는 이 희망찬 시작과 동시에 비극적인 미래에 대한 예견이 극적인 대조를 이루며 시작되고 있다.

2. 일천 번제가 무슨 훈장인가?(왕상 3:4)

열왕기는 솔로몬이 기브온 산당에서 드린 제사에 대해 다음과 같이 한 절로 요약한다. "기브온에 제일 유명한 산당이 있었으므로, 왕은 늘 그곳에 가서 제사를 드렸다."(4절, 새번역)

우리가 기대한 일천 번제에 대한 자세한 설명은 사라지고, 이에 대해 딱 한 문장으로만 기록해 놓았다. 그것도 솔로몬이 혼자 번제를 드린 것으로 되어 있다. 이것이 열왕기의 관점이고 신학이다. 열왕기의 관점에서 보면 일천 번제가 대수로운 일이 아니라는 의미일 것이다. 반면 역대기에서는 솔로몬이 온 회중과 내각과 장군들을 대동하고 기브온에 제사하러 갔다고 기록한다(대하 1:1-3).

또 역대기에서는 일천 번제를 한꺼번에 일천 마리의 양을 드린 것으로 소개하고 있으나, 열왕기에서는 제사를 한꺼번에 드린 것이 아니라 계속해서 반복적으로 바쳤다고 한다. 즉, 역대기는 일천 번제를 드렸던 것을 대단히 귀한 일로 내세우는 듯한 느낌을 준다. 일천 번제를 '드렸다'에 사용된 동사는 미완료(imperfect) 시제로 반복되고 계속되었던 일을 나타낸다.

그러던 어느 날 밤 여호와께서 꿈에 솔로몬에게 나타나셔서 "내가 네게 무엇을 줄꼬 너는 구하라"라고 말씀하신다. 솔로몬의 기도가 이어진다. 첫째는 다윗의 성실과 공의와 정직함을 보셔서 은혜를 베푸심으로 솔로몬 자신까지 왕이 되었다는 것과 둘째는 자기는 작은 아이라 출입할 줄을 알지 못하고, 큰 백성들을 재판할 수도 없으니 선악을 분별하는 지혜를 달라는 것이다. 여호와는 이 기도가 마음에 들었고, 이에 그에게 복을 내려 주신다.

> "오직 송사를 듣고 분별하는 지혜를 구하였으니…네게 지혜롭고 총명한 마음을 주노니…네가 구하지 아니한 부귀와 영광도 네게 주노니 네 평생에 왕들 중에 너와 같은 자가 없을 것이라"(왕상 3:11-14).

그러나 하나님은 마지막 당부를 덧붙이신다. "네가 만일 네 아버지 다윗이 행함같이 내 길로 행하며 내 법도와 명령을 지키면 내가 또 네 날을 길게 하리라"(왕상 3:14).

꿈에서 깨어난 솔로몬은 그 길로 예루살렘으로 가서 여호와의 언약궤 앞에 서서 번제와 감사의 제물을 드리고 모든 신하를 위해 잔치를 베풀었다. 그런데 왜 기브온에서 제사를 드리다 번제와 감사제는 예루살렘에 와서 드린 것일까? 솔로몬이 기브온에서 제사를 드린 것을 보면, 당시 성막이 예루살렘에 있었음이 분명하다. 즉, 솔로몬은 산당과 성막을 동시에 왕래하며 제사를 드렸다. 이 말은 솔로몬에게 제사하는 제단이 두 개가 있었으며, 왕도(王道)도 두 개가 있었다는 뜻이다. 신학적으로 말한다면, 그에게는 부귀영화를 구하는 왕도가 있었는가 하면, 신명기적 정의를 구현하는 왕도도 있었던 셈이다. 그리고 솔로몬은 두 개의 세계에서 방황하고 있다. 아마도 그의 말대로 그는 아직 '어린아이'로 미숙해 하나님 앞에서 어떻게 살아야 할지를 모르는 것 같다. 그래서 하나님께서도 그에게 두 가지를 허락해 주셨다. 곧 선악을 분별할 수 있는 지혜와 부귀영화다.

그럼에도 끝나지 않는 의문이 있다. 솔로몬은 왜 산당에 가서 제사를 드렸는가? 왜 예루살렘에 법궤를 모신 성소가 있었는데도 산당을 택한 것인가? 열왕기는 기브온 산당이 컸기 때문이라고만 밝힌다. 역대기에서는 장막이 거기 있었다고 말한다(대하 1:3). 솔로몬은 기브온 산당만이 아니라 많은 산당을 찾아다니며 제사를 드렸다. 역대기에서는 일천 번제에 대해 무려 10절에 걸쳐 자세하게 다루었는데(대하 1:1-10), 이에 비해 열왕기는 단 한 절에서만 다루었다. 왜 그랬을까?

리처드 넬슨은 예루살렘에 성전이 완공되기 전까지 기브온은 희생 제의를 위해 적합한 장소였다고 말한다. 역대하 1장 5절에 의하면, 이는 제단과 회막이 거기에 있었기 때문이다(참고. 대상 16:39, 21:29). 이 구절에서 장막 앞에 있는 놋 제단은 모세의 기술자 '훌의 손자요 우리의 아들인 브살렐'이 모세에게 계시된 양식을 따라 제조한 바로 그 제단인 것이 언급된다(참조. 출 35:30-33, 38:1-2). 그러므로 이곳은 여호와의 뜻을 구하기에 적합한 장소이며, 이것이 솔로몬과 회중이 기브온에 왔던 이유라고 한다(대하 1:5). 그렇다 하더라도 솔로몬이 기브온에서 제사를 드리고, 번제는 예루살렘 성막에 와서 드렸다는 것은 쉽게 이해하기가 어렵다. 또 솔로몬이 많은 산당을 다니며 제사하다 그때만은 기브온에서 제사를 드렸다는 점도 마찬가지다. 또 열왕기에서는 솔로몬이 자신을 '어린아이'라고 표현했는데, 역대기에서는 그 말이 빠져 있다.

● 역대기에 기록된 솔로몬의 일천 번제(대하 1:1-13)

우여곡절 끝에 왕위에 오른 솔로몬은 왕으로서의 지위와 왕권을 세워 나가게 된다. 역대하 1장 1절은, "솔로몬의 왕위가 견고하여 가며"라고 기록하고 있다. '견고하여 가다'에 해당되는 히브리어는 역설적이게도 그가 아직 완전한 왕권의 자리를 잡지 못했음을 말해 준다. 그런 위치에서 솔로몬은 정권의 각료들을 대동하고 지리적으로 블레셋과 근접한 기브온 산당으로 갔다. 그리고 양 일천 마리를 드리며 하나님께 감사를 드렸다. 여기서 양 일천 마리를 드려야 하는 이유는 무엇이었을까?

일천 마리의 양을 번제물로 준비한다는 것은 보통 일이 아니다. 더구나 운송 수단이 발달되지 않았던 시대에 양 일천 마리를 움직인다는 일은 결코 쉬운 일이 아니었을 것이다. 운송도 문제지만, 그는 국가의 모든 요직의 신하를 대동해 하나님의 언약궤가 있는 예루살렘을 버리고 기브온 산당으로 갔다.

역대기는 일천 번제를 드리는 솔로몬의 정성을 높이 평가한 반면, 열왕기는 그 자체에 큰 의미를 두지 않는다. 왜 이러한 차이가 생긴 것일까? 우선은 앞서 살펴본 대로 두 책의 상황 설정이 다르다. 열왕기의 내용은 성막을 예루살렘으로 옮긴 후에 있었던 일에 대한 것이고, 역대기는 성막을 옮겨 오기 전의 일을 기록한 것이다. 그리고 열왕기와 역대기의 신학의 차이라 할 수 있다. 열왕기의 신학은 3장 1-3절에 기록된 대로 솔로몬의 생애의 결론을 부정적으로 보았으며, 솔로몬의 업적을 말하다가도 언제나 그 속에 숨겨진 솔로몬의 부정적인 면을 언급하고 지나간다. 열왕기상 3장 1절에서 언급된 대로, 저자는 솔로몬의 마음속에 심겨져 있는 우상숭배의 씨가 어떻게 자라나고, 후에는 어떤 결과를 가져올 것인지에 더 큰 관심을 두고 있었기에 솔로몬의 부정적인 면을 그대로 드러냈을 것이다. 실제로 솔로몬 속에 심겨진 이런 악의 씨가 이후에 왕국이 남북으로 갈라지는 결과를 낳았고, 멀게는 유다 멸망의 씨앗이 되었음은 부정할 수 없다.

이와 반대로 역대기는 다윗과 솔로몬을 왕의 본보기로 세워 성전을 중심으로 통일된 나라를 이루려고 의도했기에 부정적인 면은 가능한 한 언급을 자제하고, 솔로몬의 신실한 면을 강조해서 보여주려 했다. 그런 의미에서 역대기에서는 솔로몬이 하나님께 드린 제사의 정성이 강조되었고, 열왕기에서는 일천 번제라는 제사를 강조하기는 하지만, 그보다는 솔로몬이 드린 기도 내용에 더 관심을 두었다.

솔로몬이 좋아했던 '산당'은 히브리어로 '언덕'이란 의미다. 즉, 지리적으로 높은 곳 또는 제사하는 곳을 말한다. 왕정 시대 이전 사람들은 성소와 제사 장소를 주로 높은 곳에 세웠는데, 이는 하나님이 그곳에서 더 가까이 계신다고 느꼈기 때문이다. 이후로 산당은 여호와 제사와 가나안 사람들이 거행하던 종교 의식을 구분하지 않고 혼합해 섬기는 장소가 되었다. 그러므로 당시 산당이 많았다는 지적은 무언가 다소 불길한 암시를 준다.

3. 솔로몬의 지혜(왕상 4:29-34, 10:13)

솔로몬은 문학 분야에서 천재성을 지녔던 왕으로서 잠언과 아가서를 썼다.

"하나님께서 솔로몬에게 지혜와 총명과 넓은 마음을 바닷가의 모래알처럼 한없이 많이 주시니, 솔로몬의 지혜는 동양의 어느 누구보다도, 또 이집트의 어느 누구보다도 더 뛰어났다."(왕상 4:29, 새번역)

3천 개의 잠언과 1,005편의 노래를 지었을 뿐 아니라, 짐승과 새와 기어다니는 것과 물고기에 대해서도 능통한 지혜를 가지고 있었다.

솔로몬의 지혜에 대한 소문은 국경을 넘어 온 이웃 나라에까지 퍼져 나갔다. 하나님께서 그에게 주신 지혜를 들으려고 온 나라에서 예물을 들고 찾아왔다(왕상 10:23-25; 대하 9:22-28). 스바 여왕이 금 120달란트와 매우 귀한 향료 및 보석을 가지고 솔로몬을 찾아온 이야기는 유명하다(왕상 10:1-13; 대하 9:1-12).

드디어 솔로몬의 지혜를 증명할 사건이 일어났다. 두 여인이 한 집에 살았는데 똑같은 시기에 해산해 아들을 낳았다. 그런데 두 아이 중 하나가 죽었고, 두 여인은 살아 있는 아이가 자기의 아이라고 서로 우겨 댔다. 당시는 당연히 지금처럼 DNA검사 같은 것이 없었기에 죽은 아이가 누구의 아이인지를 가려 낼 방법이 없었다. 이에 솔로몬은 어머니의 모성애를 이용한다. 살아 있는 아이를 죽여서라도 그 아이를 갖겠다는 여인과 아이를 빼앗기더라도 살리고 싶어 하는 모성애를 통해 진짜 어머니를 찾아내 재판의 결론을 내린다.

그렇다면 솔로몬의 지혜라는 것이 과연 무엇일까? 그는 과연 지혜로운 왕이었을까?

잠언에서는 지식과 지혜를 동의어로 생각한다. 지식과 지혜의 출발점은 모두 하나님이고 본질은 동일하기 때문이다. 단지 지식은 창조를 통해 현상적으로 나타났기에 이는 인간들의 학습과 노력으로 파악이 가능한 반면, 지혜는 형상화할 수가 없다. 즉, 지혜는 인간의 노력으로는 얻을 수 없다. 이에 지혜는 한 번 받아서 쌓아 놓을 수 없고, 오직 하나님과의 관계에서만 얻을 수 있다. 지혜를 얻기 위해서는 하나님과 친밀한 교제를 나누어야 한다. 하나님께 가까이 갈수록 그만큼 더 지혜로워질 수 있기 때문이다. 하나님과 가까워지는 것은 하나님께서 주신 말씀을 통해서만 가능하다. 그래서 우리는 성경을 통해 하나님의 지혜를 배우고, 지식을 얻게 되는 것이다.

솔로몬의 지혜는 그가 하나님과의 관계에서 얻은 것이었기 때문에 그의 삶의 태도에 따라 달라질 수밖에 없었다. 그런 의미에서 솔로몬의 지혜는 다윗의 지혜를 따라갈 수 없었을 것이다.

4. 자신을 위한 정치판 짜기(왕상 4:1-19)

솔로몬의 내각이 구성되고, 행정 구역과 지도자들이 결정되었다. 이로써 나라는 든든해졌다. 많은 나라에게서 조공을 받는 나라로 성장해 갔다. 솔로몬이 가장 잘한 것 중 하나는 부왕인 다윗 왕에게서 물려받은 유산을 흩어버리지 않고, 그 든든한 기반 위에 자신의 터전을 세워 가는 지혜를 발휘했던 일이다. 대부분의 유다 왕은 선한 왕이 아니라 악한 왕의 뒤를 따라갔다.

솔로몬 이전의 행정은 지파 중심의 지방 자치제였다. 그러나 솔로몬은 중앙집권제를 중심으로 하는 1인 통치제로 만들었다. 그래서 열두 개의 행정 구역을 두고, 거기에 열두 도지사(nissabim)를 두었다. 에브라임 산지, 단 지파의 옛 땅, 사론 평야, 돌의 행정 구역(남쪽으로 사론 평원, 동쪽으로 갈멜산), 에스드렐론 평원과 벳산 지역, 요단강 동부에서 라못 길르앗 중심 지역, 요르단에 있는 마하나임 지역, 아셀 구역, 잇사갈 구역, 베냐민 구역, 갓 구역이 그것이다.

전통적으로 유다를 제외한 기타 지방의 마을에서 그 지역의 일들을 관장한 것은 장로(즈케님, zeqenim)들이었다. 신명기에 따르면 지역의 모든 일에 간섭한 자들이 바로 '즈케님'이다. 다윗 시대에도 도성의 모든 장로에게 전령과 선물을 보냈다(삼상 30:26-31). 이세벨도 살인 음모를 이스라엘 장로들에게 알렸고(왕상 21:8), 포로생활 중에서도(겔 8:1, 14:1, 20:1, 3), 귀환한 공동체에서도(스 6:8, 14) 장로들은 다시 나타난다. 르호보암에게 찾아와 문제를 제기했던 장로들도 바로 각 지방의 어른들이었을 것이다.

5. 이스라엘 열두 지파 동맹

지파는 가족과 종족으로 구성되어 있었다(민 1:18). 그러므로 열두 지파는 가족과 종족을 중심으로 일체를 이루는 거대한 가족 공동체였다. 동시에 이스라엘은 지파를 통해 혈통과 신앙의 일치를 이룰 수 있었다(갓 지파 사건). 이처럼 유대 공등체는 정치적 성격보다는 종교적 성격을 띠고 있었다. 이스라엘 사람이라면 누구든 신앙으로 따라야 되는 의무가 주어지는 야웨 공동 신앙으로 뭉쳐진 하나의 집단이 되었다(R. 드보).

솔로몬은 이런 지파 동맹을 파괴하고 중앙집권체제로 바꿨다. 물론 중앙집권으로 이룬 연합체계는 강력한 이웃들에 대항해 싸우는 공동전선을 형성하기 위함이었을 것이다. 새로 생겨난 연합체들은 다양한 규모의 자율권을 얻고 있었고, 친척 감정을 보존하며 이민이나 전쟁과 같은 공동사업을 즐겨 추진할 수 있었다.

그런데 갑자기 솔로몬은 나라 전체를 열두 구역으로 나누었고, 중앙에서 임명한 관리들이 각 구역을 다스리게 했다. 새로 신설된 열두 개의 관할 구역은, 여호수아 시대에 나눈 전통적인 열두 지파 구역과 같은 것도 있으나, 반드시 거기에 구애받지는 않았다. 솔로몬은 열두 지파로 갈라진 지파 의식을 지양하고 중앙집권체제를 구축하려 했고, 중앙집권화 정책은 자연히 부족들 간의 유대와 구분을 약화시키고 솔로몬의 1인 통치체제로 만들어 버렸다. 중앙집권제는 왕 중심 체제로, 이런 체제에서 모든 백성은 왕을 섬길 수밖에 없었고, 왕은 백성들의 혈세를 받아 호화로운 생활을 누리게 되었다. 대신 신앙 중심의 지파 동맹의 정신은 점차 무너졌다. 그리고 왕 중심의 사회로 흘러갔다.

열왕기상 4장에 새로 임명된 지방 장관들의 이름이 열거되고 있는데, 이들은 왕 주변의 관리들이었으며, 그중 두 명은 솔로몬의 사위였다(왕상 4:11, 15). 나밧 돌 높은 땅 온 지방은 벤아비나답이 다스렸는데, 그는 솔로몬의 딸 다밧의 남편이고(왕상 4:11), 납달리 땅의 지도자 아히마아스는 솔로몬의 딸 바스맛의 남편이다(왕상 4:15).

중앙집권식 행정 구역은 그동안 지켜 왔던 지방 중심 행정과 정반대되는 제도였기에 지방관리(장로)들과의 충돌은 불가피했다. 불만은 르호보암 시대에 터지고 말았다. 특이한 것은 여기서 유다 지파의 이름이 나오지 않는다는 점이다. 유다 지파는 열두 행정 구역에 속하지 않고, 그 지파만의 특별한 행정 조직이 있었던 것으로 보인다. 이 행정 구역들은 세금 징수를 보장하고 왕궁에 필요한 식품들을 조달하기 위해 신설된 것이었다. 열왕기상 4장 7절과 5장 7절에 의하면, 열두 구역은 교대로 한 달씩 왕궁과 군대에 필요한 식료품을 조달하고, 왕을 섬기는 인부 전체를 제공하며, 말과 가축들에 대한 사료까지 책임졌다. 이런 행정 구역은 중앙집권체제를 통해 자신의 정치 기반을 튼튼히 하기 위함이었지만, 결국에는 북쪽 열 지파를 잃어버리는 계기가 되었다.

솔로몬은 강대국들의 침략을 대비해 주로 전차대로 구성된 강력한 상비군을 설치했다. 이 일은 그의 아버지가 시도하지 않으려 했던 일이다. 열왕기와 역대기에 나오는 숫자를 근거로 그에게는 전차가 1,400대, 마굿간이 4,000개, 말이 12,000마리 있었다. 어느 정도 과장되었다 하더라도 이 정도면 상당한 세력이었으며, 한 세기 후에 다메섹의 하닷에셀(Hadad-ezer)이 카르카르(Qarqar) 전투에서 살만에셀(Shalmaneser) 3세와 싸울 때 투입했던 전차대와 거의 맞먹는 숫자다. 이처럼 주변의 상황이 솔로몬을 돕는 가운데, 그는 이런 기회들을 무역과 문명을 발전시키는 일에 활용할 수 있었다.

솔로몬은 베니게, 애굽, 남부 아라비아 및 그 인접 지역들은 물론 히타이트의 북부 수리아와 길리기아와도 교역을 했다. 앞서 언급한 바와 같이 애굽과 혼인 관계를 맺으므로 그 나라의 우방이 되었으며, 두로의 히람(주전 969~936년)과 밀접한 우호 관계를 맺고 홍해와 인도양, 그리고 지중해까지도 치밀한 무역 조사대를 조직했다. 그 밖에 스바 여왕을 포함해 "아람의 모든 왕"과도 교역 관계를 맺었다. 솔로몬은 이와 같은 새로운 재원(財源)을 개발한 최초의 주요 통치자였다.

6. 영광으로 옷 입은 왕(왕상 4:20-34)

솔로몬이란 이름을 들으면 가장 먼저 그가 누린 영화가 떠오른다. 열왕기는 4장 20절에서 34절까지 14절에 걸쳐 그 영화를 장황하게 소개한다. 동시에 성전 건축이 이루어지기 전까지 솔로몬 시대가 얼마나 안정되고 평안했는지도 보여 준다. 유다와 이스라엘의 인구가 모래알처럼 많아져 이스라엘 사람들만 약 40만에서 80만으로 두 배나 불어났다. 이처럼 인구가 많이 늘어났는데도 백성들이 먹고사는 것에 걱정이 없었다. 열왕기 저자는 이때의 모습을 "각기 포도나무 아래와 무화과나무 아래에서 평안히 살았더라"(왕상 4:25)라고 전한다. 포도나무와 무화과나무는 구약 시대에 이스라엘이 장차 이루어지기를 기대했던 풍성한 삶을 상징하는 것이었다(미 4:4; 슥 3:10). 또 이들은 안전한 가운데 살고 있었으며(왕상 4:20), 열왕기상 5장 4절에서는 "여호와께서 내게 사방의 태평을 주시매 원수도 없고 재앙도 없도다"(왕상 5:4)라고 말한다.

솔로몬이 다스리던 영토는 매우 넓어 다윗 왕이 확장해 놓은 지역인 북쪽 유브라데강 서쪽으로부터 남으로는 애굽의 국경 가까이 가사 남쪽 지역까지, 그리고 서쪽은 블레셋 영토에 이르렀다. 유브라데강 건너편 '딥사'(24절)는 유브라데강 나루터의 이름이다. 여기서 저자는 "강 건너편"(24절)이란 용어를 쓰는데, 이것은 저자가 유브라데강 동쪽, 즉 바벨론에 살고 있었다는 것을 암시한다. 이 영토는 여호와 하나님께서 여호수아에게 허락한 광범위한 땅으로(수 1:3-4) 다윗에 이어 솔로몬이 다스렸다. 그리고 솔로몬도 다윗 때와 마찬가지로 주변 왕들에게서 조공을 받았다. 그러나 거기에는 "솔로몬이 사는 동안"(21절)이란 단서가 붙어 있다. 아람과 에돔은 반란에 성공해 솔로몬 시대에 독립하기도 했다(왕상 11:24-25).

이어 솔로몬의 영화의 극치로, 그의 왕궁에서 필요로 하는 하루 먹거리를 소개한다. 곧 고운 밀가루가 30고르(gor), 거친 밀가루가 60고르다. '고르'는 당나귀 한 마리에 실을 수 있는 양의 곡식을 말한다. 또 살진 소가 10마리, 목장 소는 20마리, 양이 100마리, 그 외에 수사슴과 암사슴, 노루 그리고 살진 새들이었다. 열왕기상 5장 2절 이하에 기록된 매일 조달량이 맞는다면, 각 지방 관할 구역에서 해마다 공급하는 양은 세몰리나(Semolina, 굵게 간 밀가루)가 900콜(Kor), 밀가루 1,800 콜, 황소 900마리, 양이 3,000마리 등이다. '콜'이 대략 6 부셀에 해당했던 것으로 미루어 볼 때, 가나안 사람들을 포함해 각 관할 구역의 인구가 평균 10만 명이 못 되는 인구에 비해 상당히 과중한 부담이었다. 이 많은 양의 음식물은 왕궁에 살고 있던 사람들은 물론이고, 아마도 성문 밖에 살고 있던 용병들의 식량까지 포함된 것으로 보인다. 그러나 이런 사치와 풍요는 후에 비극을 가져오게 된다. 솔로몬이 죽은 후에 이스라엘이 분리되어 나간 것은 결코 놀라운 일이 아니다.

다윗과 솔로몬이 통치한 70년간이 통일 이스라엘 왕국으로서는 물질적으로나 문화적으로 가장 현저하게 발전한 시기였다. 이러한 정치와 경제 기반을 이용할 수 있게 되자 그는 성전 건축을 시작한다.

7. 하나님은 성전에 계시는가?(왕상 5:1-7:51)

나라가 평안하고 부유해졌다고 판단한 솔로몬은 이제 성전 건축으로 눈을 돌린다. 성전 건축은 다윗의 유언이기도 하다.

> "내 아들아 여호와께서 너와 함께 계시기를 원하며 네가 형통하여 여호와께서 네게 대하여 말씀하신 대로 네 하나님 여호와의 성전을 건축하며 여호와께서 네게 지혜와 총명을 주사 네게 이스라엘을 다스리게 하시고 네 하나님 여호와의 율법을 지키게 하시기를 더욱 원하노라"(대상 22:11-12).

그러나 그 밖에도 많은 이유가 있었다. 솔로몬은 민심을 확고히 하기 위한 정치적 필요성을 느꼈을 것이고, 백성들의 종교적 전승을 존중하려는 의도도 있었을 것이다. 아무리 믿음이 강한 백성이라도 신앙의 장소가 그들이 사는 곳에 있지 않다면 백성의 마음을 하나로 묶어 내기는 힘든 법이다. 그래서 예루살렘 성전을 건축함으로 그 마음을 하나로 묶어 내려 했을 것이다. 물론 여기에 솔로몬 자신의 영광을 성전 건축을 통해 과시하고자 하는 마음이나 예술적인 건물을 건설해 보고자 하는 욕구도 작용했을 것이라 짐작한다.

성전 건축에서 두로의 히람의 역할을 빼놓을 수 없다. 히람은 다윗과 솔로몬 시대의 두로 왕으로, 성전 건축에 적극 협조했다(왕상 5:1-12). 다윗을 좋아했던 히람은 솔로몬이 왕이 되었다는 말을 듣고 솔로몬에게 축하 사절단을 보낸다. 그 자리에서 솔로몬은 성전 건축 계획을 말하면서 히람 왕에게 도움을 요청한다. 아마도 히람이 다윗과 솔로몬 시대에 이르기까지 유다와 긴밀한 교류를 할 수 있었던 것은, 그가 납달리 지파 과부의 아들이었기 때문이라고 추측해 볼 수 있다. 특히 히람은 성전 놋 기구를 제작했는데(왕상 7:13-14), 그의 아버지는 두로 사람으로 놋쇠 대장장이였다(왕상 7:14). 솔로몬은 히람에게 성전 건축에서만 도움을 받은 것이 아니라, 그와의 친밀한 우호 관계를 통해 홍해와 인도양, 그리고 지중해까지도 치밀한 무역 조사대를 조직할 수 있었다. 당시 베니게의 교역은 최고도로 팽창했으며, 서쪽으로는 적어도 사르디니아(타르시스)에 이르기까지 무역 식민지들을 개설했다. 베니게는 식민 활동을 광산, 특히 사이프러스와 사르머니아의 풍부한 구리 공장에 치중했다.

왕궁과 성전 건축을 위해 솔로몬은 해안 평야 및 갈릴리의 외곽 지역에 사는 최근 정복한 가나안 사람들을 국가 노예(마스 오베드)로 만들었다. 그는 또 요단 건너편에 있는 히브리 국가들(에돔, 모압, 암몬)에게 국가 노예들을 공급하도록 강요했을 것이다. 그러나 이런 값싼 노동자원들이 충분하지 못하게 되자, 그는 한 걸음 더 나아가 강제 노동에 호소해 이스라엘의 자유인들을 노동부대에 등록시켜 레바논에서 한 달을 일하든지, 아니면 고향에서 두 달을 일하든지 양자택일하도록 했다. 징집된 이스라엘인의 숫자가 30,000명에 달했다. 그러나 솔로몬은 이런 강제 노동 인력을 모든 사람의 공통 관심사인 성전 및 다른 건물들을 건축하는 일 이외의 다른 일에 이용하지는 않았다.

솔로몬 성전은 전반적으로 길이 약 30미터, 너비 10미터, 높이 15미터 정도의 작은 규모였다(왕상 6:2). 성경의 측정 단위인 '규빗'(cubit)은 약 45~50센티미터의 길이다. 솔로몬 성전은 길이가 긴 룸 스타일의 건물로 이런 건물 양식을 '비트 힐라니'(bit hilani) 양식이라고 부르는데, 고대 근동의 신전은 대부분 이 양식으로 건축되었다.

성전의 성소 앞 주랑은 길이가 10미터, 너비가 10미터, 높이가 15미터이고(왕상 6:3), 성전에는 창틀과 창문이 있었다(왕상 6:4).

성소와 지성소의 벽에 연접해 돌아가며 다락과 골방들이 있었는데(왕상 6:5), 아래층 다락의 너비는 2.5미터, 중층 다락의 너비는 3미터, 3층 다락의 너비는 3.5미터로, 위로 올라갈수록 약 50센티미터씩 커지는 형태다(왕상 6:6).

열왕기상 6장 7절에 따르면, 성전을 건축할 당시 모든 돌을 채석장에서 다듬어서 가져왔기에 건축 현장에서는 방망이, 도끼, 철 연장 소리가 들리지 않았다고 한다. 이러한 사실은 고고학 발굴을 통해서도 증명되었다. 성전 건축에 사용할 돌을 채굴했던 채석장이 발견되었기 때문이다. 계속해서 8절에 의하면 3층으로 된 성전을 오르기 위하여 성전 오른쪽에 나사 모양의 층계를 만들었음을 알 수 있다.

성전의 내부는 백향목 서까래와 널판으로 덮었다(왕상 6:9). 레바논 백향목은 고대 근동에서 신전을 지을 때 사용되던 고급 건축자재로 알려져 있다. 솔로몬도 그들의 건축 양식을 따랐다.

예루살렘 성전에는 번제단과 분향단이 있었다. 번제단은 성전 앞에 놓여 있고(출 40:6), 분향단은 성전 안 지성소를 가린 휘장의 바깥쪽에 있었다(왕상 6:20). 열왕기상 6장 20절에서는 분향단을 백향목 제단이라고 불렀다. 번제단은 '놋으로 만든 제단'(놋단)이라 불렸으며, 이 놋제단은 번제물을 불살라 바치던 커다란 받침대였다. 반면 분향단은 백향목으로 만들고 전부 얇은 금으로 입혀 놓은 제단으로(왕상

6:20) "금 단"(왕상 7:48)이라고 불렀다. 이 제단은 하나님의 임재를 나타내는 일종의 표시이기도 하고, 고대에는 신의 현현을 기억하게 하는 기념물이기도 했다(창 12:7, 26:25).

여호와께서 성전을 건축하고 있는 솔로몬에게 이렇게 말씀하셨다.

> "네가 지금 이 성전을 건축하니 네가 만일 내 법도를 따르며 내 율례를 행하며 내 모든 계명을 지켜 그대로 행하면 내가 네 아버지 다윗에게 한 말을 네게 확실히 이룰 것이요 내가 또한 이스라엘 자손 가운데에 거하며 내 백성 이스라엘을 버리지 아니하리라"(왕상 6:11-13).

● 성전에 대한 역대기의 관점(대하 6:14-42)

성전 건축에 대한 열왕기와 역대기의 기사 내용을 보면 많은 차이가 있다. 열왕기 저자는 성전 건물에 대해 길게 기록했다. 이에 비해 역대기는 성전 건물에 대한 기록이 훨씬 짧다. 대신 솔로몬의 봉헌 기도와 하나님의 응답에 더 큰 관심을 쏟고 있다. 솔로몬이 드린 기도에서도 그는 하나님이 성전보다 크시며(대하 6:14-42), 동시에 하나님은 하늘들의 하늘이라도 모시기에 부족하다는 사실을 강조했다. 이처럼 역대기는 하나님은 성전 안에 결코 제한될 수 없는 분이라는 사실을 매우 강하게 말한다(대하 6:18). 이는 솔로몬이 성전을 건축하려면서 드린 기도에서도 분명하게 나타난다.

> "내가 건축하고자 하는 성전은 크니 우리 하나님은 모든 신들보다 크심이라 누가 능히 하나님을 위하여 성전을 건축하리요 하늘과 하늘들의 하늘이라도 주를 용납하지 못하겠거든 내가 누구이기에 어찌 능히 그를 위하여 성전을 건축하리요 그 앞에 분향하려 할 따름이니이다"(대하 2:5-6).

이처럼 역대기 저자는 성전 건물 자체보다 성전에 임하시는 여호와와 그분께 드리는 예배 및 그분과의 교제에 더 큰 의미를 부여했다. 이것은 이사야가 보았던 환상의 의미와도 동일하다. "그의 옷자락은 성전에 가득하였고"(사 6:1). 그런데도 솔로몬의 후대들은 야웨 하나님을 성전이란 좁은 건물 안에 가두어 놓았고, 자기들 스스로도 성전에 갇히게 되었다. 그러면서 그들은 하나님을 섬기지 않고 산당에 가서 바알을 숭배했다.

8. 하나님의 초월성과 내재성(內在性)(왕상 8:22-53)

성전을 봉헌한 후에 솔로몬은 여호와께 긴 기도를 드렸다. 기도 후에 여호와께서 솔로몬에게 나타나 말씀하셨다.

> "네 기도와 네가 내 앞에서 간구한 바를 내가 들었은즉 나는 네가 건축한 이 성전을 거룩하게 구별하여 내 이름을 영원히 그곳에 두며 내 눈길과 내 마음이 항상 거기에 있으리니 네가 만일 네 아버지 다윗이 행함 같이 마음을 온전히 하고 바르게 하여 내 앞에서 행하며 내가 네게 명령한 대로 온갖 일에 순종하여 내 법도와 율례를 지키면 내가 네 아버지 다윗에게 말하기를 이스라엘의 왕위에 오를 사람이 네게서 끊어지지 아니하리라 한 대로 네 이스라엘의 왕위를 영원히 견고하게 하려니와"(왕상 9:3-5).

솔로몬의 기도를 들으신 야웨 하나님께서 그 기도를 받으시고, 솔로몬과 이스라엘 백성을 축복하셨다. 그러나 열왕기는 무조건적인 축복을 말씀한 적이 한 번도 없다. 축복에는 반드시 조건이 있었다.

"만일 너희나 너희의 자손이 아주 돌아서서 나를 따르지 아니하며 내가 너희 앞에 둔 나의 계명과 법도를 지키지 아니하고 가서 다른 신을 섬겨 그것을 경배하면 내가 이스라엘을 내가 그들에게 준 땅에서 끊어 버릴 것이요 내 이름을 위하여 내가 거룩하게 구별한 이 성전이라도 내 앞에서 던져 버리리니"(왕상 9:6-7).

역대기의 내용도 비슷하다. 솔로몬의 기도 후에 하나님은 자신이 이 성전을 선택하여 거룩하게 하셨고, 그분의 눈길과 마음이 항상 이곳에 있을 것이라는 약속하셨다. 그러나 역시 조건이 붙어 있다.

"너희가 만일 돌아서서 내가 너희 앞에 둔 내 율례와 명령을 버리고 가서 다른 신들을 섬겨 그들을 경배하면 내가 너희에게 준 땅에서 그 뿌리를 뽑아내고 내 이름을 위하여 거룩하게 한 이 성전을 내 앞에서 버려 모든 민족 중에 속담거리와 이야깃거리가 되게 하리니"(대하 7:19-20).

여기서 하나님께서 강조하신 점은 무엇인가? 성전인가, 아니면 하나님의 말씀을 따라 사는 일인가? 하나님은 그분이 주신 율례와 명령을 버리고 이방 신을 섬기면 성전조차도 버리겠다고 하셨다.

하나님이 귀하게 여기시는 것은 무엇인가? 크고 웅장하고 화려한 성전이 아니다. 교인 수가 많은 것도 아니다. 자기 백성이 하나님 앞에서 경건하게 사는 것이다. 하나님은 그분의 계명과 법도를 지키지 않으면 비록 거룩하게 구별한 성전이라도 던져 버리겠다고 하셨다.

그리고 하나님은 성전에 계시겠다고 말씀하지 않으셨다. 성전을 거룩하게 구별하고, 여호와의 이름을 영원히 그곳에 두며, 그분의 눈길과 마음이 항상 거기에 있을 것이라고 하셨다. 이름은 하나님의 또 다른 존재 양태다. 하나님의 권위의 상징인 이름을 그곳 성전에 두시기 때문에 성전은 거룩한 곳이 되며, 하나님의 눈길과 마음이 항상 거기 있으시기에 자기 백성들의 제사(예배)와 기도를 받으신다. 그래서 성전은 거룩한 곳이다. 그러나 이것도 백성들이 하나님의 법도와 율례를 지킬 때만 유효하다(왕상 9:4-9).

성전을 건축하고 있는 중에 들려주신 여호와의 말씀도 동일하다.

> "네가 지금 이 성전을 건축하니 네가 만일 내 법도를 따르며 내 율례를 행하며 내 모든 계명을 지켜 그대로 행하면 내가 네 아버지 다윗에게 한 말을 네게 확실히 이룰 것이요 내가 또한 이스라엘 자손 가운데에 거하며 내 백성 이스라엘을 버리지 아니하리라"(왕상 6:12-13).

솔로몬의 성전 건축이 그의 위대한 업적 중에 으뜸인 것은 누구도 부인할 수 없다. 그러나 성전 자체가 거룩한 것은 아니다. 하나님이 그 이름을 거기 두셨기에 거룩한 곳이 되고, 또 그 이름을 두셨기에 그 백성이 제사(예배)하고 기도하면 만나 주시는 것이기 때문이다. 즉, 하나님에게 중요한 것은 건물이 아니라 예배자들이다. 성전의 가치와 영광은 건물의 화려함이나 웅장함에 있는 것이 아니라, 오직 여호와의 임재의 약속에 근거한다. 그런데 여호와의 임재는 예배하는 자들이 하나님을 진심으로 예배하고, 그 말씀을 따라 살 때만 나타난다. 그래서 하나님께서 성전 자체가 거룩한 것이 아니라, 말씀을 따라 살 때 성전이 영화롭게 될 것이라고 말씀하신 것이 아닐까? 하나님이 그 이름을 성전에 두셨다는 말은, 예배자들이 하나님을 거스르고 반역하며 살면 그 이름을 얼마든지 거둬들일 수 있다는 의미다.

스데반은 자신의 설교에서 이렇게 말했다. "다윗이 하나님 앞에서 은혜를 받아 야곱의 집을 위하여 하나님의 처소를 준비하게 하여 달라고 하더니 솔로몬이 그를 위하여 집을 지었느니라"(행 7:46-

47). 솔로몬은 하나님이 아닌 자기의 영광을 위해 성전을 건축했다는 뜻이다. 이런 스데반의 주장은 시편 132편에 근거하고 있는 것으로 보인다. "여호와여 일어나사 주의 권능의 궤와 함께 평안한 곳으로 들어가소서"(시 132:8). 다윗도 하나님께서 평안히 쉬실 곳을 원하셨다고 말하고 있다 "주님, 일어나셔서 주님께서 쉬실 그곳으로 드십시오. 주님의 권능 깃들인 법궤와 함께 그곳으로 드십시오."(시 132:8, 새번역) 그렇다면 여호와께서는 성전 건물보다 왕과 백성들이 하나님을 따르며, 그의 계명과 법도를 지키며 사는 것을 원하셨다는 열왕기상 9장 7절을 기억해야 할 것이다. 하나님은 성전을 통한 은혜보다는 여호와의 말씀을 지켜 행함으로 받는 복을 더 많이 강조하셨다.

하나님의 관심은 성전을 중심으로 하나님과 그 백성들이 거룩한 관계를 이루어 가는 것이다. 솔로몬은 성전을 짓기는 했지만 하나님과의 친밀한 교제에는 관심이 적어 보인다. 그는 성전을 짓는 데는 7년, 그리고 자기 궁궐을 짓는 데는 13년의 세월을 바쳤다. 다윗의 마음에는 언제나 성전이 가장 큰 자리를 차지하고 있었다(삼하 7:2-3). 그러나 솔로몬의 마음에서 성전의 자리는 자기 궁궐의 크기에 훨씬 못 미쳤다는 것은 솔로몬의 마음의 중심은 언제나 하나님보다는 자기 중심이었다는 것을 보여주는 것은 아닐까? 솔로몬의 문제는 신앙의 이중성(二重性)에 있다.

모순적이게도 그는 성전 봉헌 이후에도 성전과 산당 사이를 오고 가는 생활을 계속했다. 그리고 나중에는 이방 여인들을 위해 마련해 준 산당에 마음이 더 치우쳤다. 그가 이방 신들을 위해 지은 산당들은 그의 마음이 여호와 하나님 앞에서 온전치 못했음을 나타낸다. 이 사실을 열왕기는 잘 보여 주고 있다. 즉, 3장 1절에 의하면 애굽 바로의 딸을 데려다 임시로 다윗 성에 거주하게 했고, 7장 8절에서는 그녀를 위해 궁실을 건축했으며, 건축을 마친 다음에는 솔로몬의 왕궁과 같은 궁전을 지어 주어 그곳에 머물게 했다. 그리고는 마침내 솔로몬의 마음이 여호와 하나님을 떠났다(왕상 11:9).

9. 상업의 천재 솔로몬(왕상 10:28-29)

솔로몬이 금속(金屬) 공업을 발전시킨 것도 그의 무역 사업과 밀접히 관련되어 있다. 스바 여왕이 솔로몬을 방문한 목적도 그와 무역 협정을 체결하는 데 있었을 것이다. 오랜 기간에 걸친 솔로몬의 통치[주전 961~922(?)년]는 언제나 이스라엘 역사의 최고봉으로 칭송되어 왔다. 아버지에게 물려받은 재물과 권력뿐 아니라 유리한 경제적 상황을 잘 이용한 그의 기지 덕분으로 그는 그 시대 사람들에게 무용담이나 전설의 중심 인물인 듯한 인상을 남겼다.

그 시대의 정치적 상황은 특히 유리했다. 애굽은 타니스 왕조의 마지막 무력한 통치자들 밑에 있었으므로 아시아에 간섭할 처지가 못 되었다. 앗수르는 게으른 디글랏 빌레셀(Tiglath-pileser) 2세(주전 966~935년) 밑에서 역사상 가장 보잘것없는 위치로 떨어졌다. 그리고 두로에 수도를 정한 새로운 국가 시돈은 해상무역과 상업의 확대에만 전념했다.

솔로몬은 앞으로 침략해 올 가능성이 있는 국가들에 대한 경고로서 주로 전차대로 구성된 강력한 상비군을 설치했다. 이 일은 그의 아버지가 시도하지 않으려 했던 일이다. 열왕기와 역대기에 나오는 숫자들을 통해 추정해 본다면 대략 전차가 1,400대, 전차 끄는 말을 위한 마구간이 4,000개 그리고 말이 12,000마리였다.

이처럼 다른 국가의 침략에 방어할 능력을 갖추었기에 솔로몬은 당시 시작되고 있던 무역 및 문명 예술을 발전시키는 일에 관심을 기울일 수 있었다. 더구나 그는 앞서 언급했듯이 애굽과 혼인 관계를 맺음으로써 그 나라의 우방이 되었다. 또한 두로의 히람(Hiram, 주전 969~936년)과 긴밀한 우호관계를 맺고 홍해와 인도양, 그리고 지중해까지 무역을 확대해 나갈 수 있었다.

III.

솔로몬의 마음이 여호와를 떠나다

1. 솔로몬의 마음은 어디에?(왕상 11:1-8)

열왕기상에서는 솔로몬의 치적을 3장에서 10장까지 화려하게 그려 놓았다. 동시에 다윗 왕조의 합법성도 크게 부각시켰다. 하나님께서 솔로몬에게 세 번이나 나타나셔서 말씀하신 일, 즉 기브온 산당에서 엄청난 규모의 제사를 드린 후에 성전을 건축한 일(왕상 6:11-14)을 비롯해, 예루살렘 성전을 건축한 후에 그가 하나님께 드린 기도와 하나님의 현현을 크게 부각시켰다(왕상 9:2-3). 그런데 11장에서는 솔로몬에 대한 평가가 부정적으로 반전된다.

열왕기상 3장 첫 절에서는 솔로몬이 애굽 왕 바로와 혼인 관계를 맺고, 바로의 딸을 아내로 맞았다고 전하고, 3절에서는 "그의 아버지 다윗의 법도를 행하였으나 산당에서 제사하며 분향하더라"라고 기록한다. 그리고 11장 1-13절에서는 솔로몬이 이방 여인들을 사랑하고 그들의 신을 섬긴 결과가 무엇인지를 명확하게 보여 준다.

솔로몬이 바로의 딸을 다윗 성 안에서 살게 한 결과는 엄청나다. 그가 사랑한 이방 여인이 모압, 암몬, 에돔, 시돈, 헷 여인으로 늘어났다. 그뿐 아니라 후궁 700명과 첩 300명을 두었고, 그 이방 여인들을 따라 시돈의 여신 아스다롯, 암몬의 가증한 밀곰, 모압의 가증한 그모스를 예루살렘으로 들여왔으며, 그 우상들을 위한 산당을 예루살렘 앞 산에 세웠다. 그 결과 솔로몬의 마음이 돌아서서 여호와를 떠났고, 아버지 다윗의 마음과 같지 않게 되었다(4절). 그리고 나아가 그 여인들을 따라 이방 신에게 제사하기에 이르렀다(8절). 열왕기는 솔로몬이 이방 여인들을 사랑했다는 말을 두 번이나 반복한다(1, 2절). 자연스럽게 그는 그 여인들이 섬기는 신들을 섬기지 않을 수 없었다. "그는 그의 외국인 아내들이 하자는 대로, 그들의 신들에게 향을 피우며, 제사를 지냈다."(8절, 새번역)

솔로몬은 감람산에 그모스와 밀곰의 신당을 세웠다. 그모스나 밀곰 숭배는 바알 숭배와 비슷했지만, 특별히 밀곰 숭배자들은 밀곰 또는 몰록('왕'이란 뜻)에게, 또 그모스('그의 자손'이란 뜻) 숭배자들은 자기들의 조상 신에게 아이를 제물로 바쳤다. 성경은 이 우상들을 '가증하다'고 말한다(7절). 이 우상들은 요시야 왕이 모두 헐어 버리기까지 그 자리에 있었고(왕하 23:13), 유다 백성들도 이 우상들을 섬겼다.

열왕기 내내 '시돈 사람의 여신 아스다롯', '암몬 사람의 가증한 밀곰', '모압의 가증한 그모스'란 말이 계속해서 등장한다. 따라서 '아스다롯, 밀곰, 그모스'는 앞으로 편의상 '우상 삼총사'라 부르려 한다. 이 우상 삼총사는 솔로몬이 만들어 놓은 것으로, 이스라엘 역사 내내 나라 전체를 뒤흔들어 놓았고, 결국은 바벨론에 의해 멸망하게 되는 원인이 되었다. 참고로, 르호보암의 어머니는 암몬 족속의 공주였으며, 유다 왕 아사의 어머니 마아가는 반 이교적인 아비살롬의 가정에 속한 사람이었다(왕상 15:9-10). 이에 마아가가 풍요를 상징하는 가나안 여신 아세라를 공공연히 숭배했다는 것은 놀라운 일이 아니다(참조. 왕상 15:13).

그렇다면 우리는 솔로몬이란 사람을 어떻게 평가해야 할까? 솔로몬은 위대하고 성공한 왕인가, 아니면 실패하고 하나님으로부터 버림받은 왕인가? 과연 그는 지혜롭게 하나님의 음성을 들으며 살았는가? 자기 영광에 도취해 산 것은 아닌가? 열왕기상 11장 9-13절에서 극히 절제된 용어로 솔로몬을 평한다.

> "여호와께서 일찍이 두 번이나 그에게 나타나시고 이 일에 대하여 명령하사 다른 신을 따르지 말라 하셨으나 그가 여호와의 명령을 지키지 않았으므로 여호와께서 솔로몬에게 말씀하시되 네게 이러한 일이 있었고 또 네가 내 언약과 내가 네게 명령한 법도를 지키지 아니하였으니 내가 반드시 이 나라를 네게서 빼앗아 네 신하에게 주리라 그러나 네 아버지 다윗을 위하여 네 세대에는 이 일을 행하지 아니하고 네 아들의 손에서 빼앗으려니와 오직 내가 이 나라를 다 빼앗지 아니하고 내 종 다윗과 내가 택한 예루살렘을 위하여 한 지파를 네 아들에게 주리라 하셨더라."

솔로몬은 하나님 앞에서 역사에 남을 만한 일들을 해냈다. 기브온 산당에서 일천 번제를 드렸는가 하면 성전을 건축하고, 나라를 부강하게 만들었다. 그뿐 아니라 부왕인 다윗의 유언을 따라 여호와의 말씀을 듣고 지켜 행하는 일에 열심이었다. 그러나 그는 결국 죄에 굴복하고 말았다. 욕심이 잉태한즉 죄를 낳고, 죄가 장성하여 사망을 낳는다. 그 결과는 하나님의 진노였다.

“솔로몬이 마음을 돌려 이스라엘의 하나님 여호와를 떠나므로 여호와께서 그에게 진노하시니라”(9절).

솔로몬은 야웨 하나님을 사랑했지만(왕상 3:3) 이방 여인들도 사랑했다. 바로의 딸에게서 시작된 이방 여인에 대한 사랑은 그 주변 국가의 모든 이방 여인을 사랑하는 것으로, 나아가 그들의 우상을 예루살렘으로 들여오는 것으로 발전했다. “여호와를 사랑하고 그의 아버지 다윗의 법도를 행하였으나”라는 그에 대한 처음 설명에서 여호와를 사랑했다거나 다윗의 법도를 따랐다는 내용은 사라져 버렸다. 이방 신들은 유대 나라에 공공연히 뿌리를 내려 번창하기 시작했다. 이처럼 악의 씨는 솔로몬 궁궐 안에서 뻗어 나가기 시작했다. 그리고 마침내 여호와께서는 “네가 내 언약과 내가 네게 명령한 법도를 지키지 아니하였으니 내가 반드시 이 나라를 네게서 빼앗아 네 신하에게 주리라”(왕상 11:11)라고 하셨다.

열왕기상 11장의 내용을 분류해 보면 다음과 같다.

1) 솔로몬의 이방 여인들에 대한 사랑과 우상 숭배(1-8절)
2) 솔로몬을 향한 하나님의 분노(9-13절)
3) 솔로몬의 대적들(14-25절)
4) 여로보암의 선택과 하나님의 약속(26-40절)
5) 솔로몬의 죽음(41-43절)

2. 하나님은 솔로몬을 버리셨는가?(왕상 11:9-13)

이스라엘 남북의 분열은 하나님의 의도였다. 하나님은 절대로 한번 택한 사람을 버리지 않으신다. 오직 그들이 하나님을 배반하고 떠났으므로 그들에게 징계를 내리셨을 뿐이다. 열왕기 저자도 "솔로몬이 마음을 돌려 이스라엘의 하나님 여호와를 떠나므로 여호와께서 그에게 진노하시니라"(9절)라고 기록했다.

여호와 하나님께서 두 번이나 솔로몬에게 나타나셔서 이방 여인과 통혼하지 말고 이방 신을 따르지 말라고 말씀하셨다. 이는 솔로몬이 기도에서 여러 번 스스로 고백했던 내용이다. 하나님은 명령과 법도를 지키는 일이 성전 건축보다 더 중요하다고 몇 번이고 말씀하셨다. 그러나 솔로몬은 이를 어기고 이방 여인을 사랑하고 우상을 섬기는 일에 정신을 빼앗겼다. 그 결과 하나님은 나라를 나누되, 다 빼앗지 않으시고 예루살렘과 한 지파를 솔로몬의 아들에게 주신다고 약속하셨다(12-13절). 이에 르호보암이 용사 18만을 모집해 이스라엘 족속과 싸워 통일왕국을 회복하려 했을 때 하나님께서는 "이 일이 나로 말미암아 난 것이라"(왕상 12:24)라고 말씀하시며 전쟁을 만류하셨다.

그렇다면 유대 왕국을 찢어 여로보암에게 주신 이유는 무엇일까? 그 이유는 열왕기상 11장 33절에서 드러난다.

> "이는 그들이 나를 버리고 시돈 사람의 여신 아스다롯과 모압의 신 그모스와 암몬 자손의 신 밀곰을 경배하며 그의 아버지 다윗이 행함 같지 아니하여 내 길로 행하지 아니하며 나 보기에 정직한 일과 내 법도와 내 율례를 행하지 아니함이니라".

그들이 여호와 하나님을 버렸기 때문이다. 그리고 이방의 우상들을 섬기며, 다윗의 길 곧 여호와의 길로 행하지 아니하고, 하나님 앞에서 법도와 율례를 따라 살지 않았기 때문이다. 솔로몬은 예루살렘에 성전이 세워진 이후에 이스라엘 땅에 있는 모든 산당을 허물어야 했다. 그러나 그는 도리어 이방 여인들을 위한 산당을 확장해 나갔고, 그뿐 아니라 자신도 그곳에 가서 제사를 드렸다. 열왕기하 23장에 기록된 요시야의 개혁에 대한 내용을 보면, 솔로몬이 자기를 위해 예루살렘에 세운 산당과 우상들을 구체적으로 기술해 놓았다. 솔로몬은 예루살렘 앞 멸망의 산 오른쪽에 시온 사람의 가증한 아스다롯과 모압인의 가증한 그모스, 암몬 자손의 가증한 밀곰을 위한 산당을 세웠다. 이 우상 삼총사는 솔로몬 때로부터 요시야 시대, 즉 유다 멸망의 시기까지 그 땅을 더럽혔다.

이 어찌 솔로몬의 죄를 가볍게 여길 수 있겠는가? 솔로몬 이후로 산당은 계속 확장되어 갔고, 후대 왕들도 산당을 제거하지 못했다. 오히려 왕들이 앞장서서 산당을 세웠다(왕상 23:12-13, 15). 솔로몬의 산당 제사와 우상 숭배는 유다 왕국이 무너지게 된 근본 원인이 되었고, 솔로몬은 그 기초를 제공한 사람이었다. 하나님께서는 솔로몬에게 진노하실 수밖에 없었을 것이다.

그런데도 하나님께서는 솔로몬을 버리지 않으셨다. 다만 나라의 열 지파를 찢어 여로보암에게 줄 것이라고 하셨고, 솔로몬이 지은 죄 때문에 진노하셔서 형벌을 내리신다고 하셨지만 그것도 영원하지는 않을 것이라고 하셨다(왕상 11:39). 솔로몬은 하나님을 떠났다(9절). 그런데도 왜 하나님께서는 솔로몬을 버리지 못하시는가? 그것은 다윗 때문이다(왕상 11:12, 32, 34, 36).

3. 하나님을 배반하면 일어나는 일들(왕상 11:14-25)

예루살렘에서 일을 마치고 나오는 길에 여로보암은 우연히 아히야라는 선지자를 만난다. 아히야가 실로 사람이라고 한 것으로 보아, 그는 북쪽 이스라엘 지역에서 온 선지자인 듯하다. 실로는 성막이 있었던 곳으로 사무엘이 여호와를 섬기던 곳이다. 여로보암을 만난 아히야는 갑자기 자기가 입고 있던 새 옷을 찢어 열두 조각을 내더니 열 조각을 여로보암에게 주면서 이렇게 말했다.

> "너는 열 조각을 가지라 이스라엘의 하나님 여호와의 말씀이 내가 이 나라를 솔로몬의 손에서 찢어 빼앗아 열 지파를 네게 주고 오직 내 종 다윗을 위하고 이스라엘 모든 지파 중에서 택한 성읍 예루살렘을 위하여 한 지파를 솔로몬에게 주리니"(왕상 11:31-32).

아히야의 행동과 그가 전하는 하나님의 신탁을 통해, 솔로몬을 향한 하나님의 분노가 얼마나 큰지 새삼 느낄 수 있다. 이 사건은 사울 왕을 버리고 어린 다윗을 왕으로 세우신 것과 비교된다. 이제는 솔로몬을 버리고 왕국을 남과 북으로 나누어 열 지파를 여로보암에게 주실 것이라고 하셨다. 그리고 여로보암에게 부탁하셨다.

> "네가 만일 내가 명령한 모든 일에 순종하고 내 길로 행하며 내 눈에 합당한 일을 하며 내 종 다윗이 행함같이 내 율례와 명령을 지키면 내가 너와 함께 있어 내가 다윗을 위하여 세운 것 같이 너를 위하여 견고한 집을 세우고 이스라엘을 네게 주리라"(왕상 11:38).

하나님께서는 여로보암이 다윗처럼 여호와의 명령에 순종하면 이스라엘을 그에게 줄 것이고, 여로보암의 집을 세워 주실 것을 약속하셨다. 유대인 성경(Jewish Study Bible)은 6절을 이렇게 번역했다.

> "If you feed all that I command you, and walk in My ways, and do what is right in My sight, keeping My laws and commandments

as My servant David did, then I will be with you and I will build for you a lasting dynasty as I did for David. I hereby give Israel to you."

이 일 후로 솔로몬이 죽이려 했기에 여로보암은 애굽으로 도피해 솔로몬이 죽기까지 그곳에서 살았다(왕상 11:40). 아마도 여로보암이 솔로몬에 대해 반기를 들었으나 실패하고 애굽으로 도망쳤던 것으로 보인다. 이에 대한 자세한 기록은 성경에 없다. 온갖 영화를 다 누렸던 솔로몬도 40년의 통치를 마치고 마침내 죽는다. 성경은 솔로몬의 죽음에 대해서는 매우 간단하게 언급한다. "솔로몬이 그의 조상들과 함께 자매 그의 아버지 다윗의 성읍에 장사되고 그의 아들 르호보암이 대신하여 왕이 되니라"(왕상 11:43).

솔로몬의 최후는 매우 씁쓸하다. 솔로몬 대신 여로보암이 선택되고, 주변의 나라들이 반란을 일으켜 갈라져 나가고, 부하들이 솔로몬을 배반한다. 특히 열왕기상 11장 19-26절에서 강조되는 내용은 여호와께서 솔로몬에게 진노하셔서 그의 대적을 일으키셨다는 것이다. 에돔 사람 하닷과 엘리아다의 아들 르손이 대적자가 되었고(14, 23절), 가장 크고 무서운 반란은 여로보암에게서 시작된다.

앞서 언급한 열왕기상 11장 38절의 말씀은 하나님께서 다윗으로부터 솔로몬 그리고 여로보암에 이르기까지 계속해서 당부하시는 내용이다. 그만큼 중요하다는 것이다. 이 말씀은 신명기 17장 14-20절과 함께 왕들이 지켜야 할 핵심적인 법도이며, 열왕기에서 왕들을 평가할 때 이 법은 언제나 동일하게 적용한다. 곧 이 말씀은 열왕기의 핵심 키워드라 할 수 있다.

4. 솔로몬을 대적하는 나라들(왕상 11:14-25)

악한 왕에게는 대적하는 사람들이 많이 생기는 법이다. 솔로몬의 사치는 극에 달했다. 그리고 그의 사치는 백성들의 피와 살을 마르게 할 수밖에 없었다. 금을 입힌 방패나 상아로 만든 보좌 등 솔로몬이 쓰는 모든 것은 금으로 만들었다. 말은 애굽에서 수입해 왔다.

첫 번째로 솔로몬에게 반기를 든 사람은 에돔의 하닷이다. 성경은 하나님께서 그를 솔로몬의 대적이 되게 하셨다고 기록했다(14절). 이전에 다윗이 에돔에 있을 때 군사령관이었던 요압이 살해한 사람들을 묻으러 갔다가 그곳에서 만난 에돔의 남자들을 다 죽인 일이 있었다. 그는 에돔의 모든 남자를 죽이기 위해 여섯 달 동안 그곳에 머물었다. 그때 어린 소년이었던 하닷은 자기 아버지의 신하들을 데리고 애굽으로 피신했다. 그리고 다윗과 요압이 죽었다는 소식을 듣고 애굽에서 돌아온다. 그 후 솔로몬을 괴롭힌 사람 중 하나가 되었다. 그러나 어떻게 괴롭혔는지는 기록되어 있지 않다. 단지 "솔로몬의 일평생에 하닷이 끼친 환난"(25절)이라고 표현한 것으로 볼 때, 평생 솔로몬을 괴롭히고 해를 끼쳤던 것으로 보인다.

다음은 르손이다. 솔로몬을 가장 괴롭혔던 사람은 르손으로 그는 후에 수리아의 왕이 되었다. 성경은 그에 대해 "르손이 수리아 왕이 되어 이스라엘을 대적하고 미워하였더라"(25절)라고 기록한다. 그리고 하닷도 하나님이 일으키셨고, 르손도 그분이 일으키셨다(23절).

그 외에 결정적으로 솔로몬을 대적한 사람은 여로보암이다(왕상 11:26). 여로보암은 유능한 청년으로 솔로몬의 건설 사업의 감독관이었다. 밀로의 건축 현장에서 일하는 그의 모습이 솔로몬의 눈에 띄었고, 솔로몬은 그의 능력을 인정해 요셉 가문의 부역 감독관으로 임명했다. '밀로'(왕상 9:24, 11:27)는 다윗이 예루살렘을 점령하기 전에 살았던 여부스의 사람들이 예루살렘 북쪽에 건축했던 보루였는데, 솔로몬이 그곳을 수리하고 있었던 것으로 보인다. 이처럼 솔로몬의 은혜를 입은 여로보암이 이후 솔로몬을 배반한다. 여로보암은 솔로몬이 지은 죄 때문에 그들을 벌하기 위해 하나님께서 일찍이 세워놓은 북쪽의 일꾼이었다(왕상 11:39).

하나님께서는 여로보암을 왕으로 선택하시고, 그에게 당부하셨다. 이는 다윗에게 주셨던 바로 그 언약의 말씀이다.

> "네가 만일 내가 명령한 모든 일에 순종하고 내 길로 행하며 내 눈에 합당한 일을 하며 내 종 다윗이 행함같이 내 율례와 명령을 지키면 내가 너와 함께 있어 내가 다윗을 위하여 세운 것같이 너를 위하여 견고한 집을 세우고 이스라엘을 네게 주리라"(왕상 11:38).

여기서 강조하는 내용은 "내 종 다윗이 행함같이", "내가 다윗을 위하여 세운 것같이"이다. 여로보암이 부디 솔로몬의 전철을 밟지 않고 다윗을 닮아 가기를 바라시는 하나님의 마음이 드러난다. 동시에 그렇게 해야만 여로보암의 집이 영원할 것임을 약속하신 일종의 계약이다. 하나님 안에서 운명이란 없다. 각자 하나님 앞에서 자신의 운명을 만들어 가는 것이다.

Ⅳ.

남북 왕국의 분열

1. 분열의 책임은 누구에게?(왕상 11:26-40)

“이 일이 나로 말미암아 난 것이라”(왕상 12:24). 이는 르호보암이 갈라져 나간 북쪽 이스라엘을 회복하려고 유다와 베냐민 지파 사람 18만을 모아 전쟁을 하려 하자, 스마야 선지자를 통해 주신 하나님의 말씀이다. 하나님은 열왕기상 11장 1-13절에 기록된 대로 이미 다윗 왕국을 솔로몬에게서 떼어 그 신하에게 주시려고 작정하셨다. 그러나 열왕기 저자는 두 가지 측면에서 분열의 이유를 찾는다. 첫째는 하나님의 관점이고, 둘째는 백성들의 관점이다. 하나님께서는 솔로몬의 어떤 면을 보시고 그처럼 분노하셨는가?

열왕기가 강조하는 바는 솔로몬이 야웨 하나님과의 계약을 어겼다는 점이다. 하나님께서 두 번이나 그에게 나타나셔서 다른 신들을 따르지 말라고 당부하셨건만, 그는 이 명령을 지키지 못했다. 그러므로 이스라엘의 분열의 원인은 솔로몬이 제공했다고 말한다. 실제로 솔로몬은 왕이 되자마자 바로의 딸과 결혼해 그녀를 왕궁에 머물게 하더니, 노년에는 그 여인들을 하나님보다 더 사랑하고 그들이 섬기는 우상들을 섬기게 되었다(왕상 11:6-8). 열왕기상 11장 3-9절에서는 "여호와를 떠났다", "돌아섰다" 등의 표현을 반복적으로 사용하고 있다. 야웨 하나님의 심판은 분명하다. "네게 이러한 일이 있었고 또 네가 내 언약과 내가 네게 명령한 법도를 지키지 아니하였으니 내가 반드시 이 나라를 네게서 빼앗아 네 신하에게 주리라"(왕상 11:11).

두 번째로 백성들의 관점에서 보면, 1) 그가 실시한 중앙집권제의 행정 구역은 그동안의 지방 중심 행정과는 정반대되는 제도였기에 지방 관리(장로)들과의 충돌은 불가피했다. 2) 중노동과 무거운 세금, 그리고 왕궁에 제공해야 했던 많은 양의 식료품 등으로 백성의 불만이 폭발 직전이었다.

솔로몬의 실패에 대해 요약하면 다음과 같다. 솔로몬은 여호와 하나님을 버리고 우상을 숭배했으며, 다윗처럼 하나님의 길로 행하지 않고 정직한 일과 하나님의 법도와 율례를 행하지 않았다(33절). 결국 솔로몬은 하나님과 다윗이 맺은 언약을 파기했다. 아담과 하와가 하나님과의 언약을 파기한 결과 에덴동산에서 쫓겨났듯이, 솔로몬은 하나님의 품에서 쫓겨날 수밖에 없었다. 그럼에도 하나님은 그 나라를 찢어 빼앗아 르호보암에게 줄지언정 솔로몬을 버렸다고 말씀하지 않으신다. 야웨 하나님은 정말 솔로몬을 버리시지 않은 것인가, 아니면 실제로는 버리신 것인가?

하나님과 이스라엘은 계약 관계다. 관계는 들음에서 시작하고, 듣고 이해함으로 깊어진다. 즉 하나님은 이스라엘의 왕이요, 그들은 그의 소유된 백성이다. 계약 관계에서 왕이란 하나님의 위임을 받아 나라를 다스리는 대리인에 불과하다. 따라서 왕은 그 나라의 정책이나 나아갈 방향을 그분에게 물어서 결정해야 하고, 하나님의 마음으로 백성을 인도해야 한다. 그 대표적인 왕이 다윗이다.

다윗은 하나님께 자주 여쭈었다(삼하 5:19, 23, 7:18, 20). 그는 하나님과 인격적인 소통을 하며 살았다. 다윗의 심층 깊은 곳에는 하나님 외에 다른 침전물이 없었다. 반면 솔로몬은 기도는 했으나 한 번도 하나님께 여쭈어 본 적도 없고, 들으려 한 적도 없다. 솔로몬은 마음에는 자신의 야망과 영광을 꿈꾸는 욕망이 자리 잡고 있었다. 그래서 애굽 왕과 동맹관계를 맺고 그 나라 공주를 아내로 맞아들인 것을 매우 자랑스럽게 생각했다. 세월이 갈수록 솔로몬은 이방 여인들을 사랑하며 함께 우상을 섬겼다(왕상 11:2). 그리하여 온전치 못하다고 책망을 들었고(왕상 16:6, 8), 결국은 마음을 돌려 여호와를 떠남으로 여호와께서 그에게 진노하셨다(왕상 11:9-13).

솔로몬은 하나님이 왕 제도를 허락하실 때 왕이 마땅히 지켜야 한다고 지시하신 다음과 같은 내용 중 하나만을 제외하고 모두 어겼다(신 17:14-20). (1) 하나님이 택하신 자를 왕으로 삼아야 한다. 형제 중에 세우고 타국인은 세우지 말라. (2) 말을 많이 두지 말라. 병마를 더 얻으려고 애굽으로 내려가지 말라. (3) 아내를 많이 두어 마음을 빼앗기지 말아야 한다. (4) 율법서를 옆에 두고 읽으면서 여호와 경외하기를 배우며, 율법의 모든 말과 규례를 지켜 행하라.

솔로몬은 (1)번을 제외하고 모든 면에서 율법을 여긴 사람이다. 그에 관해 율법서를 읽었다거나, 하나님의 계시를 밝히 아는 선지자를 가까이했다는 기록이 없다. 이스라엘이 남과 북으로 갈라지게 된 불씨를 제공한 사람이 솔로몬이다. 지혜의 마음을 구했던 솔로몬은 부귀영화가 극에 달하자 그때부터 하나님께 등을 돌리기 시작했다. 그는 하나님으로부터 듣지 않았다. 다윗 곁에는 나단 같은 선지자가 있어 늘 하나님의 말씀과 그 마음을 전했다. 그러나 솔로몬의 일생에서 그의 영적 스승이 있었다는 말은 들어 본 적이 없다.

솔로몬에 대한 역대기의 평가는 열왕기와는 크게 다르다. 역대하에서는 솔로몬에 대해 총 8장에 걸쳐 기록했다. 솔로몬의 성전 건축과 봉헌식, 봉헌 기도가 지극히 자세하게 그려져 있다(대하 2-6장). 그리고 다시 성전 낙성식과 기도를 다룬다(대하 7장). 이어 솔로몬의 업적과 지혜 등을 8장에서 9장 28절까지 기록한다. 그러나 이방 여인들과의 결혼으로 많은 신전이 생기고, 우상 숭배가 이뤄졌다는 사실에는 지면을 할애하지 않는다. 솔로몬을 지혜롭고 훌륭한 왕으로 높이려는 데 관심이 집중되어 있다.

2. 난 다윗과 다르다(왕상 12:1-24)

르호보암은 온 이스라엘이 자기를 왕으로 세우기 위해 세겜에 모였다는 소식을 듣고 그곳으로 간다(1절). 그러나 백성들이 모인 것은 단순히 르호보암을 왕으로 세우기 위한 것만은 아니었다. 세겜에 모인 사람들은 애굽에서 피난살이하고 있던 여로보암을 부르러 사람들을 보냈고, 그가 돌아온 후에는 백성의 대표들이 그를 앞세워 르호보암을 찾아왔기 때문이다.

열왕기 저자는 '온 이스라엘'(all tribes, all Israel, the people, 삼하 5:1-5; 대하 10:1-16)이란 말을 이스라엘이 남왕국과 북왕국으로 나뉜 후에도 자주 사용한다. 열왕기상 12장 16절에서도 저자는 이 표현을 사용하였다. 더 의미심장한 것은 북왕국이 앗시리아로 끌려간 이후의 시대를 조명하는 역대하 29장부터 36장까지에서는 '온 이스라엘'이란 용어를 일곱 차례나 사용했다는 것이다. 그런 측면에서 '온 이스라엘'이라는 말은 정치적·종교적 구분이나 백성들의 숫자적 구분을 초월한 개념인 것으로 보인다. 비록 나라는 남북으로 갈라졌지만 언젠가는 다윗 왕국인 이스라엘의 열두 지파가 하나가 되리라는 기대를 가지고 사용하는 용어임에 틀림없다. 또 이 용어에는 유다와 이스라엘은 두 나라가 아니기에 언젠가 하나 되어야 한다는 염원과 희망이 담겨 있기도 하다. 또 그 하나 됨을 모두가 갈망해야 한다는 점을 강조하는 의미도 있다.

르호보암을 찾아간 여로보암과 백성들은 이렇게 요구한다.

> "왕의 아버지가 우리의 멍에를 무겁게 하였으나 왕은 이제 왕의 아버지가 우리에게 시킨 고역과 메운 무거운 멍에를 가볍게 하소서 그리하시면 우리가 왕을 섬기겠나이다"(4절).

르호보암은 삼 일 후에 대답하겠다고 말하고 그들을 돌려보냈다. 르호보암은 먼저 다윗 왕을 섬기던 원로들을 찾아가 물었다. 원로들은 왕으로서 백성을 섬기는 자가 되라고 조언한다. 그러면 그들이 영원히 왕의 종이 될 것이라는 말도 덧붙인다(6-7절). 왕은 자기와 함께 자란 젊은 신하들에게도 물었다. 그들의 대답은 정반대였다.

> "왕은 대답하기를 내 새끼 손가락이 내 아버지의 허리보다 굵으니 내 아버지께서 너희에게 무거운 멍에를 메게 하였으나 이제 나는 너희의 멍에를 더욱 무겁게 할지라 내 아버지는 채찍으로 너희를 징계하였으나 나는 전갈 채찍으로 너희를 징계하리라 하소서"(10b-11절).

"고역과 무거운 멍에"(4절)라는 표현은 솔로몬 행적에 대한 종합적인 평가다. 실로 솔로몬은 왕궁 건축 13년, 성전 건축 7년 동안 그 경비 조달을 위해 백성들에게서 많은 세금을 뜯어냈고 그들을 중노동으로 내몰았다. 그뿐 아니라 후궁 700명과 첩 300명을 비롯해 거기에 따르는 사람들의 생활필수품 조달은 물론이고 예루살렘 앞 시내에 세워진 아스다롯, 암몬의 밀곰, 모압의 그모스 등 우상들의 산당 유지와 병거 1,400대, 말 12,000마리의 관리를 위해 지난 20년 동안 무거운 세금에 시달려왔다.

'멍에'에 해당하는 히브리어 단어는 다른 나라의 압제를 받는 경우에만 사용하는 것이 통례였다. '전갈'은 긴 가죽 자루에 모래를 팽팽하게 넣고, 그 안에 가시 같은 쇠꼬챙이를 넣어, 그것을 휘두를 때마다 쇠꼬챙이가 살에 박히도록 하는 잔인한 형기(刑器)로 주로 로마에서 사용했다. 그러므로 젊은 신하들이 제안한 방법은 주변 이방나라들의 통치 방법을 모방하라는 뜻인 듯하다. 하나님이 통치하신다는 생각은 이미 그들에게서 멀어졌던 것으로 보인다. 한편으로는 아마도 다윗과 솔로몬에 미치지 못하는 르호보암의 무기력과 무능력을 극복하고 백성들을 다스리기 위해서는 강한 왕의 이미지가 필요하다고 판단했던 것 같다. 결국 르호보암은 이 제안을 받아들여 백성들에게 답했고, 르호보암의 대답을 들은 백성의 지도자들은 그 제안을 거부하고 돌아갔다. 이로써 르호보암의 통치 영역은 유다 성읍에 사는 이스라엘 자손으로 국한되고 말았다(17절).

르호보암의 잘못이 무엇인가? 그는 어디서부터 잘못되었는가?

그는 처음부터 하나님께 묻지 않고 사람들에게 물었다. 이는 가장 먼저 하나님께 물었던 솔로몬과 대조된다. 통일된 광대한 나라를 이루려 했던 다윗과 솔로몬의 노력은 물거품으로 돌아가고, 도리어 열 지파를 잃어버리고 말았다. 솔로몬의 지혜는 르호보암의 어리석음으로 인해 한 세대를 넘기지 못했다. 르호보암의 실패의 원인은 하나님께 묻지 않고, 또 백성들의 소리를 듣지 않은 데 있었다. 하나님에게서 듣지 않는 자는 사람들에게서도 듣지 않는다.

르호보암은 온 이스라엘 백성의 환호를 받으며 세겜에서 대관식을 하고 싶었을 것이다. 세겜은 지역적으로 이스라엘의 중심이었을 뿐 아니라, 아브라함의 유적이 있는 성스러운 곳이었기 때문이다. 그렇더라도 그는 예루살렘은 법궤를 모신 성전이 있는 곳이고, 다윗 이래로 공적인 수도로 정치, 경제, 종교의 중심지라는 점을 망각하고 인간 중심적으로 생각하는 어리석음을 범한 것이다. 또 르호보암이 세겜으로 간 것은, 이미 선대 솔로몬 왕 때부터 골이 깊어진 이스라엘의 유다 지파(베냐민) 중심의 기득권화와 거기서 소외된 북쪽의 열 지파들과의 깊은 지역 갈등으로 복잡하게 얽힌 문제를 단순히 그 같은 정치적인 해결책으로 풀 수 있다고 보았기 때문이다. 르호보암은 영적 무지와 교만 그리고 하나님 없음으로 인해 역사의 변수(變數)에 바르게 대응하지 못하는 우를 범하게 되었다.

솔로몬의 실패가 이방 여인들을 사랑해 그들의 신들을 섬기며 하나님을 떠난 데 있었다면, 그 아들 르호보암의 실패는 하나님이 아닌, 정치적으로 인간들의 관심을 모으려 세겜을 찾아간 것에 있다. 하나님이 원하신 것은 정치적 해결이 아니었다. 그것은 하나님이 세운 왕의 바른 길로 돌아오는 것이었다. 르호보암은 여기서부터 실패하기 시작했다. 그에게 매우 부족했던 것은 영적인 감성지수와 판단 능력이었다. 세겜에서의 르호보암의 실패와 동시에 그의 카운터 파트너가 될 한 사람이 등장한다.

3. 능란한 정치꾼 여로보암(왕상 12:25-33)

여로보암은 세겜을 수도로 정하고 북쪽 이스라엘을 통치하다 부느엘로 수도를 옮겼다. 그러나 자신의 통치 기반인 부느엘에 살면서도 불안에 떨기 시작했다. 백성들이 시간이 지나면 다시 르호보암에게로 돌아갈 것만 같았다. 그도 그럴 것이 예루살렘에는 성전이 있었고, 성전은 이스라엘의 정신적 지주였기 때문이다. 마침내 여로보암은 이를 사전에 차단하기 위해 두 가지 일을 진행한다. 먼저 벧엘과 단에 산당을 세우고 두 개의 금송아지를 만들어 그곳에 두었다(28-30절). 그리고 백성들에게 그곳에서 제사하도록 선포했다.

> "너희가 다시는 예루살렘에 올라갈 것이 없도다 이스라엘아 이는 너희를 애굽 땅에서 인도하여 올린 너희의 신들이라"(28절).

이는 역사의 왜곡이다. 조상 대대로 알고 믿어 온 하나님의 구원 역사를 뒤집고, 애굽에서 자신들을 인도해 낸 것이 바알이라고 선언한 것이다. 송아지 형상은 곧 바알의 상징이기 때문이다. 그러므로 금송아지 상을 세우고 백성들에게 섬기라고 한 것은 자신은 바알을 섬기겠다고 선언한 것과 같다.

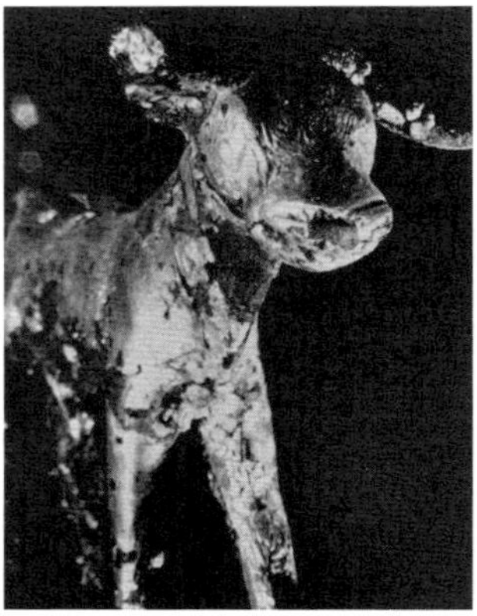

광야를 지나던 이스라엘을 위하여 아론이 세웠던 바알 동상

이때부터 여로보암은 모든 것을 자기 마음대로 결정하고 행동으로 옮긴다. 제사장을 레위 사람이 아닌 사람으로 세웠고, 절기도 자기 마음대로 정했다(33절). 북이스라엘의 왕이 된 여로보암은 이제 하나님이 보이지 않았고, 오직 자기 정권 유지에만 급급했다. 열왕기상 12장 25절에서 33절까지를 뒤덮고 있는 것은 오직 '내가' '그가' '자기 마음대로' 같은 표현뿐이다. 이것이 여로보암의 정치의 출발점이다. 솔로몬의 출발과 비교해 볼 때 여로보암은 솔

로몬이 우상을 섬기던 생각을 구체적으로 형상화했다고 할 수 있다.

벧엘은 북이스라엘 사람들이 예루살렘으로 올라가던 길목으로, 여로보암은 이곳에 금송아지를 세워놓고 제사하게 함으로 그들을 예루살렘 성전과 단절시키려 했을 뿐 아니라, 결국은 하나님으로부터 그들을 단절시키고 말았다(28절). 이는 광야에서 금송아지를 만들어 놓고 섬기도록 하면서 애굽으로 들아가자고 한 조상들의 행위를 그대로 본받은 것이다.

그런데 여기서 한 가지 이해하기 어려운 부분이 있다. 하나님을 배반하고 금송아지 우상을 섬기게 했는데도 이스라엘 백성은 왜 아무런 저항 없이 그 말에 따랐는가 하는 점이다. 광야에서 자기 조상들이 송아지 우상을 섬기다 하나님의 심판을 받았던 역사를 잘 알고 있었을 텐데 말이다. 이스라엘 역사학자 올브라이트 교수는 그 이유를 이렇게 설명한다. "금송아지 자체가 하나님은 아니며, 그 위에 무형의 야웨 하나님이 서 있다고 의미를 부여한 것이다." 금송아지에 백성들이 속을 수 있었던 것은 금송아지 자체를 섬기라고 한 것이 아니라, 그 위에 하나님이 계신다고 생각하도록 했기 때문이라는 말이다.

이유가 어떻든 이 일로 여로보암은 북쪽의 부족들과 예루살렘을 연결하는 고리를 끊어버리는 데 성공했다. 그러나 그는 통치 초기에 하나님께서 말씀하셨던 약속을 잊어버렸다.

> "네가 만일 내가 명령한 모든 일에 순종하고 내 길로 행하며 내 눈에 합당한 일을 하며 내 종 다윗이 행함같이 내 율례와 명령을 지키면 내가 너와 함께 있어 내가 다윗을 위하여 세운 것같이 너를 위하여 견고한 집을 세우고 이스라엘을 네게 주리라"(왕상 11:38).

그러나 권력을 잡으면 더 강한 통치자가 되고 백성들의 마음을 얻어 오랫동안 자기 권력을 누리고자 하는 야망이 생기는 법이다. 물론 그런 자들의 결말은 말할 필요가 없다. 흔적도 없이 사라지고 말기 때문이다(왕상 13:33-34). 이 일로 인해 여로보암은 통치를 시작하기도 전에 벌써 멸망의 길을 걷고 있었다.

백성들은 여로보암의 올무에 빠져들었다. 여로보암은 백성들이 바알과 아세라 신을 선택하도록 했고, 금송아지 제단 앞에서 종교적 창기와 난잡함을 즐기는 종교를 허용했다. 까다로운 윤리적 종교에 매이기를 싫어하던 백성들은 규율적이고 엄숙하기만 한 여호와 하나님을 섬기는 종교보다는 극적이며 예술적인 요소가 있고, 먹고 마시는 것이나 성적으로 구속이 없는 원시 감정의 종교를 즐기게 되었다. 여로보암의 최대 목적은 백성으로 하여금 예배하러 예루살렘에 올라가지 않게 하는 것뿐이었다.

스네이드(Norman Snaith) 교수는 북쪽 지파들이 섬기는 신은 황소였는데, 그 황소는 수리아인들이 섬기는 신이었다고 주장한다. 결과적으로 벧엘과 단에 황소의 제단을 세우고, 그 위에 계신 여호와를 섬기라고 한 것은 수리아의 신과 여호와 하나님을 혼합해 놓은 명백한 신성모독에 해당하는 범죄다. 실제로 황소가 이교(異敎)와 연결됨으로써 신학이 이교화되었고, 혼합주의를 장려하게 되었다(문희석, 《구약성서배경사》, p. 177). 이로써 하나님의 심판을 면할 길이 없게 되었다.

여로보암이 지목한 두 지점 중 북단의 단은 요단강의 원천 중 하나가 시작되는 곳이다. 이곳은 늘 이스라엘의 주류와 갈라서서 살려고 시도하던 북쪽 지파들의 염원이 담긴 곳이기도 하다. 남방 국경선 근처의 벧엘은 예루살렘으로 내려가는 길목에 위치해, 백성들이 성전으로 내려가는 것을 막고 자기 나라 안에 머물게 하기에 매

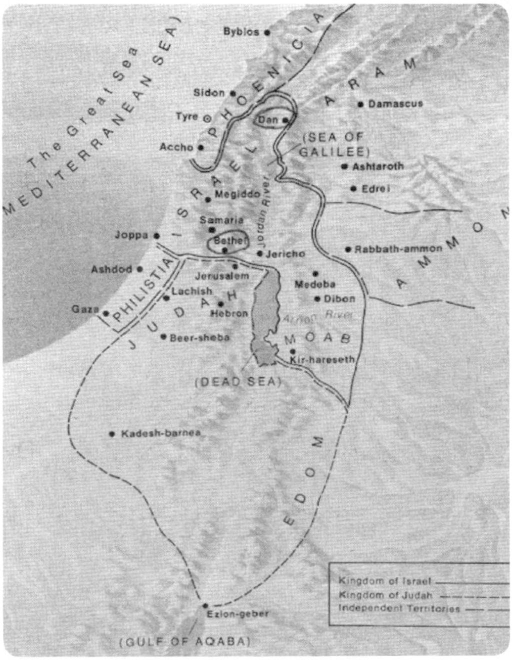

단과 벧엘을 나타내는 지도

우 적합한 지역이었다. 이 두 곳에 우상의 성소를 세웠다. 이스라엘의 성소 전승에 따르면 단과 벧엘에는 예루살렘보다 먼저 세워진 유서 깊은 성소들이 있었다. 벧엘에 예루살렘 성전을 짓기 전에 성소가 있었고, 사람들은 그곳으로 순례하고, 그곳에 있는 비석에 기름을 붓고, 십일조를 바치기도 했다(삼상 10:3; 암 4:4). 사사기 20장 18절과 26절 이하, 그리고 21장 2절에 의하면, 사람들은 벧엘 성소에서 여호와 앞에 집회를 열고 제물을 바쳤고, 여호와께 중대사를 문의했으며, 법궤가 한동안 이곳에 보관되어 있기도 했다. 단은 사사 시대의 성소로서, 모세의 후손들이 관장하던 곳이었다. 또 벧엘은 아브라함 때까지 소급되는 제사 장소였다. 이러한 두 지점을 제사 장소로 지정한 것은 정치적으로 능숙한 수완에서 나온 결과였을 뿐 아니라, 이로써 여로보암은 자기 주장을 정당화할 수 있었다.

여로보암의 음모에 분노한 르호보암은 유다와 베냐민 지파 18만을 모아 이스라엘 족속과 싸우러 나갔다. 그러나 하나님의 말씀이 선지자 스마야에게 임해 출정을 멈추게 하셨다.

“여호와의 말씀이 너희는 올라가지 말라 너희 형제 이스라엘 자손과 싸우지 말고 각기 집으로 돌아가라 이 일이 나로 말미암아 난 것이라 하셨다”(21-24절).

즉, 솔로몬과 르호보암의 범죄로 말미암아 하나님이 내리신 심판이니 싸우지 말라는 것이다. 이스라엘의 남북 분열은 하나님의 뜻이었다. 온 이스라엘의 범죄로 인한 하나님의 심판으로 일어난 일이다. 거기에 더하여 지도자들의 어리석음이 낳은 결과다.

4. 벧엘 제단에 대한 심판(왕상 13:1-10)

여로보암이 하는 모든 일을 여호와 하나님은 보고 계셨다. 금송아지 우상을 만들고, 제사장도 아무나 세우고, 지켜야 할 절기도 마음대로 정한 여로보암이 그 벧엘 제단에서 막 분향하려던 바로 그 순간, 하나님의 사람이 유다에서 왔다. 그리고 제단 쪽을 바라보며 “제단아 제단아”(2절) 하고 외쳤다. 그리고 이어서 장차 요시야라는 왕이 나와 산당의 제사장들을 이 단 위에 제물로 드리게 될 것이라고 예언한다. 이는 예수님이 예루살렘을 바라보며, “예루살렘아, 예루살렘아” 하고 우셨던 장면을 떠올리게 한다. 요시야 왕은 이때로부터 330년 후의 사람이다. 열왕기는 포로기 이후의 책이므로 저자가 요시야 왕의 행적을 이미 알고 있는 상태에서 이를 기록한 것으로 학자들은 추측하기도 한다. 또한 요시야 왕이 거짓 제사장들을 제단에서 사를 것이라는 예언은 현재 벌어지고 있는 거짓 제사장들의 횡포를 경고한 것으로도 볼 수 있다. 여로보암 역시 거짓 제사장으로, 거침없이 자신이 제사를 주도해 드렸다. 당시 왕은 제사장을 겸하기도 했다. 다윗이 세마포를 입었다는 것은 제사장이었다는 사실을 나타낸다(대상 15:27). 그러나 다윗이 제사를 직접 주도한 적은 없다.

이 말을 들은 여로보암이 얼마나 분노했겠는가? 그는 제단에서 손을 펴며 이 선지자를 잡으라고 외쳤다. 그때 선지자의 예언이 하나님으로부터 온 것임을 증명하는 사건이 일어난다. 선지자를 잡으라며 그를 향해 편 여로보암의 손이 즉시 말라 거두지 못하게 되었고, 단이 갈라져 재가 단에서 쏟아져 내렸다(1-5절). 그러나 하나님의 사람은 왕의 마른 손을 기도로 고쳐 준다. 이는 하나님의 심판과 사랑을 동시에 보여 주는 사건이다.

유다에서 온 이 선지자는 하나님이 말씀하신 대로 왕의 호의도 뿌리치고 집으로 돌아간다. 그때 이 소식을 들은 벧엘의 한 늙은 선지자가 달려와 자기 집에 들어가 음식을 먹고 유다로 돌아가라고 권유한다. 그러나 그는 떡도 먹지 말며 물도 마시지 말고 왔던 길로 되돌아가지 말라 하신 하나님의 말씀을 강조하면서 거절한다. 그러자 벧엘의 선지자가 자기도 그와 같은 선지자라며(왕상 13:18) 하나님이 그를 초청하라고 말했다고 속이자, 유다에서 온 선지자는 결국 그의 집에 함께 가서 음식을 먹었다. 그리고 유다로 돌아가는 길에 그는 사자에 물려 죽는다. 그는 왜 하나님의 말씀을 어기면서까지 벧엘의 늙은 선지자의 말을 따랐을까? 벧엘의 선지자는 왜 거짓말을 하면서까지 하나님의 사람을 자기 집에 초대했을까? 자기도 선지자요, 하나님으로부터 받은 새로운 신탁을 전한다는 말 때문이었을까, 아니면 유다에서 온 선지자의 말에 동의한다는 의미에서였을까?

더욱 이해하기 어려운 점은 그들이 상 앞에 앉았을 때 벧엘의 선지자에게 임한 여호와의 말씀이다. 이는 유다에서 온 선지자를 향한 말씀이었다.

"네 하나님 여호와께서 네게 내리신 명령을 지키지 아니하고 돌아와서 여호와가 너더러 떡도 먹지 말고 물도 마시지 말라 하신 곳에서 떡을 먹고 물을 마셨으니 네 시체가 네 조상들의 묘실에 들어가지 못하리라 하셨느니라"(왕상 13:21-22).

왜 하나님께서는 거짓 선지자 같은 벧엘의 사람에게 다시 말씀을 주셨는가? 그런데도 왜 유다에서 온 선지자는 그대로 음식을 먹고 물을 마신 후에 나귀를 타고 그 집을 떠났는가?

이 내러티브는 두 가지 관점에서 읽어야 한다. 첫째는 선지자의 관점이고, 두 번째는 하나님의 신탁의 관점이다. 먼저 유다의 선지자나 벧엘의 선지자 모두 선지자로서의 자세를 망각하고 행동했다는 것이다. 벧엘의 선지자는 자신도 선지자라고 하면서, 유다의 선지자로 하여금 하나님의 말씀을 거역하도록 하나님이 자기에게 주신 말씀을 전한다며 속였다. 유다에서 온 선지자는 하나님은 한 번 말씀하신 것은 변개하는 일이 없으시다는 점을 망각하고 속임수에 넘어가 죄를 범했다.

두 번째로 하나님의 신탁의 관점에서 보면, 이는 하나님의 예언의 말씀은 변함없이 이루어진다는 사실을 강조하고 있다는 것이다. 비록 거짓말로 선지자를 속인 자인데도 하나님은 그에게 하나님의 말씀을 어기는 사람은 심판을 받는다는 사실을 가르쳐 주셨다.

그러나 이 두 관점은 결국 하나로 통일된다. 유다 선지자의 예언이나 벧엘 선지자의 예언은 모두 변함없는 하나님의 말씀이고, 벧엘을 향한 예언 또한 분명한 하나님의 말씀으로 그것이 얼마나 엄중한 것인지를 보여 주었다. 그렇다면 열왕기상 13장 32절 말씀이 이 내러티브의 결론이라 할 수 있다.

"그가 여호와의 말씀으로 벧엘에 있는 제단을 향하고 또 사마리아 성읍 들에 있는 모든 산당을 향하여 외쳐 말한 것이 반드시 이룰 것임이니라."

유다에서 온 선지자의 이름이나 그가 외친 구체적인 내용은 알 수 없으나, 이 선지자가 벧엘의 제단과 사마리아 성읍들에 있는 산당들이 하나님을 거역하고 배반한 증거라며 하나님의 심판을 전했던 것은 분명한 것 같다.

참고로 이 사건은 하나님의 백성이 어떻게 하나님의 말씀을 따라 살아가야 하는지에 대해 간접적으로 보여 준다. 그 실례는 사도 바울에게서 찾을 수 있다. 바울은 예루살렘으로 올라갈 때, 하나님의 음성을 듣고 예루살렘을 통해 로마로 가는 것이 하나님의 뜻이라고 해석했다. 또 바울의 손에 소아시아와 고린도 교인들이 로마교회에 보내는 헌금이 들려 있었던 것은 예루살렘을 먼저 들르고 로마로 가는 것이 하나님의 뜻임을 보여 준다.

그런데 두로에 들렀을 때 많은 교인이 성령의 감동을 받아 바울더러 예루살렘에 들어가지 말라고 만류했다(행 21:4). 그리고 가이사랴의 빌립의 집에 머물렀을 때는 아가보라는 선지자가 바울의 띠를 가져다 자기 수족을 잡아매면서, "성령이 말씀하시되 예루살렘에서 유대인들이 이같이 이 띠 임자를 결박하여 이방인의 손에 넘겨주리라 하거늘"(행 21:11)이라고 말했다.

그러나 사도 바울은 흔들리지 않고 "주 예수의 이름을 위하여 결박당할 뿐 아니라 예루살렘에서 죽을 것도 각오하였노라"며 여장을 꾸려 예루살렘으로 올라갔다. 성령께서 말씀하셨다는 말에도 바울은 굽히지 않았다. 왜 그는 성령이 전하는 말씀까지 거부하고 예루살렘으로 갔을까? 한 번 임한 하나님의 말씀은 결코 변개함이 없음을 분명히 알고 있었기 때문이다. 사무엘상 15장 29절은 이렇게 말씀한다. "이스라엘의 지존자는 거짓이나 변개함이 없으시니 그는 사람이 아니시므로 결코 변개하지 않으심이니이다 하니."

참 선지자는 거짓 선지자들에게 속지 말아야 한다. 하나님의 신탁은 자신에게만 주신 것이므로 다른 사람의 말을 듣고 수정하거나 덧붙이지 말고, 야웨께서 주신 대로 말하고 행동해야 한다.

● 산당에 대하여

산당에 해당하는 히브리어 '빠그'는 '높은 곳'을 의미한다. 신들이 높은 곳에 산다고 믿어 산을 예배 장소로 정한 데서 생긴 말이다. 본래 산당은 가나안 사람들이 신을 섬기는 중요한 장소였다(민 22:41). 역사상 산당은 주전 12~11세기 이스라엘인들이 가나안을 정복하기 전부터 그 땅의 사람들이 자기들의 풍요의 신, 즉 바알과 아세라를 섬기는 제단이었다. 이 외에 신의 임재를 나타내는 돌 기둥과 여신들을 상징하기 위해 수직으로 세운 나무 막대기(아세라 목상)들이 숲속의 산당에 세워졌고, 여기에 속하는 작은 분향단이 있었다. 가장 오래된 산당은 주전 2500년경에 세워진 므깃도 산당이다. 그러나 '산당'이라고 해서 꼭 높은 산에만 있었던 것은 아니다. 사해 북쪽 느보산 근처에 있는 '베트 바모트'(bat bamot, '바못 바알'과 동일한 장소, 수 13:17)는 여로보암이 세운 성(城)의 이름이다. 번역하면, '언덕 성소들의 집' 또는 '높은 곳 성소들의 집'이다. 산이나 언덕도 아닌 이곳을 '언덕 성소들의 집'이라고 호칭한 것은, 그것이 지형적인 위치에 고정된 명칭이 아니라, 성소나 신전의 의미에 따라 결정된 것임을 알 수 있다.

또 산당이라고 해서 꼭 우상을 섬기는 곳은 아니었다. 이스라엘 사람들이 신성한 장소로 여기던 곳도 대부분 높은 장소였다. 야곱이 벧엘에 세웠던 돌 '맛세바'도 신성한 장소를 의미한다. '맛세바'는 믿음의 조상들이 하나님을 만났거나 경험한 장소에 세웠던 돌 기둥을 말한다. 이런 곳이 후에는 하나님을 섬기는 제단으로 사용되었다. 이스라엘 백성은 가나안에 들어간 후 가나안 사람들의 영향을 받았고, 산당을 예배 장소로 삼게 되었다(삼상 9:12).

산당의 형태는 열왕기상 14장 23절에 잘 기록되어 있다. "이는 그들도 산 위에와 모든 푸른 나무 아래에 산당과 우상과 아세라 상을 세웠음이라." 처음에는 산당이 반드시 집을 의미했다기보다, 어떤 특정한 장소에 있는 큰 자연석을 그대로 제단으로 사용해 그 위에 희생제물을 잡아 제사하는 지방 성소를 의미했다. 그러나 시간이 흐르면서 가나안 산당들은 바알과 아세라를 섬기는 장소로 자리매김했고, 그곳에서 자기 자녀를 불태워 바치기도 했다. 심지어 바알 제사의 극치를 이루는 성행위들이 적나라하게 이루어지는 장소가 되었다(민 25:1-3). 그러면서 점차 산당은 바알을 상징하는 이미지로 변질되었다.

이스라엘 백성들도 처음에는 야웨 하나님을 예배할 목적으로 가나안 사람들의 산당을 사용하기도 했다. 그러나 세월이 흐르면서 이를 가나안 농경사회의 풍요의 신을 숭배하는 의식과 관행으로 받아들이게 되었고, 마침내는 야웨를 바알로 대체하는 혼합주의 방식으로 활용되었다(브리태니커 백과사전). 열왕기에서는 산당을 지칭할 때 언제나 그 앞에 "자기를 위하여"란 구절을 사용한다(참고. 왕하 17:16, 32). 표면적으로는 산당에서 야웨 하나님을 예배한다고 하지만 궁극적으로는 자기를 위하여 드리는 제사란 의미다. 자기 이름을 위하여 드린 제사로 대표적인 것은 사울 왕이 드린 번제다(삼상 13:7-14). 사울은 왜 자기가 직접 번제를 드렸는가? 여호와 하나님을 위하여 드렸다는 것이 그의 주장이다. 그러나 열왕기 저자는 사울이 '자기를 위하여' 번제를 드렸다고 말한다. 그리고 백성들이 흩어지는 것을 막기 위해 직접 제사를 드렸다고 전한다. 자기를 위하여 드리는 것이라면 자기 마음대로 결정할 수 있고, 어떤 장소에서 어떤 방식으로 드렸는지는 중요하지 않다. 그저 자기 마음에 맞으면 된다. 그래서 여호와 하나님은 우상 숭배의 거점이 된 산당을 헐라고 명령하신다(민 33:52). 그러나 이미 이스라엘의 삶 속에 깊이 파고든 산당을 제거하기에는 너무나 어려움이 많았다. 심지어는 왕들이 산당을 세웠고, 므낫세 왕은 산당을 재건하기도 했다.

열왕기는 산당이 어떻게 변질되어 갔는지를 잘 보여 준다. 여로보암은 산당을 짓고서 아무나 원하는 자들을 제사장으로 임명했다. 이처럼 산당의 위험성은 첫째, 산당의 사유화에 있다. 그러면 하나님의 뜻보다 산당 주인의 뜻이 우선되는 곳이 된다. 둘째, 그에 따라 산당의 주인을 위한 축복이 전제된다. 셋째, 산당은 여호와께 나아가는 길을 방해하고 그릇된 길로 인도한다. 넷째, 결국 산당은 사람이 중심이 되므로 이방 우상들의 온상이 된다. 다섯째, 하나님이 세우신 제도가 무너지고 인간들의 기호에 맞는 제도로 변질된다.

산당을 공식화한 왕이 바로 여로보암이다. 산당에서 우상을 섬기도록 함으로써 여호와를 경배하는 신앙을 인간을 우상화하는 것으로 바꿔버렸고, 그때부터 사람들은 하나님과 우상을 동시에 섬겼을 뿐 아니라 둘 사이를 방황하게 되었다.

한국교회에서도 과거 한때 가정 제단과 기도원이 번창했던 시기가 있었다. 이런 모임들이 교회의 통제 밖에서 일어날 때는 이스라엘에 번창했던 산당과 비슷한 위험을 초래할 수 있었다. 물론 바알 제사를 드리던 산당과는 전혀 다른 양태였지만, 처음에는 아무리 하나님을 잘 섬겨 보려고 시작되었다 할지라도, 결국은 그 가정 제단을 운영하는 사람의 의지에 의해 좌우되기 때문이다. 지금도 가정 제단과 같은 형태의 모임이 운영되고 있다면 이런 예배 형태는 구약에서 선지자들이 그처럼 경계했던 산당의 위험이 있음을 늘 기억해야 한다.

〈바알 신의 계보〉(장영일. p. 230)

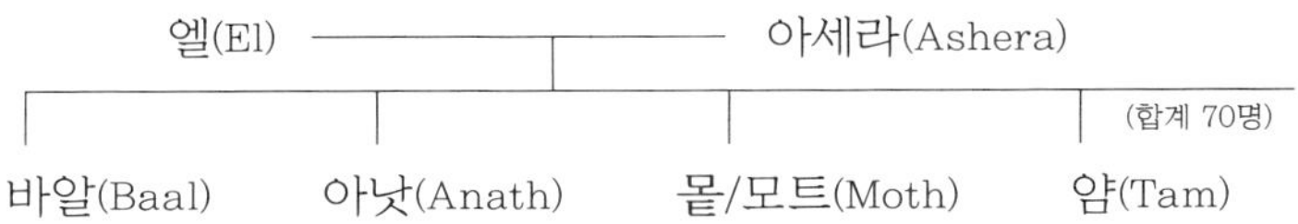

5. 여로보암에게 임한 심판(왕상 14:1-18)

축복은 단순히 복을 비는 행위로 얻을 수 있는 것이 아니라, 하나님의 계명을 따라 살아감으로 하나님과 올바른 관계가 이루어지고 유지될 때 받게 되는 것이다. 그러므로 단순히 복을 비는 행위만으로 복을 받겠다는 것은 곧 삶의 주체가 하나님이 아닌 자신이 되는 것이다. 따라서 우상 숭배와 자기 숭배는 하나님의 진노를 부르게 된다.

여로보암의 범죄는 아들을 병들게 했다. 병든 아들을 위해 여로보암은 아내를 아히야에게 보낸다. 아히야는 그가 왕이 되리라고 예언한 선지자로 그의 아들의 이름까지 지어 주었기 때문일 것이다. 그러나 하나님은 여로보암의 아내가 도착하기 전에 그에게 전할 말을 아히야에게 주셨다.

"내가 너를 백성 중에서 들어 내 백성 이스라엘의 주권자가 되게 하고 나라를 다윗의 집에서 찢어내어 네게 주었거늘 너는 내 종 다윗이 내 명령을 지켜 전심으로 나를 따르며 나 보기에 정직한 일만 행하였음과 같지 아니하고 네 이전 사람들보다도 더 악을 행하고 가서 너를 위하여 다른 신을 만들며 우상을 부어 만들어 나를 노엽게 하고 나를 네 등 뒤에 버렸도다 그러므로 내가 여로보암의 집에 재앙을 내려 여로보암에게 속한 사내는 이스라엘 가운데 매인 자나 놓인 자나 다 끊어 버리되 거름 더미를 쓸어 버림같이 여로보암의 집을 말갛게 쓸어 버릴지라 여로보암에게 속한 자가 성읍에서 죽은즉 개가 먹고 들에서 죽은즉 공중의 새가 먹으리니…네 발이 성읍에 들어갈 때에 그 아이가 죽을지라"(7-12절).

여호와께서는 여로보암만 버리시는 것이 아니라 그의 온 집을 쓸어 버리고, 나아가 이스라엘까지 버리겠다고 하셨다(왕상 14:16). 그도 범죄하고 이스라엘도 범죄했기 때문이다. 아히야의 예언대로 그 아들도 죽고, 여로보암도 죽는다.

여로보암의 아들 이야기를 열왕기 저자는 14장 1-18절까지 길게 다루었다. 이 사건이 왜 그토록 중요할까? 사울 왕의 종말과 비슷하기 때문이다. 블레셋과의 전쟁에서 위기에 몰렸을 때, 사울은 변장을 하고 신접한 여인을 찾아갔고, 그로 인해 결정적으로 하나님으로부터 버림 받고 그와 그 자녀들이 죽는다. 그가 죽은 이유를 역대기는 이렇게 기록한다.

"사울이 죽은 것은 여호와께 범죄하였기 때문이라 그가 여호와의 말씀을 지키지 아니하고 또 신접한 자에게 가르치기를 청하고 여호와께 묻지 아니하였으므로 여호와께서 그를 죽이시고 그 나라를 이새의 아들 다윗에게 넘겨주셨더라"(대상 10:13-14).

하나님을 버리고 우상을 찾아갔다는 것은 결정적으로 하나님과의 단절을 의미한다. 그래서 사울이 버림받은 것처럼 여로보암도 버림받고 마침내 죽임을 당한다. 여로보암의 삶의 결론은 열왕기상 13장 33-34절에 간결하게 기록되어 있다.

> "이런 일이 생긴 뒤에도, 여로보암은 여전히 그 악한 길에서 돌아서지 아니하고, 오히려 일반 백성 가운데서, 원하는 사람은 누구든지 산당의 제사장으로 임명하였다. 그런 일 때문에 여로보암 가문은 죄를 얻었으며, 마침내 땅에서 흔적도 없이 사라졌다."(새번역)

야웨 하나님은 선지자를 보내 여로보암이 지금 얼마나 악한 일을 하고 있는지 가르쳐 주셨다. 그뿐 아니라 거짓 선지자들을 따르는 일이 얼마나 하나님 앞에 악한 일인지도 보여 주셨다. 그럼에도 그는 여전히 악한 길에서 돌아서지 않았다. 오히려 일반 백성들 중에 누구든지 원하는 자들을 제사장으로 임명했다. 거짓 우상의 제단을 만들어 놓고, 자기도 거짓 제사장이 되어 거짓 제사를 드렸으며, 백성들도 거짓 우상을 섬기게 했다. 이처럼 여로보암의 통치는 처음부터 끝까지 거짓 위에 세워진 것이었다.

여로보암의 통치는 전능하신 야웨 하나님을 우롱하면서 시작했다고 할 수 있다. 그 결과 여로보암과 이스라엘은 태어나자마자 죽은 아이의 운명과 같았다. 여로보암은 악한 왕의 대표적인 인물이다. 이에 성경에서는 악한 왕을 평가할 때마다 여로보암의 이름이 등장한다. 솔로몬이 우상 숭배의 초석을 놓았다면, 여로보암은 이스라엘에 바알 숭배의 기초를 놓았고, 이후의 오므리는 바알 문화를 꽃피우게 된다.

여로보암은 가나안의 우상 숭배를 이스라엘에 뿌리 내리게 한 사람이다. 백성들이 예루살렘 성전으로 예배하러 가지 못하도록 하기 위해, 그리고 자기 권력을 영구화하기 위해 백성들로 하여금 하나님을 떠나 우상을 섬기며, 가나안의 악한 풍습을 따르게 했기 때문이다. 열왕기는 여로보암이 가나안에서 몰아낸 사람들보다 더 악한 일을 했으며, 하나님을 노엽게 하고 그분을 자기 등 뒤에 버렸다고 말한다(왕상 14:9). 그 결과 그 집은 땅 위에서 끊어져 멸망했다. 이처럼 여로보암의 최후는 사울의 경우와 매우 흡사하다.

이때로부터 약속의 땅 가나안에는 '다윗의 길'(The way of David)과 '여로보암의 길'(The way of Jeroboam)이 형성되었다.

다윗의 길	여로보암의 길
1) 하나님 앞에서 올바르게 행하다	1) 하나님 보시기에 악하게 행하다
2) 산당과 우상을 제거하다	2) 산당과 우상들을 세우다
3) 야웨 하나님의 법도와 규례를 따라 살다	3) 백성에게 우상의 길을 따르도록 강요하다
4) 하나님의 이름을 위하여 살다	4) 자기 권력의 영구화(자기 영광)에 집착하다

그렇다면 하나님께서는 왜 여로보암이 우상에게 물으러 가는 일에 그처럼 분노하셨는가?

역대기는 사울이 하나님께 버림받은 이유 중 하나가, 하나님께 묻지 않고 신접한 여인을 찾아가 물었기 때문이라고 말한다. 여로보암에 대해 분노하시고 심판하신 이유도 하나님께 묻지 않았기 때문이다. 하나님께서 듣기 원하신다는 것은, 그분이 우리의 하나님이 되시는 것을 가장 좋아하신다는 말이다. 기도도 그런 점에서 하나님께 묻는 것이 되어야 한다.

하나님께 묻고 들어야 하는 것은 하나님과 이스라엘 간의 계약에서 시작한다(출 19장). 하나님과 이스라엘의 계약 관계를 설명하는 이미지는 목자와 양, 그리고 남편과 아내다. 둘 모두 소통의 관계다. 이스라엘 지형에서 양이 목자의 음성을 듣지 않는 것은 곧 죽음을 의미한다. 다윗이 여호와를 목자로 이해했다는 것은 정확한 하나님 이해라 할 수 있다(시 23편). 하물며 하나님이 세우신 왕들이 하나님께 묻지 않고 다른 우상에게 묻는 것은 사랑의 배반이다. 듣는 마음은 인정, 존경, 사랑을 의미한다. 야웨 하나님께서는 듣는 것이 숫양의 기름보다 낫다고 하셨다(삼상 15:22).

구약에서 가장 강조되는 단어가 '듣다'이다. 구약 전체에서 1,050회 이상 사용되었다. '듣다'의 히브리어 '쉐마'는 단순히 듣는 것만을 의미하지 않고, 들은 대로 실천하려고 듣는 것을 의미한다. 이에 '쉐마'는 '이해하다'(창 11:7), '대답하다', '주의를 기울이다', '순종하다'라는 뜻을 지닌다. 이런 의미에서 듣지 않는 것은 배반을 의미한다(시 81:11).

6. 르호보암과 여로보암의 죽음(왕상 14:21-31)

열왕기는 여로보암의 죽음을 먼저 알린다. 그는 즉위한 뒤 22년을 통치하고 그 조상들과 함께 잠들었다(왕상 14:19-20).

르호보암은 40세에 왕위에 올라 17년을 다스렸다. 솔로몬의 아들로서 그가 저지른 죄는 조상들이 저지른 죄보다 더 심했다. 조부인 다윗은 닮지 않고 아버지 솔로몬의 잘못된 것만 배운 것으로 보인다. 르호보암은 솔로몬과 암몬 여인인 나아마 사이에서 태어난 아들이다. 열왕기는 르호보암의 어머니의 이름을 두 번이나 언급한다(왕상 14:21, 31). 이는 그가 어머니의 영향을 많이 받았다는 점을 암시한다. 더구나 그의 아내 마아가는 열렬한 우상 숭배자였다.

마아가는 아비살롬의 딸이라고 기록되어 있는데, 이 아비살롬이 압살롬인지는 확실하지 않다. 한편 유대 역사가 요세푸스는 여기서 '딸'은 '손녀'를 의미한다고 말한다. 그러나 유대 왕들을 소개하면서 왕비의 할아버지를 소개하는 일은 거의 없기에 받아들이기 어렵다. 여기서 열왕기 저자가 강조하는 것은, 르호보암은 우상 숭배자였던 암몬 여인 어머니와 아세라 목상을 섬겼던 아내에 둘러싸여 꼼짝 없이 이방 나라들의 그 혐오스러운 관습을 그대로 지켜 왔을 것이라는 점이라 할 수 있다.

르호보암의 아내 마아가를 따라 높은 곳과 푸른 나무 아래마다 산당과 돌 우상과 아세라 목상을 세웠고(23절), 신전의 남창을 합법화했다(24절). 그 결과 그는 여호와 하나님의 분노를 샀다(22절). 그의 즉위 5년에 애굽의 시삭이 쳐들어와 성전과 왕궁의 모든 보물을 가져갔고, 심지어는 솔모몬이 만든 금방패들도 빼앗겼다. 르호보암은 빼앗긴 금방패 대신 놋방패를 만들어 대궐 경호 책임자들에게 주었다. 르호보암은 성전으로 들어갈 때마다 그 놋방패를 보았다. 그럼에도 르호보암은 잘못을 돌이키지 않았고, 결국 그대로 죽고 말았다.

> "르호보암 왕이 그 대신 놋으로 방패를 만들어 왕궁 문을 지키는 시위대 대장의 손에 맡기매 왕이 여호와의 성전에 들어갈 때마다 시위하는 자가 그 방패를 들고 갔다가 시위소로 도로 가져갔더라"(27-28절).
> "르호보암이 그의 조상들과 함께 자니…그의 어머니의 이름은 나아마요 암몬 사람이더라"(31절).

르호보암은 이스라엘 통일 왕조 시대를 마감하고 분열 왕조를 열었던 비운의 인물이다. 역사의 기로(岐路)에 서 있었던 르호보암에게서 찾아볼 수 없는 것은 하나님의 말씀이다. 르호보암의 통치 기간에 관한 모든 기록은 오직 르호보암 한 사람에 대한 것뿐이다. 주변에 하나님의 말씀을 들려 주려 했던 사람은 벧엘 제단을 규탄하러 온 하나님의 사람 외에 하나도 보이지 않는다. 산당에 남창을 두었다는 말은 여자 창기들 외에 남창까지 더해 놓았다는 의미다. 황소 우상을 세웠다는 것은 그곳에서 먹고 마시고, 남녀 간의 음란한 일들을 벌였음을 암시한다. 황소 우상과 남창 제도의 확립은 악의 극치를 의미하는 행위다. 그 결과 야웨 신앙을 인간 중심의 종교로 만들었을 뿐 아니라, 금송아지 제단 앞에서 종교적 창기와 난잡함을 즐기는 종교로 전락시켰다. 성경은 이런 악한 용어는 입에 담기조차 꺼려 표현을 삼가고 있다.

야웨 하나님은 르호보암의 범죄함으로 인해 애굽의 시삭 왕을 통해 예루살렘을 치셨고, 그가 성전과 왕궁에 있는 보물뿐 아니라 솔로몬이 금으로 만든 방패까지 모두 가져가도록 허락하셨다. 금 방패는 솔로몬의 영광의 상징이었다. 그러나 그 영광은 르호보암의 범죄로 인해 사라지고 놋 방패가 되었다. 성전에 들어갈 때마다 놋 방패를 들고 있는 병사들을 보면서 르호보암은 무슨 생각을 했을까?

열대 지역 바다에 사는 물고기의 색은 매우 아름다워 황홀하기까지 하다. 그러나 그 물고기를 잡아 물 밖에 내놓으면 서너 시간도 안 되어 밋밋한 보통 민물고기의 색으로 변한다. "모든 육체는 풀과 같고 그 모든 영광은 풀의 꽃과 같으니 풀은 마르고 꽃은 떨어지되 오직 주의 말씀은 세세토록 있도다"(벧전 1:24-25). 영원한 하나님의 말씀을 잃어버리면 그 어떤 영광도 풀처럼 한순간에 스러지고 만다는 사실을 르호보암의 놋 방패는 분명하게 말해 주고 있다.

유다 왕 르호보암도, 북이스라엘 왕 여로보암도 죽었다. 그러나 이들이 남긴 악의 유산은 계속해서 흘러갔다. 북이스라엘 왕국은 아홉 왕조로 난립을 거듭했다. 남유다 왕국은 한 왕조가 그 모든 기간을 통치했다. 그나마 남유다는 다윗이란 거목이 왕국을 지탱하고 있었기에 그 왕조가 그대로 유지되었다. 남유다의 왕들 중 8명은 좋은 평가를 받았다. 북이스라엘의 20명의 왕은 하나같이 악했다. 열왕기 저자에게 좋은 평가를 받은 남유다의 왕은 아사, 여호사밧, 요아스, 아마시야, 아사야, 요담, 히스기야, 요시야다. 이 중 처음 여섯 왕은 나름대로 훌륭한 왕들이었으며, 일반적으로 그들의 조상 다윗의 길로 행했다. 그러나 이들에게는 '산당을 제거하지 않았다'라는 꼬리표가 붙었다. 히스기야와 요시야만 유일하게 산당을 제거함으로써 열왕기 저자의 절대적인 칭찬을 받았다. 즉, 저자는 '예배의 중앙화'를 모든 왕을 평가하는 가장 큰 잣대로 사용하고 있다.

악한 왕들의 시대는 짧게 끝났다. 그러나 다윗의 길은 영원하다. 그래서 그 길을 형통의 길이라고 부른다. 다윗이 힘쓴 일은 야웨의 제단과 성전을 세우는 것이었다. 그러나 여로보암이 했던 일은 바알의 산당을 세우고 거기서 제사하는 것뿐이었다.

다윗은 예루살렘에서 야웨를 위하여 최초의 제단을 쌓았고(삼하 24:35), 또 성전 건축을 계획했다(삼하 7:2). 나아가 그는 성전을 어떻게 만들 것인지까지 세부적으로 규정해 놓았다(대상 22-29장). 그러나 여로보암이 한 일은 벧엘의 성소를 창건하고, 레위인이 아닌 제사장을 세우며, 종교적인 축제일들을 통제하는 것이었다(왕상 12:26-33).

다윗의 길은 여호와의 법도와 규례를 지키는 것이다. 그러면 형통하리라고 하나님께서 말씀하셨다. 이는 여호와께서 다윗에게 주신 언약(약속)에 기초하고 있다. 열왕기와 역대기는 형통에 관해 다음과 같이 기록하고 있다.

"네 하나님 여호와의 명령을 지켜 그 길로 행하여 그 법률과 계명과 율례와 증거를 모세의 율법에 기록된 대로 지키라 그리하면 네가 무엇을 하든지 어디로 가든지 형통할지라"(왕상 2:3).

"그때에 네가 만일 여호와께서 모세를 통하여 이스라엘에게 명령하신 모든 규례와 법도를 삼가 행하면 형통하리니 강하고 담대하여 두려워하지 말고 놀라지 말지어다"(대상 22:13).

"여호와께서 그[히스기야]와 함께하시매 그가 어디로 가든지 형통하였더라"(왕하 18:7; 참고. 대하 31:21, 32:30)

"하나님이 우리와 함께하사 우리의 머리가 되시고 그의 제사장들도 우리와 함께하여 전쟁의 나팔을 불어 너희를 공격하느니라 이스라엘 자손들아 너희 조상들의 하나님 여호와와 싸우지 말라 너희가 형통하지 못하리라"(대하 13:12).

"이에 백성들이 아침에 일찍이 일어나서 드고아 들로 나가니라 나갈 때에 여호사밧이 서서 이르되 유다와 예루살렘 주민들아 내 말을 들을지어다 너희는 너희 하나님 여호와를 신뢰하라 그리하면 견고히 서리라 그의 선지자들을 신뢰하라 그리하면 형통하리라"(대하 20:20).

● 이스라엘 문화와 바알 문화 비교

왜 이스라엘은 그리 쉽게 이방 신들을 좇게 되었는가?

바알 종교는 대체로 농민의 생활과 직결되어 있는 농경 문화를 신학화한 종교이고, 종교 의식은 철저히 삶의 풍요에 집중되어 있다. 그래서 이 종교는 속칭 '다산 종교' 또는 '풍요 종교'(Fertility Cult)라고 불린다(장영일, 《구약신학의 역사적 기초》, p. 224). 그런데 우리가 눈여겨보아야 하는 것은 이들이 제사를 드리는 방법이다. 이들은 가나안 종교의 풍부한 신화와 접목된 극적인 제사 의식을 가지고 있었고, 거기에는 맛있는 음식과 포도주, 그리고 춤이 따른다. 그리고 마침내는 성적 쾌락을 즐기는 예식에 이른다. 이처럼 이들의 예식은 극적이고 감정적 황홀경에 빠져들게 하는 매력을 지니고 있었다. 이에 비해 이스라엘의 종교 의식 초기에는 예술적인 요소가 별로 없었으며, 음악도 거의 또는 전혀 없었다.

문희석은 《구약성서배경사》에서는 이렇게 말한다. "가나안 성전들의 고대 예전과 치밀하게 조직된 인원에 비해, 초기 야웨 숭배의 미적인 심미성의 빈약이 상당히 대조적으로 나타나 있다. 가나안 종교의 풍부한 신화와 드라마틱한 예식에 비해, 신화도 없고 실제로 예식도 없는 광야의 하나님은 외로운 모습으로 나타나 있다. 술 먹고 떠드는 가나안 의식들의 감정적 황홀경에 비해 이스라엘의 엄격한 도덕 법전에는 그와 비슷한 것이 없다. …베니게와 비교해 볼 때, 유다와 이스라엘의 땅은 매우 보잘것없었고, 매우 촌스러웠으며, 유행, 문명의 예술 및 인생의 물질적 쾌락에 있어서 그 시대 정신에 훨씬 뒤떨어졌다. 마술과 주술이 갖는 정교한 원시적 과학의 상서롭지 못한 모든 매력이 모세 신학의 엄격하고 거의 야만적인 단순성에 반대하여 다신론을 옹호하는 데로 집중되었다"(pp. 157-158).

송병현은 이스라엘이 가나안 종교에 대해 더욱 매력을 느꼈던 이유를 이렇게 말한다. "합리화된 신전 매춘도 일조를 했다. 바알 신전들에는 항상 여자 제사장들이 있었고, 바알 숭배자는 바알을 자극해 풍요와 다산을 얻기 위해 바알 신전의 신상 앞에서 이들과 성관계를 가졌다. 이런 성(sex)과 혼합된 가나안 종교는 이스라엘 사람들의 마음을 사로잡았다(참고. 민 25장)"(《엑스포지멘터리 역사서 개론》, p. 131). 그렇다면 바알 종교에는 현대인들이 바라는 인생을 즐기는 요소들이 다 포함되어 있었다고도 할 수 있을 것이다. 문제는 야웨 하나님을 섬기는 사람이라면 어떻게 이런 바알 문화의 유혹을 이겨 내면서 거룩하신 하나님의 이름을 세상에서 높일 수 있을지를 더 깊이 생각해야 했다는 점이다.

이스라엘 왕들은 크게 몇 개의 범주로 나눌 수 있다.

1) 하나님 보시기에 올바르게 산 왕: 다윗, 히스기야, 요시야

"요시야가 여호와 보시기에 정직히 행하여 그의 조상 다윗의 모든 길로 행하고 좌우로 치우치지 아니하였더라"(왕하 22:2).

"히스기야가 그의 조상 다윗의 모든 행위와 같이 여호와께서 보시기에 정직하게 행하여 그가 여러 산당들을 제거하며…그가 여호와께 연합하여 그에게서 떠나지 아니하고 여호와께서 모세에게 명령하신 계명을 지켰더라"(왕하 18:3-6).

2) 올바르게 살려고 했으나 다윗의 길을 따르지 않은 왕: 아사(다윗의 길로 행함), 여호사밧(아사의 길을 따름), 요아스, 아마샤, 아사리야, 요담

이들은 일반적으로 '그의 아비 다윗의 길로 행했으나 산당을 제거하지 않았다'라는 꼬리표가 붙는다.

3) 처음엔 올바르게 살다가 후에 하나님을 떠난 왕: 솔로몬, 아사, 아하스, 웃시야

솔로몬은 여호와를 사랑하고 그의 아버지 다윗의 법도를 따라 행했으나, 산당을 제거하지 않았을 뿐 아니라, 자신도 산당에서 제사하며 분향했다. 아사, 아하스, 웃시야 이 왕들은 열왕기에 의하면 2번 그룹에 속하지만, 역대기에 의하면 3번 부류에 속한다.

4) 처음부터 악하게 산 왕: 여로보암

여로보암이 대표적이며, 우상의 꽃을 피운 왕은 오므리 왕조의 아합이다. 악(惡)의 모델이 된 여로보암을 비롯해 북이스라엘 왕들은 모두 이 범주에 속한다. 남유다의 왕들 중에도 이 범주에 속하는 왕들이 있다.

이처럼 하나님 보시기에 올바르게 살려고 노력한 왕은 단 세 사람 뿐이다. 그렇다면 여호사밧은 어디에 속하는가? 열왕기에 의하면 여호사밧은 산당을 옮기지 않은 왕이다. 그러나 역대기에 의하면 그는 산당을 옮겼을 뿐 아니라, 우상을 제거하고 여호와의 길을 걸었다(대하 17:6). 즉, 이세벨을 며느리로 받아들인 것 외에는 흠이 없는 왕이다.

V.
다윗처럼 살라

1. 유다 왕 아비얌(왕상 15:1-8)

르호보암의 아들 아비얌(아비야, 새번역)은 유다의 왕이 된 지 3년 만에 죽었다. 아비얌은 조부 다윗처럼 살지 않았고, 하나님 앞에서 온전하지 못했으며(3절), 아버지 르호보암의 죄악을 그대로 따랐던 왕이다. 그 이유를 열왕기는 그의 어머니 마아가가 혐오스러운 아세라 상을 만들어 섬긴 여인이었기 때문이라고 기록한다. 그런 어머니의 영향으로 아비얌은 하나님 앞에 온전한 삶을 살지 못했다. 그러나 하나님께서는 그를 멸하지 않으셨다. 다윗을 기억하셨기 때문이다. 대신 다윗의 왕조에 한 등불을 주셔서(4절), 예루살렘에 다윗의 왕조를 굳건하게 세워 주셨다. '한 등불'로 일컬어지는 그의 훌륭한 아들은 그의 뒤를 이어 왕이 된 아사를 의미한다. 이 '한 등불'을 예수 그리스도와 연결할 필요는 없다.

4절에 의하면, 열왕기 저자는 다윗 언약에서 장차 이스라엘을 통치하러 오실 메시아에 대한 예언을 의식했던 것으로 보인다. "네 몸에서 날 네 씨를 네 뒤에 세워 그의 나라를 견고하게 하리라"(삼하 7:12)와 "내가 네 뒤에 네 씨 곧 네 아들 중 하나를 세우고 그 나라를 견고하게 하리니"(대상 17:11) 등의 말씀은 지속적인 다윗 자손의 통치를 전제하는 것으로 이해되었다. 그러나 역대기는 사무엘하 7장 14절의 "그가 만일 죄를 범하면 내가 사람의 매와 인생의 채찍으로 징계하려니와"라는 구절을 삭제했다. 이는 다윗 왕국의 영원성을 강조하기 위해서였을 것이다(대상 22:6-10, 28:2-10; 대하 6:15-17, 7:17-18). 역대기 저자는 이 다윗 왕조가 주전 609년에 요시야가 죽음으로써 일단락되었다고 생각했고, 그 후로 이스라엘은 장차 새로 올 다윗을 기다리게 되었다.

2. 다윗을 따르던 왕(왕상 15:9-24)

이스라엘의 여로보암 제20년에 아사가 유다의 왕이 된다(주전 913년). 이후로 남유다와 북이스라엘 왕이 즉위할 때는 남과 북을 서로 대조해 연대를 언급하는 것을 계속 볼 수 있다. 이는 두 나라가 하나였다는 사실을 강조하는 것이며, 동시에 언젠가는 하나로 통일될 것이란 희망과 기대를 암시적으로 나타낸다.

아사 왕은 다윗의 증손자이자 르호보암의 손자, 아비얌의 아들로서 유다를 40년간 통치했다. 그의 어머니는 아비살롬의 딸 마아가였다(10절).

열왕기 저자는 아사 왕의 어머니를 '아비살롬'이라고 소개했다. 그러나 '아비살롬'이 '압살롬'(대하 11:20)을 의미하는지는 확실하지 않다.

역대하 13장 2절에서는 마아가가 '기브아 사람 우리엘의 딸'로 되어 있다. 또 마아가와 아사 왕의 관계도 우리에게 혼란을 준다. 열왕기상 15장 2절에서는 마아가가 아비얌 왕의 어머니로 기록되어 있는데, 뒤이어 13절에서는 아사 왕의 어머니로 언급되고 있다. 후자에 따르면 마아가는 아비얌의 아내가 되는 셈이다. 또 역대하 11장 21-22절에서는 마아가가 르호보암의 아내로 기록되어 있다.

> "르호보암은…압살롬의 딸 마아가를 모든 처첩보다 더 사랑하여 르호보암은 마아가의 아들 아비야를 후계자로 세웠으니 이는 그의 형제들 가운데 지도자로 삼아 왕으로 세우고자 함이었더라."

이에 따르면 마아가는 아사 왕의 조모가 된다. 본서에서는 마아가를 르호보암의 아내로 보고 기술한다.

아사 왕은 14년 동안 할머니 마아가의 섭정 밑에 있었다. 마아가는 이교적인 압살롬의 가정에 속한 사람으로, 풍요를 상징하는 가나안 여신 아세라를 공공연히 숭배했던 여인이다. 그렇다면 그의 아버지 아비얌이 자신의 증조부 다윗처럼 여호와 앞에서 온전하게 살지 못했다는 것은 놀랄 일이 아니다. 그러나 아사 왕은 그의 아버지와 달리 충실한 여호와 하나님의 예배자였고, 나이가 들어 권력을 장악하게 되자 철저한 개혁을 단행해 유일신 여호와 하나님을 영광스러운 자리에 복귀시켰다. 사가(史家)들은 아사를 다윗 이래로 가장 훌륭한 임금으로 평가하기도 한다.

아사 왕은 예루살렘에서 왕이 된 즉시 남색하는 자를 쫓아내고 우상을 제거했다. 남색하는 자들을 신전에 둔 것은 조부 르호보암이었다(왕상 14:24). 그러나 그는 할아버지와 아버지가 남겨놓은 증오스러운 흔적들을 주저하지 않고 나라 밖으로 몰아냈다. 동시에 할머니 마아가가 혐오스러운 아세라 목상을 세웠다 해서 그녀를 '그라비'(태후)의 자리에서 쫓아내고, 그 우상을 찍어 기드론 시냇가에서 불살라 버렸다. 유다 나라에는 최고의 여주인을 의미하는 '그라비'라는 제도가 있었는데, 솔로몬 시대에는 밧세바, 아비얌 시대에는 그의 어머니 마아가가 거기에 해당되었다. 마아가는 르호보암 때부터 '그라비' 자리에 있었기 때문에 유다 왕들에게 막강한 영향력을 행사했고, 아세라 숭배를 조장하기도 했다(왕상 15:2-3).

롤랑 드보에 의하면, 아들이 왕위의 계승자로 결정되는 순간에 그의 어머니가 '그라비'가 될 가능성이 있었고, 그 후에도 왕이 허락하면 '그라비' 자리를 유지할 수 있었다고 한다. 르호보암의 아내 마아가가 바로 그런 여인이었다. 그녀는 아들 아비얌이 죽자, 손자 아사의 통치하에서 여전히 '그라비'의 위치를 지니고 있었다(13절). 3대에 걸쳐 '그라비'의 위치에 있었다면 그 권세 또한 막강했으리라는 것은 의심할 여지가 없다. 그럼에도 아사 왕은 할머니 마아가를 '그라비'에서 파면한다. 유대법에서는 왕만이 '그라비'를 파면할 수 있었다. 그런 막강한 힘을 가진 할머니를 '그라비'에서 파면한다는 것은 아사 왕에게 그리 쉽지 않은 일이었을 것이다. 그러나 그렇게 하지 않고는 그 땅에서 아세라 목상과 우상을 제거하는 일을 할 수 없기 때문이었을 것이다. '(태후의 위를) 폐하다'는 동사는 '없애다' 또는 '제거하다'라는 뜻이다. 우상 숭배를 조장한 사람이나 우상을 섬기는 자는 비록 그가 '그라비'인 할머니(열왕기에서는 어머니)일지라도 단호히 제거하는 모습에서 우리는 그의 단호함을 엿볼 수 있다. 아사 왕에게는 하나님을 온전히 섬기기 위해 우상을 제거하는 일이 가족관계보다 더 중요했다.

아사는 유대 땅에서 최초로 종교 개혁을 단행한 왕이다(9-24절). 또 여호와 앞에서 일평생 온전했던 왕이다(14절). 열왕기가 가장 큰 칭찬의 말로 사용하는 '다윗과 같이' 여호와 보시기에 정직히 행한 왕이었던 것이다. 이처럼 아사는 히스기야와 요시야에 버금가는 왕이었다. 그러나 그에게 한 가지 부족한 것이 있었는데, 그것은 산당을 제거하지 못한 일이다(14절). 열왕기 저자는 이후 계속해서 왕들의 치적을 말할 때, 산당을 제거했는지 아닌지로 평가한다. 산당을 제거하지 않은 왕들도 둘로 나뉜다. 산당도 제거하지 아니하고 마음도 여호와를 떠난 왕이 있는가 하면, 산당을 제거하지는 못했으나 마음만은 여호와께 온전하게 헌신한 왕도 있다. 아사가 후자에 속하는 유일한 왕이다. 그는 평생토록 그 마음이 여호와 앞에 온전했으며, 아버지가 성별한 것과 자기가 성별한 것은 성전에 드렸다. 따라서 '그라비'였던 할머니의 섭정하에 세워진 산당을 제거하는 일은 그만큼 어려웠을 것이다.

르호보암과 여로보암 시대에 두 나라 사이엔 늘 전쟁이 있었다. 마찬가지로 아사 왕과 북쪽 바아사 왕 사이에도 일생 동안 전쟁이 그치지 않았다(16절). 마침내 바아사가 유다를 치러 올라와 라마를 건축하고, 이 지역 사람들이 유다 아사 왕과 왕래하지 못하게 했다. 아사는 힘으로 바아사를 이길 수 없음을 알고 다메섹 왕인 벤하닷에게 뇌물과 함께 사신을 보내 바아사 군대를 몰아내 달라고 요청한다. 아사 왕이 보낸 성전과 왕궁 곳간의 은금을 뇌물로 받은 벤하닷은 즉시 달려와 바아사 군대를 공격해 몰아냈다.

이 일은 열왕기에서는 크게 비판받아야 하는 일이었다. 하나님 의지하지 아니하고 이웃 나라를 의지했기 때문이다. 그러나 열왕기 저자는 아사 왕이 다메섹 벤하닷에게 원조를 요청했던 사실을 자세하게 기록하기는 했지만, 그의 잘못을 직접적으로 지적하거나 비난하지는 않는다. 단지 그가 노년에 발에 병이 났다고만 전한다(23절). 그리고 그것이 어떤 병인지는 밝히지 않고, 단지 그 발의 병으로 인해 그가 세상을 떠났다고만 간단하게 기술한다. 아마도 열왕기 저자는 끝까지 아사 왕을 좋은 왕으로 남겨 두고자 한 듯하다. 그 이유가 무엇일까? 아사 왕은 유다 역사에서 최초로 종교개혁을 단행한 왕이다. 그가 다윗과 같이 여호와 보시기에 정직히 행한 것과 누구도 감히 할 수 없었던 남색하는 자들을 그 땅에서 쫓아내고 조상들이 지은 모든 우상을 없앴던 것을 매우 중요하게 여겼기 때문이었을 것이다.

후대는 아사 왕을 어떻게 평가해야 할까? 열왕기는 아사에게 잘못이 있었음에도 그를 크게 비판하지 않고, 오히려 단호하게 악의 고리를 끊고 다윗 왕조에 신선한 돌풍을 일으킨 선한 왕으로 평가한다. 아사는 늘그막에 발에 병이 나 40년의 통치를 마치고 죽었다. 그리고 그의 아들 여호사밧이 왕위에 오른다(주전 873년).

● 아사 왕에 대한 역대기의 기록 비교

열왕기는 아사 왕에 대한 기사를 열왕기상 15장 9-24절로 짧게 기록한 반면, 역대기는 역대하 15장 1절에서 16장 14절까지 매우 길게 소개한다. 열왕기는 아사 왕을 매우 훌륭한 왕으로 소개한다. 그래서 그의 잘못은 거의 기록하지 않았다. 역대기는 그 책의 특징대로, 아사 왕을 말씀으로 바르게 인도했던 선지자와 그가 전한 말을 가장 먼저 소개한다. 오뎃의 아들 아사랴는 하나님의 부름을 받고 다음과 같이 그분의 말씀을 전한다.

"아사와 및 유다와 베냐민의 무리들아 내 말을 들으라 너희가 여호와와 함께하면 여호와께서 너희와 함께하실지라 너희가 만일 그를 찾으면 그가 너희와 만나게 되시려니와 너희가 만일 그를 버리면 그도 너희를 버리시리라 이스라엘에는 참 신이 없고 가르치는 제사장도 없고 율법도 없은 지가 오래 되었으나 그들이 그 환난 때에 이스라엘 하나님 여호와께로 돌아가서 찾으매 그가 그들과 만나게 되셨나니…그런즉 너희는 강하게 하라 너희의 손이 약하지 않게 하라 너희 행위에는 상급이 있음이라 하니라"(대하 15:2-7).

아사는 아사랴의 예언을 듣고 용기를 얻어, 혐오스러운 것들을 유다와 베냐민 온 땅에서 없애고, 에브라임 산지에서 빼앗은 성읍들에서도 없애 버렸다. 그리고 성전 현관 앞에 있는 제단을 보수했다. 하나님이 아사와 함께하시는 것을 보고, 이스라엘에서도 많은 사람이 그에게로 돌아왔다. 그리고 전리품 중 소 700마리, 양 7,000마리를 하나님께 희생제물로 바치며, 마음을 다하고 목숨을 다해 야웨 하나님만 섬기기로 하며 언약을 갱신했다(대하 15:12). 온 백성이 하나님과 새롭게 계약을 맺음으로 기뻐하고 뜻을 다해 여호와를 찾자, 여호와께서도 그들을 만나 주시고 사방으로 그들에게 평안을 주셨다(대하 15:15).

특별히 역대기에서는 아사 왕이 어머니의 태후의 자리를 폐하고, 그 우상을 찍고 빻아 기드론 시냇가에서 불살랐다는 사실을 강조한다(대하 15:16). 그 이유는 그의 어머니가 아세라의 가증한 목상을 만들었기 때문이라고 한다. 이때부터 아사 왕 35년까지 전쟁이 없었다.

열왕기는 왕들을 평가할 때 크게 두 가지를 강조한다. 첫째는 다윗의 길을 따랐는가, 아니면 여로보암의 길을 따랐는가 하는 것이다. 둘째는 산당을 제거했는가 하는 것이다. 아사는 흠잡을 때 없이 완벽하게 종교개혁을 완수한 사람이다. 그러나 아쉽게도 산당은 제거하지 못했다. 열왕기는 유다가 망한 이유를 우상 숭배와 오직 하나님만 섬기는 일을 버렸기 때문이다고 말한다. 그러나 역대기는 하나님께 묻지 않고 그 말씀을 듣지 않은 것을 멸망의 원인으로 지적한다. 아사는 훌륭한 왕이었다. 그러나 이스라엘 왕 바아사가 유다를 쳐들어왔을 때, 다메섹의 벤하닷에게 도움을 청하면서 뇌물을 바침으로, 하나님께 묻지 않고 자기 혼자 정치적 판단으로 일을 처리했다. 그때 하나님의 사람 하나니는 "왕이 아람 왕을 의지하고 왕의 하나님 여호와를 의지하지 아니하였으므로 아람 왕의 군대가 왕의 손에서 벗어났나이다…여호와의 눈은 온 땅을 두루 감찰하사 전심으로 자기에게 향하는 자들을 위하여 능력을 베푸시나니 이 일은 왕이 망령되이 행하였은즉 이 후부터는 왕에게 전쟁이 있으리이다"(대하 16:7-9)라고 선포했다. 이 말에 화가 난 아사는 선지자 하나니를 감옥에 가두고 만다.

솔로몬은 성전 봉헌을 앞두고 백성들에게 이렇게 권고했다. "이에 세상 만민에게 여호와께서만 하나님이시고 그 외에는 없는 줄을 알게 하시기를 원하노라 그런즉 너희의 마음을 우리 하나님 여호와께 온전히 바쳐 완전하게 하여 오늘과 같이 그의 법도를 행하며 그의 계명을 지킬지어다"(왕상 8:60-61). 그러나 솔로몬 자신도 이 말씀을 잊어버렸고, 그 후손들 역시 이 말씀을 잊어가고 있었다.

또 역대기는 아사 왕이 통치 39년에 발에 병이 나서 위독했을 때도 야웨께 구하지 않고 의사를 찾았던 일을 책망한다. 2년 후 아사는 세상을 떠난다(대하 16:12-13).

3. 여로보암의 길을 따른 바아사(왕상 16:2-7)

열왕기 저자는 여호사밧의 내러티브를 잠시 멈추고, 북이스라엘의 왕들인 나답, 바아사, 엘라, 시므리, 오므리, 아합의 이야기를 숨 가쁘게 기술한다. 여호사밧에 대해서는 이후 다시 한번 다루게 된다.

여로보암의 아들인 나답은 유다 아사 왕 제2년에 왕이 된다. 그리고 아사 왕 제3년에 죽었다. 결국 그의 통치 기간은 1년 몇 개월 정도가 되는 셈이다. 그 짧은 기간에 나답이 한 일은 부친 여로보암이 걸어갔던 악한 길을 그대로 따라가고, 백성들도 잘못된 길을 걷게 한 것뿐이다. 또 그 짧은 기간에 군대를 이끌고 북쪽 단 족속의 요새 깁브돈(수 19:41-46)을 공격하러 원정에 나섰다. 그러나 이 원정에서 부하 장교 바아사의 반란으로 나답은 살해당한다. 그리고 바아사는 여로보암의 가족을 모두 제거한다. 아히야 선지자가 "내가 여로보암의 집에 재앙을 내려 여로보암에게 속한 사내는 이스라엘 가운데 매인 자나 놓인 자나 다 끊어 버리되 거름 더미를 쓸어 버림같이 여로보암의 집을 말갛게 쓸어 버릴지라"(왕상 14:10)라고 예언한 대로, 여로보암 가문에 속한 자들이 세상에서 다 사라진 이유를, 열왕기 저자는 자기만 아니라 온 이스라엘을 하나님 앞에서 범죄하게 한 여로보암의 악한 행동으로 인해 야웨 하나님께서 진노하셨기 때문이라고 말한다(왕상 15:30).

남유다 아사 왕과 북이스라엘 바아사 왕 사이에는 그들이 살아있는 동안 늘 전쟁이 있었다(왕상 15:32). 르호보암과 여로보암 시대에도 그들 사이에는 늘 전쟁이 있었다(왕상 15:16). 이에 바아사가 유다를 치러 올라와 라마를 건축하고, 이 지역 사람들이 유다 아사 왕과 왕래하지 못하게 하기도 했다. 이처럼 솔로몬이 죽고 나라는 유다 왕국과 이스라엘 왕국으로 분할되었지만, 두 왕국은 서로 어느 정도 외형적인 유대 관계를 지닌 두 개의 민족국가를 이루었다. 정치적으로는 두 개의 나라였지만, 백성들의 감정은 단일 민족으로 느끼고 있었던 것이다. 그러므로 서로의 왕래가 가능했던 것으로 보인다. 이사야는 두 왕국을 "이스라엘 두 집"(사 8:14)이라고 말하기도 했다. 이스라엘과 유다는 금방 서로 동맹을 맺었다가 또 금방 원수가 되어 싸웠다. 늘 전쟁이 있을 수밖에 없었던 이유다. 열왕기에서 두 나라의 역사를 동시대적으로 묘사하고 있는 이유는, 동일한 단일 민족의 운명을 보고하는 것을 목적으로 삼고 있기 때문이라고 한다(롤랑 드보).

바아사는 23년 동안 북이스라엘을 통치했지만, 여로보암의 길을 그대로 따른 왕이었고, 그가 여로보암의 가문을 싹 쓸어 버렸듯이, 하나님께서는 바아사에게 속한 자들을 싹 쓸어 버리신다. 그 뒤를 이어 아들 엘라가 왕이 된다(왕상 16:8-14). 그러나 엘라는 궁내대신의 집에서 술에 취해 있을 때, 반란을 일으킨 시므리에 의해 살해당하고, 바아사의 가문은 일가 친척, 친구 등 한 사람도 남김 없이 모두 살해된다.

유다 왕 아사가 40년을 통치하는 동안, 북쪽 나라에서는 정치적인 혼란이 거듭되면서 왕이 다섯 번이나 바뀐다. 북쪽 왕 엘라를 끝으로 여로보암의 왕조가 물러나고, 오므리 왕조가 시작된다.

VI.

예언자(선지자)의 등장과 오므리 왕조

1. 오므리의 반역(왕상 15:27-32)

드디어 북이스라엘의 역사를 악으로 물들게 한 오므리 왕조가 시작된다.

오므리는 엘라의 휘하에 있던 장군이었다. 엘라 왕의 휘하에는 시므리와 오므리, 두 장군이 있었는데, 오므리가 좀더 강력한 위치에 있었다. 그러나 당시 오므리는 블레셋 깁브돈 전투에 나가 있었고, 시므리는 수도 디르사에 남아 있었다. 혁명을 일으키는 데는 변방에 있는 장수보다는 수도에 남아 있던 장군에게 훨씬 유리한 것은 말할 필요가 없다. 더구나 군사들이 블레셋 땅에 나가 있는 상황이었다. 마침내 수도 디르사에서 반란이 일어났다. 시므리는 그곳에서 신하의 집에서 술을 마시고 있던 엘라를 죽이고 스스로 왕이 된다. 그리고 후환이 두려워 엘라의 집안 사람들을 한 사람도 남김 없이 다 죽였다.

이 소식은 곧 블레셋 진영 깁브돈에 나가 있던 오므리의 진영에 들려왔다. 이에 오므리 진영에서는 군사령관이었던 오므리를 왕으로 세우고 디르사로 진군해 그 성을 함락시킨다. 갑작스러운 상황에 놀란 시므리는 왕궁에 불을 지르고 그 속으로 뛰어들어가 스스로 목숨을 끊고 만다. 이렇게 시므리의 7일간의 왕좌는 역사 속으로 사라졌다. 성경은 시므리의 비극은 그가 여호와 보시기에 악을 행하여 범죄했기 때문이라고 말한다(왕상 16:19). 엘라의 죽음으로 여로보암 왕조는 4대(여로보암-나답-바아사-엘라)를 끝으로 사라지고 만다(왕상 16:14). 그리고 오므리 왕조가 탄생한다.

오므리가 왕이 됨으로써 북이스라엘은 24년간의 무정부 상태 및 내란의 시기가 종식되었다. 오므리는 유다의 왕이었던 아사 및 여호사밧과 동시대 인물이다. 그는 수도를 디르사로부터 요새화되어 있던 사마리아 산지를 사들여 그곳으로 옮겼다. 그리고 그 산의 소유주인 세멜의 이름을 따서 이름을 사마리아라 했다(왕상 16:24). 이처럼 사마리아라는 이름은 오므리 시대에 처음으로 불려졌다. 오므리가 사마리아를 건설하고 그곳으로 수도를 옮긴 것은, 다윗이 예루살렘을 수도로 삼았던 것만큼 탁월한 정치적 역량을 과시한 것으로 역사가들은 평한다. 역사학자들은 오므리 당시 그가 점령한 영토는 남쪽 유다 지역과 합하면 다윗과 솔모몬 시대에 차지한 영토보다 넓었다고 지적한다.

그럼에도 열왕기에는 오므리에 대한 언급이 길지 않다(왕상 16:21-28). 세상적인 관점에서 보면, 오므리는 유능하고 영웅적인 강력한 통치자였다. 그의 통치력은 그 시대 다른 국가들의 기록들에서도 인정하고 있다. 또 오므리 이후 거의 한 세기 이상 앗수르의 왕들은 이스라엘을 가리켜 "오므리의 집"이라 불렀다. 그만큼 시리아의 왕들도 오므리의 힘을 의식했다는 뜻이다. 이처럼 유다와 이스라엘을 통틀어 가장 강력한 왕조는 오므리 왕조였다는 것이 역사가들의 주장이다. 고고학 발굴을 통해 알려진 것은, 오므리 왕조의 건축물들이 솔로몬 시대보다 훨씬 더 웅장한 규모였다는 사실이다. 그럼에도 열왕기는 오므리가 그의 이전에 있던 어떤 왕들보다 더 악했다고 평가하고 있으며, 그에 대한 기록은 단 일곱 절에 그친다(왕상 16:21-28). 신명기적 관점에서 오므리를 평가했기 때문이다. 예루살렘 시온 신학을 중심으로 전개된 사무엘서와 열왕기의 내용은 이스라엘보다 유대가 더 우세한 왕국인 것과 같은 인상을 준다. 신앙적인 관점에서 오므리의 역사는 여기서 밀려날 수밖에 없었다.

여하튼 오므리는 여로보암이 기초를 놓은 혼합주의를 그대로 계승한 것은 물론, 바알 종교의 본산으로 알려진 베니게와 동맹을 맺음으로 바알 종교가 이스라엘을 위협할 수 있는 토대를 마련해 놓았다.

2. 바알 전도자 이세벨(왕상 16:29-34)

성경에서 악한 왕이라고 하면 아합이 가장 먼저 거론된다. 그는 왜 그런 악한 왕이 되었을까? 우선 아합 왕은 악한 길로 걸어갈 수밖에 없는 환경에 있었다. 부친은 악명 높은 오므리 왕이었고, 아내는 바알 숭배자로 유명한 이세벨이었다. 이세벨은 시돈 왕 엣바알의 딸로, '엣바알'이란 '바알과 함께한 자'라는 뜻이며 바알에게 헌신한 열성적인 바알 숭배자를 의미한다. 아마 이세벨의 본래 이름은 '이제불'(איזבול)이었을 것이다. 그런데 이세벨이라고 부르게 된 것은, 바알 종교를 혐오한 야웨주의자들이 본래의 이름 '이제불'(왕이 어디 계신가?)을 언어 유희를 통해 '이세벨'(염소똥이 어디 있는가?)로 바꾸어 부름으로 그 종교를 조롱하고자 함이었던 것 같다. 혼인으로 이스라엘에 오기 전 본래 두로에서 바알과 아세라의 여제사장이었던 이세벨은 이스라엘에서 바알 종교를 부흥시키기 위해 바알과 아세라 신학교를 세우고, 두로로부터 권위(?) 있는 바알 선지자들을 초빙, 주로 사마리아와 갈멜산 성소에 배치했다(장영일, pp. 274-275).

이스라엘의 오므리 왕국이 시돈 왕 엣바알과 손을 잡을 수밖에 없었던 데는 이유가 있었다. 이스라엘로서는 동쪽은 시리아, 남쪽은 유대, 그리고 서쪽은 당시 해양 대국이었던 페니키아에 가로막혀 있는 지형으로 인해, 밖으로 뻗어나갈 길은 서쪽 페니키아와 손을 잡는 방법밖에 없었다. 페니키아 역시 해양 대국이지만 평야가 없는 곳이기에 곡식은 이스라엘의 도움을 받아야 하는 나라여서 이스라엘과 동맹관계를 맺어야 할 처지에 있었다. 페니키아는 초대교회 때까지도 유대 나라를 통해 식량을 공급받았던 것으로 알려져 있다(행 12:20). 그러므로 두 나라는 결국 동맹할 수밖에 없었고, 아합 왕은 페니키아 왕국의 딸 이세벨과 정략결혼을 하게 되었다. 그러나 페니키아는 더 큰 그림을 그리고 있었던 것으로 보인다. 이세벨을 통해 북이스라엘을 바알의 나라로 만들고, 바알 종교를 통해 두 나라를 종교나 정신적으로 하나로 묶고 싶었을 것이다. 어떻게 보면 이세벨은 일종의 바알 선교사로 아합과 결혼해 이스라엘 땅에 들어온 것이고, 이제 그 꿈이 거의 다 이루어져 가고 있었다. 하나님께서 3년 6개월 동안 비가 오지 않게 하시고, 엘리야를 선지자로 내세우신 것을 보면 당시의 상황이 얼마나 급박했는지 알 수 있다.

두로와 시돈은 베니게(페니키아)를 대표하는 두 항구인데, 그중에서도 시돈은 더 오래된 항구로 베니게의 대명사로 쓰였다. 두로 왕이 시돈까지 지배하는 경우에도 그를 '시돈의 왕'이라고 불렀다. 당시 베니게는 이스라엘과 국경을 맞대고 있는 나라로서, 이스라엘 북쪽 해안에서부터 위로 안디옥까지 해안을 따라 길게 뻗어 있었다. 이 나라는 오늘날 튀르키예를 통해 유럽으로 진출하는 해변의 길을 차지하고 있었을 뿐 아니라, 해양 강국으로도 이름을 날리고 있었다. 이런 나라와 혼인 관계를 맺었다는 것은 정치적으로 굉장한 의미를 갖는다. 이스라엘이 시돈과 베니게를 업고 지중해로 진출하고, 대륙으로는 북으로 뻗어나갈 수 있었기 때문이다.

시돈 왕 엣바알은 이름 그대로 바알(아스타데) 신의 제사장인 동시에 왕이었고, 바알 신앙에 대해 매우 열심이었다. 당연히 자기 딸을 이스라엘 왕 아합과 결혼시킨 데는 정치적인 이유만이 아닌 종교적인 의미가 더 컸다고 할 수 있다. 즉, 이세벨은 베니게와 바알 신을 위한 여전사로 사명을 띠고 아합과 결혼했던 것이다. 그리고 마침내는 야웨 종교를 그 땅에서 뿌리 뽑고, 그 나라를 바알의 나라로 만들겠다는 야망을 가지고 이스라엘로 온 것이다. 그래서 그 땅에 있는 선지자들을 바알 신을 섬기도록 위협했고, 이를 위해 학살까지 감행했다(왕상 18:4, 13).

바알과 아세라 상

3. 엘리야의 등장(왕상 17:1-19:21)

1) 이스라엘의 상황(왕상 18:21-29)

남북 왕국을 통틀어 야웨 하나님에 대한 신앙이 가장 강한 위협을 받던 시기는 오므리와 아합이 통치하던 시대였다. 더구나 그들은 강한 힘과 부를 소유한 왕이었다. 이런 어려운 시대에 갑자기 혜성처럼 나타난 사람이 디셉 사람 엘리야다. 블레셋 군대 앞에 혼자 나서야 했던 다윗처럼 엘리야는 혼자서 그들과 싸워야 했다. 엘리야는 백성들의 지지도 받을 수 없는 처지에 있었다. 역대기의 기록처럼, 이때는 이스라엘에 율법도 없고, 참 신도 없는 시대였다. 이런 시기에는 언제나 선지자의 활동이 활발해진다. 그러므로 선지자의 등장은 그 사회와 나라에 위기를 알리는 신호라 해도 무방할 것이다. 그렇다면 엘리야의 등장은 그 시대가 얼마나 위급했는지를 짐작하게 한다. 엘리야 시대의 이스라엘의 위기 상황을 이해하기 위해서는 갈멜산으로 가봐야 한다.

엘리야 시대의 상황은 갈멜산 대결의 현장에서 분명히 확인할 수 있다. 우선 눈에 띄는 것은 바알과 아세라 선지자들이 850명인 데 비해 엘리야는 혼자라는 사실이다(왕상 18:19). 왜 하나님 편에 선 사람이 오직 엘리야 한 사람뿐이었을까? 엘리야는 당시 하나님의 사람들을 대표해 나선 것인가? 오바댜는 이세벨이 여호와의 예언자들을 학살할 때 숨겨둔 자들이 100명 남아 있다고 했다. 하나님의 선지자가 100명이나 있었지만, 모두가 이세벨이 두려워 숨어 지냈다. 이처럼 하나님의 선지자가 엘리야 혼자였다는 것은 북이스라엘에서 여호와 하나님의 신앙이 거의 사라져 가는 위기에 처해 있었다는 것을 말해 준다.

다음은 엘리야의 외침이다. "너희가 어느 때까지 둘 사이에서 머뭇머뭇하려느냐 여호와가 만일 하나님이면 그를 따르고 바알이 만일 하나님이면 그를 따를지니라"(21절). 그러나 엘리야의 이 말에 반응하는 사람은 한 명도 없었다. 그렇다면 이스라엘 중에 하나님 편에 서겠다고 용감하게 나선 사람이 엘리야 외에 아무도 없었다는 말이다. 그들이 여호와 하나님을 완전히 떠났던 것은 아니다. 하나님과 바알 사이에 양다리를 걸치고 있으면서 하나님을 온전히 섬기지는 않았을 뿐이다.

그다음 보이는 것은 무너진 제단이다(왕상 18:30). 그것이 언제 무너졌는지, 그래서 언제부터 제사를 멈추게 되었는지는 알 수 없다. 이세벨이 선지자들을 죽일 때 제단도 함께 헐어 버렸을 것이라고 추측할 뿐이다(참고. 왕상 18:13). 무너진 뒤 오랫동안 방치된 제단을 엘리야가 처음으로 다시 수축했다. 제단 수축은 엘리야가 하나님과의 계약을 파괴한 백성을 대신해 다시 계약을 갱신하고, 새로운 믿음의 세계를 열어 가려는 그의 의지를 나타낸다. 그리고 동시에 그는 백성에게 이에 동참하기를 촉구했다. 그러나 하나님 편해 서달라는 엘리야의 외침에 아무도 반응하지 않는 백성들의 모습은 당시의 상황을 분명하게 보여 준다.

여기서 유추해 볼 때, 북이스라엘에는 하나님의 선지자가 전무했고, 백성은 하나님과의 계약을 파기하고 하나님을 떠났으며, 온 나라가 바알을 섬기는 데 푹 빠져 있었음이 분명하다. 이세벨과 아합의 폭력에 의해 이스라엘이 바알의 나라가 되어 가는 위급한 상황이었다. 바로 그런 시기에 하나님께서 엘리야를 아합과 이스라엘 백성에게 보내신 것이다. 참고로 엘리야의 활동 시기를 주전 875년에서 848년으로 계산할 때, 북이스라엘은 약 100년 후인 주전 722년에 멸망했다. 이는 우리에게 시사하는 바가 크다.

2) 갈멜산 결전을 위한 준비(왕상 17:8-24)

앞서 언급한 대로 엘리야는 오므리 왕과 아합으로 이어지는 학정(虐政) 밑에서 여호와 종교가 말살되어 가던 절대절명의 시대에 예언자로 부름을 받은 사람이다. 그렇기 때문에 그에게는 단지 하나님의 말씀을 대언하는 직책뿐 아니라, 다른 예언자들에게는 주어지지 않았던 기적의 은사까지 주어졌다. 그의 사역을 알리는 첫마디도 파격적이다.

> "디셉 사람 엘리야가 아합에게 말하되 내가 섬기는 이스라엘의 하나님 여호와께서 살아 계심을 두고 맹세하노니 내 말이 없으면 수년 동안 비도 이슬도 있지 아니하리라 하니라"(왕상 17:1).

그리고는 하나님께서 엘리야에게 그릿 시냇가에 숨어 있으면 까마귀들에게 명령해 그를 먹이리라고 하셨다. 그곳에서 그렇게 지낸 뒤 시냇물이 마르자 하나님께서는 그를 다시 시돈 땅의 사르밧으로 가라고 명령하신다. 그리고 그곳의 한 과부에게 음식을 주도록 명령하겠다고 하신다. 시돈 땅은 이세벨의 고향이다. 그런데 하나님께서는 하나님의 사람 엘리야를 바알의 심장부로 보내셨다. 그 이유가 무엇일까? 이세벨의 고향으로 간 엘리야는 바알의 심장부에서 하나님을 알고 있는 한 과부를 만난다. 이 과부와 엘리야의 대화 가운데 '하나님 여호와'라는 칭호가 2번, '여호와'라는 칭호가 1번 나온다. 엘리야는 여호와 하나님이 이 과부에게 주신 말씀을 전하기도 한다. "이스라엘의 하나님 여호와의 말씀이 나 여호와가 비를 지면에 내리는 날까지 그 통의 가루가 떨어지지 아니하고 그 병의 기름이 없어지지 아니하리라 하셨느니라"(14절).

엘리야는 시돈, 곧 바알의 땅에서 여호와의 이름을 부르며, 한 과부의 가정에서 밀가루와 기름이 떨어지지 않고 계속되는 기적을 경험했을 뿐 아니라, 그 집의 죽은 아들을 살려 돌려주는 기적까지 경험했다. 당시 이스라엘에서는 여호와 하나님의 이름을 부르는 것조차 두려워했고, 여호와로 인해 일어나는 기적은 상상도 할 수 없었을 것이다. 엘리야는 바알의 나라에서 역사하시는 여호와를 생생하게 체험하고 다시 이스라엘로 돌아간다.

3) 갈멜산으로(왕상 18:1-40)

3년이 지난 후, 하나님은 엘리야를 아합에게로 보내신다. 당시 아합 왕이 거처하던 사마리아는 어느 지역보다 기근이 더 심했다. 열왕기 저자가 바알을 섬기는 중심 지역이 다른 지역보다 기근이 더 심했다는 점을 강조하는 이유는, 아니러니하게도 비와 풍요를 관장한다는 바알 신이 얼마나 거짓 신인지를 보여 주고자 한 것이다. 다급해진 아합은 오바댜와 같이 물을 찾아 나섰다. 국토의 한쪽은 아합이 맡고, 다른 한쪽은 오바댜가 맡기로 한다. 그만큼 온 나라에 기근이 심해 물을 찾을 수 없었다는 말이다.

물을 찾아 나섰던 오바댜는 길에서 엘리야를 만난다. 엘리야는 오바댜에게 아합에게 가서 엘리야가 여기 있다고 전하라고 한다. 엘리야를 만난 아합은 소리쳤다. "이스라엘을 괴롭게 하는 자여 너냐"(17절). 엘리야의 대답은 명확했다. "내가 이스라엘을 괴롭게 한 것이 아니라 당신과 당신의 아버지의 집이 괴롭게 하였으니 이는 여호와의 명령을 버렸고 당신이 바알들을 따랐음이라"(18절). 그리고 이어서 말한다. "온 이스라엘과 이세벨의 상에서 먹는 바알의 선지자 사백오십 명과 아세라의 선지자 사백 명을 갈멜 산으로 모아 내게로 나아오게 하소서"(19절).

엘리야가 갈멜산을 선택한 데는 이유가 있을 것이다. 우선 갈멜산은 두로 및 시돈과 경계를 이루는 국경지대였을 뿐 아니라, 가나안에 비가 올 경우 제일 먼저 갈멜산에서부터 시작되기 때문에 갈멜산은 명실공히 바알 종교의 교리를 상징적으로 대변하는 장소였다. 이처럼 엘리야가 바알과의 대결 장소로 선택한 곳은 백성들이 바알 축제에서 열광했던 곳, 그리고 바알 종교의 중심지였던 갈멜산이었다. 엘리야는 바알과 전투하기 위해 그들의 성지로 들어갔다.

이세벨에 의해 특별 대접을 받고 살던 바알 선지자 450명과 아세라 선지자 400명이 갈멜산에 모였다. 아합도 물론 그곳으로 왔다. '이세벨의 상에서 먹는다'는 말은 같은 식탁에서 이세벨과 함께 먹었다는 말이 아니라, 상징적으로 이세벨이 주는 양식으로 살아갔다는 의미다. 아마도 이들은 하나님의 선지자로 활동하던 자들이었을 것이다. 그러나 기근이 심하고 이세벨의 박해가 극에 달하자 그의 치마폭으로 들어가 보호를 받고 있던 변질된 선지자들이었을 것이다. "어느 때까지 둘 사이에서 머뭇머뭇하려느냐"(21절)라는 엘리야의 외침은 당시의 상황을 잘 말해 준다. '머뭇머뭇하다'는 나뭇가지 위에서 절뚝거린다는 뜻이다. 즉, 백성이 여호와를 예배하지 않는 것은 아니지만 바알을 여호와 하나님과 똑같이 섬기는 것이 문제였다. 그것은 나뭇가지 위에서 절뚝거리는 것처럼 매우 위험한 일이었다.

바알 제사장들의 기도가 무위로 드러나고, 아무런 결과 없이 끝났다. 그리고 선지자 엘리야 혼자 무대에 등장했다. 엘리야는 무너진 제단부터 고쳐 쌓았다. 열두 지파의 수대로 열두 개의 돌을 모아 예배할 제단을 쌓았고, 제단 둘레에는 두 세아 정도의 곡식이 들어가 도랑을 파고 그 위에 나무단을 쌓아 놓고, 소의 각을 떠서 그 위에 올려 놓고, 제물과 나무단 위에 물을 부었다. 그리고 저녁 제사 드릴 시간에 엘리야는 이렇게 기도한다.

"아브라함과 이삭과 이스라엘의 하나님 여호와여 주께서 이스라엘 중에서 하나님이신 것과 내가 주의 종인 것과 내가 주의 말씀대로 이 모든 일을 행하는 것을 오늘 알게 하옵소서 여호와여 내게 응답하옵소서 내게 응답하옵소서"(36-37절).

이 기도가 끝나자마자 불이 내려 번제물과 나무, 돌, 흙을 태우고 도랑의 물을 말려 버렸다. 그제야 백성들이 "여호와 그는 하나님이시로다 여호와 그는 하나님이시로다" 하며 하나님을 경배한다. 그리고 그때 그곳에 있던 바알 선지자들은 기손 시냇가에서 죽임을 당한다.

갈멜산에서 엘리야는 백성에게 외쳤다. "여러분은 언제까지 양쪽에 다리를 걸치고 머뭇거리고 있을 것입니까? 주님이 하나님이면 주님을 따르고, 바알이 하나님이면 그를 따르십시오."(21절, 새번역) 그리고 엘리야는 무너진 제단을 다시 세웠다. 열두 개의 돌을 가져다 제단을 다시 쌓았다. 백성들에게 하나님과의 계약을 갱신하고 그 약속을 지켜 가도록 촉구하는 엄숙한 순간이었으며, 다 무너진 여호와 하나님 신앙을 그 땅에 다시 세우는 순간이었다.

엘리야가 모세와 닮은 점은 무엇인가? 모세는 애굽에서 살아가던 이스라엘 백성을 약속의 땅으로 들어가게 함으로 하나님과의 계약을 새롭게 했다면, 엘리야는 계약이 완전히 무너져 가던 시기에 계약을 회복한 것이다. 엘리야의 등장에 대한 설명은 출애굽기 19장의 하나님과 이스라엘의 계약으로부터 출발해야 한다. 아합 시대에는 그 계약이 완전히 파괴되어 가고 있었다. 제단이 무너졌다. 하나님께서 얼마나 급하셨으면 엘리야를 보내셨겠는가? 엘리야는 무너져 가는 하나님과 이스라엘의 계약을 다시 세우도록 보냄 받은 선지자다. 그런 측면에서 엘리야는 다른 선지자와 다르다.

갈멜산의 사건은 하나님께서 직접 그들에게 나타나신 기적이었다. 이는 마치 모세가 시내산에서 율법을 받았던 것과 비슷하다. 그러므로 갈멜산 사건은 계약 갱신의 사건이다. 엘리야를 통해 하나님이 이스라엘 역사에 직접 개입하신 놀라운 사건이다. 모든 것을 지켜보고 있던 백성들은 하나님이 응답하셔서 불이 내리고 제물과 나무단과 돌들과 흙을 태우고, 도랑에 있던 물을 모두 말려 버린 것을 보고는 땅에 엎드려 소리쳐 외쳤다. "여호와 그는 하나님이시로다 여호와 그는 하나님이시로다"(The Lord alone is God, The Lord alone is God, 39절). 히브리 성경은 이것은 백성들이 여호와 하나님만 유일신으로 선택했다는 사실을 가리킨다고 해석했다. 그렇다면 백성들은 진정으로 바알을 버리고, 오직 여호와 하나님께 돌아왔는가? 이에 대해 성경은 아무 말이 없다.

4) 엘리야는 왜 죽기를 원했을까?(왕상 19:1-8)

19장은 엘리야가 도망가는 이야기로 시작된다. 이세벨이 엘리야를 죽이겠다고 찾았기 때문이다. 아합은 갈멜산 사건 이후 곧바로 이스르엘 평야 쪽으로 갔다. 아마도 이스르엘 평원 중앙에 위치한 그의 여름 궁전으로 갔을 것이다. 이세벨은 갈멜산에 오지 않았고, 그곳으로부터 가까운 여름 궁전에 머물고 있었다. 이세벨에게 달려간 아합은 자초지종을 그녀에게 일러바쳤다. 열왕기상 19장 2절은 '보내다'라는 동사로 시작한다. 사태가 급박하게 돌아간다는 느낌을 준다. 아합으로부터 사건의 전말을 들은 이세벨은 사신을 엘리야에게 보내 그를 죽일 것이라고 경고한다. 그를 죽이지 못하면 자기가 신들에게 천벌을 받을 것이라고 맹세까지 한다. 70인역에서는 2절이 "그대가 확실히 엘리야인 것같이 나는 이세벨인 것이 확실하다"라는 문구로 시작된다.

엘리야는 갈멜산에서 결정적인 승리를 거둔 신앙의 영웅이었다. 그런 그가 이세벨이 자기를 죽이려 한다는 말을 듣고 남쪽으로 도망쳐 브엘세바까지 내려갔고, 그것도 모자라 하룻길쯤 남쪽 사막으로 더 내려가 로뎀나무 아래 앉아 하나님께 탄원한다. "여호와여 넉넉하오니 지금 내 생명을 거두시옵소서"(4절). 이 사람이 갈멜산의 영웅 엘리야가 맞는지 의심스럽다. 엘리야가 그처럼 멀리 도망친 데는 이유가 있을 것이다.

엘리야는 주변 형편을 살펴보았다. 상황을 파악했다는 말이다. 엘리야는 갈멜산 사건을 통해 이스라엘 전체가 회개하고 하나님께 돌아오리라 기대했다. 그러나 세상은 싸늘했다. 아무 일도 일어나지 않았고, 이제는 자신의 생존마저 촌각을 다툰다는 것을 알았다. 갈멜산 사건 이후에도 백성들은 하나님께 온전히 돌아오지 않았다. 여호와 하나님께서 불로, 비로 응답해 주심으로 인간의 생명과 양식을 주장하시는 분이 하나님이신 것을 똑똑히 보았으면서도 하나님께로 돌아오지 않는 백성들을 보면서 엘리야가 얼마나 낙심이 되었을지 충분히 짐작할 수 있다. 또 그는 자기를 죽이려는 이세벨의 의지가 얼마나 강한지도 알았다. 갈멜산에서 브엘세바까지의 거리는 142킬로미터로, 실제 거리는 160킬로미터도 더 된다. 더구나 그곳은 붉고 검은 화강암으로 된 네게브(Negev) 사막이다. 이는 단지 이세벨의 추적을 피하려는 의도만은 아니었던 것으로 보인다.

랍비들은 광야(미드바르)를 "하나님과 이스라엘이 신혼 여행하던 장소"라고 말한다. 엘리야는 이스라엘이 하나님과 신혼 여행을 즐기던 곳으로 찾아온 것이다. 3절에서는 브엘세바를 "유다에 속한 브엘세바"라고 밝힌다. 브엘세바가 유다 땅인 것을 모를 사람이 어디 있겠는가? 그런데도 저자는 굳이 유다 땅이란 점을 강조한다. 유다 땅이라면 이세벨이 내려올 수 없다는 점을 암시하는 것은 아닐까? 여하튼 그럼에도 엘리야는 브엘세바에서도 남쪽으로 하룻길을 더 내려간다. 그리고 그곳에서 하나님의 손에서 죽고자 한다.

엘리야가 이세벨을 피해 도망가서 하나님 손에서 죽고자 한 데는 또 다른 이유가 있을 것이다. 로뎀나무는 광야에서 자라는 가장 초라한 나무로 볼품없는 싸리비 나무다. 몸을 의지할 데도 없는 나무다. 그런 로뎀나무 밑에 누워 있는 엘리야의 모습은 초라하기 그지없다. 그것도 부족해 그는 남쪽 사막으로 한 시간이나 더 내려가 죽기를 구했다. 열왕기상 19장 1절에는 그가 이세벨의 칼날을 피해 도망했다고 기록되어 있다. 그러나 그는 "이스라엘 자손이 주의 언약을 버리고 주의 제단을 헐며 칼로 주의 선지자들을 죽였음이오며 오직 나만 남았거늘 그들이 내 생명을 찾아 빼앗으려 하나이다"(10, 14절)라는 말을 반복한다. 그 이유는 무엇일까? 이에 대한 하나님의 반응은 어떠한가? 이 정도면 화를 내실 법도 한데 그렇게 하지 않으신다. 책망하지도 않으신다. 도리어 그를 위로하신다. 천사가 엘리야를 친히 어루만져 준다. 그리고 숯불에 구운 떡과 한 병의 물을 준비해 두 번이나 먹게 하고, 하나님의 산 호렙산으로 가라고 지시해 준다(5-8절). 왜 하나님은 죽기를 구하는 엘리야를 그처럼 호의로 대하시는 것인가?

본문에서 주목해야 할 문구는 '오직 나만 남았다'라는 말이다. 이 말에 엘리야가 하나님의 손에 죽기를 원했던 이유가 들어 있다. 이 말의 뉘앙스는, 그 땅에 남겨진 하나님의 사람은 오직 자기 한 사람뿐인데 자기마저 죽으면 하나님의 사람은 그 땅에서 씨를 찾아볼 수 없게 될 것이라는 의미다. 그래서 자신의 생명을 여호와의 손에 의탁하는 것이다. 이것은 포기가 아니다. 마지막까지 자기 책임을 다하고 마지막 한 사람으로 죽어야 한다면 여호와의 손에 죽겠다는 결심으로 보아야 한다.

사람들은 당시 비를 내리는 농사의 신은 바알이라고 믿고 있었다. 비를 내리는 분이 여호와 하나님이시라고 믿는 사람은 거의 없었다. 그러니 가뭄에 비를 내리는 결투를 제안했을 때 아합과 바알 제사장들은 쾌재를 불렀을 것이다. 결국 갈멜산의 대결을 통해 분명히 밝혀진 것은 비와 폭우를 내릴 수 있는 신은 하나님이라는 사실이었다. 이 사실을 보여 주려고 온 백성을 갈멜산으로 부른 것이다. 그럼에도 하나님께로 돌아온 사람이 없었을 때, 엘리야도 힘이 빠질 수밖에 없었을 것이다. 게다가 20일 안에 자기를 죽이겠다고 이세벨이 들고 일어났다. 엘리야는 분명 도망하지 않을 수 없는 상황이었다. 그러나 도망을 가도 너무 멀리 간 듯하다.

왜 엘리야는 사막까지 도망을 갔을까? 엘리야가 강조한 것은 이 땅에 오직 자신만 남았다는 것이었다. 엘리야는 이 말을 반복한다. 이 말에 숨겨진 뜻은 무엇일까? 한순간에 모든 것이 무너진 허무 때문이었을까? 혼자 남았다는 외로움 때문이었을까? 그러나 그는 850명과의 대결의 순간에도 혼자였지만 낙심하지 않았다. 이는 제단이 무너져 있지만 아무도 관심을 두지 않은 것으로 보아, 북이스라엘 사람들의 마음이 하나님을 떠나고 자기만 남아 있다는 말이다. 그런데 왜 사막까지 갔는가 하는 것이다. 하나님을 만나고 싶었기 때문이다. 여하튼 그는 하나님을 만나고 싶었다. 죽어도 하나님 손에서 죽고 싶었다.

이처럼 죽고자 하던 엘리야를 여호와께서는 어떻게 바라보셨는가? 엘리야는 로뎀나무 아래 누워 잠들어 있었다. 그때 하나님께서는 천사를 보내어 그를 어루만지며 일어나 먹으라고 했다(5절). 천사가 엘리야를 위로한 행동은 두 가지로 나눌 수 있다. 곧 어루만진 것과 일어나 먹으라고 한 것이다. 히브리어 본문을 직역하면 다음과 같다.

"그런데 보라, 이것을! 천사가 그를 만지고 있다."

'보라'(힌네, הנה)라는 말은 주의를 환기시킬 때 사용하기도 하지만, 놀라운 일을 말할 때도 사용한다. 천사가 엘리야를 어루만지는 것 자체만으로도 놀라운 일이라는 뜻이다. '어루만지다'의 히브리어 '노게아으'(נגע)는 '나가의'(נגע)의 분사형으로, 만지고 있는 행동을 생생하게 그리고 있는 표현이다. 성경에서 천사의 어루만짐은 사역을 회복시켜 새롭게 임하도록 하는 의미와 그 사역을 힘있게 감당할 수 있도록 지혜와 능력을 공급해 주는 의미가 있다. 하나님께서는 죽고 싶다는 엘리야를 위로해 주셨을 뿐 아니라, 다시 사명을 주신 것이다. 그리고 하나님은 먼저 탈진된 엘리야에게 음식을 주어 먹게 했다. 엘리야를 따뜻하게 위로하고 격려하며 용기를 주셨다. 이는 아직 해야 할 일이 많이 남아 있다는 암시이기도 하다.

5) 떼마마 닥카(왕상 19:9-18)

엘리야가 일어나 보니, 머리맡에 숯불에 구운 떡과 물 한 병이 놓여 있었다. 음식을 먹고 다시 누워 잠이 든 엘리야를 천사가 또다시 어루만지며 음식을 먹으라고 재촉했다. 그러면서 "네가 갈 길을 다 가지 못할까 하노라"(7절) 하며 그 이유를 설명했다. 엘리야는 일어나 먹고 마시고 힘을 얻어 40일간 밤낮으로 걸어 하나님의 산인 호렙산에 이르렀다. 그리고 동굴에 이르러 거기서 밤을 지냈다. 그때 여호와의 말씀이 들렸다. "네가 어찌하여 여기 있느냐"(9절). 엘리야는 다시 한번 자기가 왜 여기 왔는지를 밝힌다. "내가 만군의 하나님 여호와께 열심이 유별하오니 이는 이스라엘 자손이 주의 언약을 버리고 주의 제단을 헐며 칼로 주의 선지자들을 죽였음이오며 오직 나만 남았거늘 그들이 내 생명을 찾아 빼앗으려 하나이다"(10절).

죽고 싶다는 것은 엘리야의 진짜 바람이 아니었다. 그는 여호와 하나님과의 언약을 버리고 바알에 취해 돌아가는 자기 조국 이스라엘의 상황을 고발하고 탄원한다. 즉, 자기가 왜 죽으려 하는지를 좀 더 상세하게 밝힌다. 전반부에서는 아합과 이세벨을 고발한다. 그리고 이스라엘 백성이 주님과의 언약을 버렸고, 주의 제단을 헐었으며, 주의 선지자들을 다 죽였기에 이 땅에는 이제 자기만 남았고, 지금 자기 생명마저 없어지면 이스라엘에 하나님의 사람은 씨가 마르게 된다고 현실의 상황을 탄원한다.

그러나 하나님의 대답은 짧다. "너는 나가서 여호와 앞에서 산에 서라"(11절). 여호와 하나님께서 직접 엘리야를 만나겠다고 말씀하시는 것이다. 산 위에 서 있는 엘리야 앞에서 크고 강한 바람이 산을 가르고 바위를 부수었으나 하나님은 거기에 계시지 않았다. 또 바람 후에 지진이 있었으나 거기에도 계시지 않았다. 지진 후 불 가운데도 계시지 않았다. 불 후에 마침내 세미한 소리가 들렸다. 그 소리를 듣고 비로소 엘리야는 외투로 얼굴을 가리고 동굴 어귀에 섰다. 동굴 안에 갇혀 밖으로 나가지 못하던 엘리야가 밖으로 나왔다. 절망하고 낙담하며 탈진했던 그가 모든 것을 극복하고 밖으로 나온 것이다.

그때 다시 여호와 하나님의 음성이 들렸다. "네가 어찌하여 여기 있느냐"(13절). 엘리야는 동굴 안에서 했던 동일한 말을 후렴처럼 반복한다. 그러나 하나님께서는 그에 말에 어떤 언급도 없이 지시를 내리신다.

> "다메섹에 가서 이르거든 하사엘에게 기름을 부어 아람의 왕이 되게 하고 너는 또 님시의 아들 예후에게 기름을 부어 이스라엘의 왕이 되게 하고 또 아벨므홀라 사밧의 아들 엘리사에게 기름을 부어 너를 대신하여 선지자가 되게 하라"(15-16절).

그리고 드디어 아직도 바알에게 무릎 꿇지 않은 사람이 7,000명이나 있다고 말씀하신다.

엘리야가 호렙산에서 여호와 하나님을 만나 사명을 다시 받은 것을 엘리야 선지자의 재위임이라고 말하는 학자들도 있다. 그런가 하면 엘리야는 선지자로서의 사표를 제출한 것이고, 하나님께서는 그 제출한 사표를 반려하고 그를 다시 세워 주신 것이라고 해석하기도 한다.

하나님과의 만남, 그리고 그분의 말씀, 이보다 더 힘있는 것은 없다. 문제는 바람 소리나 지진, 불로 해결되는 것이 아니다. 부드럽고 조용한 소리(작고 평온한 소리 곧 '떼마마 닥카, דממה דקה')면 족하다. 야웨 하나님의 참된 본질은 고요한 가운데 들려 주시는 그분의 말씀에서 나타난다. 갈멜산의 장엄하고 산을 울리는 불의 사건도 이스라엘을 변화시키지 못했다. 즉, 사람들의 마음을 바꾸고 이스라엘을 변하게 만드는 것은 '떼마마 닥카'(작고 평온한 소리)다.

드디어 엘리야가 움직였다. 야웨 하나님의 따뜻한 손길이, 그리고 그 말씀이 엘리야를 일으켰다. 이제 이전의 엘리야가 아니다. 그는 즉시 엘리사를 만나러 간다. 열두 겨릿소로 밭을 갈고 있던 엘리사에게 자기 겉옷을 던져 주었다. 엘리사도 바로 움직였다. 열두 겨릿소를 버리고 엘리사를 따라나섰다. 단 부모에게 작별 인사를 한 후에 따르겠다고 한다. 엘리야는 이를 허락한다. 엘리사는 그 길로 소 한 마리를 잡고, 소의 멍에를 불살라 버리고, 고기를 삶아 백성들이 나누어 먹게 했다. 소를 잡고 멍에를 불살라 버렸다는 것은 단호한 결단으로 되돌아오지 않겠다는 의지의 표현이다. 그리고 그는 엘리야의 제자로서의 길을 떠났다. 엘리야가 자기 겉옷을 엘리사에게 던져 준 것은 선지자 직책의 인계인수를 뜻하는 것이 아니다. 그것은 엘리야가 그를 자기 제자로 삼은 것을 뜻하며(왕상 19:21), 그리고 후에 그가 선지자로서 자기의 임무를 부여 받을 것을 의미한다.

엘리야와 엘리사의 내러티브는 열왕기상과 열왕기하를 합했을 때 딱 중간에 길게 놓여 있다. 곧 열왕기상 17장에서 열왕기하 13장 21절까지 총 18장 21절에 걸쳐 두 선지자의 내러티브를 기록했다.

엘리야와 엘리사의 내러티브를 이처럼 길게 다루고 있는 이유는 무엇일까? 이 분량만 봐도 엘리야와 엘리사의 위치가 얼마나 중요한지를 짐작할 수 있다. 선지자(예언자)의 등장은 제사장의 역할과 긴밀한 관계가 있다. 제사장의 역할이 희미해지거나 아예 역할이 사라졌을 때 선지자들이 일어났다. 엘리 제사장 때는 선지자 사무엘을 일으키셨다.

이세벨이 정략결혼으로 이스라엘에 온 후부터 점차 야웨 예배가 사라졌다. 당시는 기록된 성경이 없었기에 백성들은 구전과 하나님이 직접 말씀해 주시는 것으로 신앙의 생명을 유지하고 있었다. 그러므로 유일하게 하나님의 말씀을 들을 수 있었던 통로는 제사장뿐이었다. 그런데 제사장의 역할이 없어져 버렸기에 하나님의 말씀을 들을 수 있는 곳은 어디에도 없었다. 열왕기 전체를 통틀어 활발하게 활동했던 제사장은 여호야다뿐이었다. 그런 상황에서 일어난 사람들이 예언자들이다. 엘리야와 엘리사 선지자를 통해 사라져 가는 야웨 예배가 회복되었고, 활동이 중단되었던 선지 학교도 다시 시작되었다. 선지 학교도 엘리사 시대에는 활발하게 운영되고 있었던 것으로 보인다(왕하 6:1-2). 아마도 이 선지자들의 활동이 없었다면 남유다도 북이스라엘과 함께 일찍 멸망했을지도 모른다. 실로 여호와의 말씀이 들리고, 사람들이 그 말씀을 듣고 살아가는 일이 얼마나 중요한지를 깨우쳐 준다. 또 하나님 나라의 근간이 되는 영적인 지도자들의 역할이 한 나라의 운명까지 좌우한다는 사실을 깨닫게 될 때 숙연해진다.

● 선지자 그룹

열왕기에서는 선지자 그룹이 많이 언급된다. 선지자의 직책은 하나님께서 이루고자 하시는 하나님의 나라와의 관계에서 설명되어야 한다. 즉, 선지자는 단순히 하나님의 말씀을 필요시에 전달하는 역할만 하는 사람이 아니라, 하나님의 왕국을 이루어가는 일에서 언제나 그 중심에 있던 사람들이었다. 한마디로 하나님 왕국의 대사라고 할 수 있다. 이 선지자들은 처음에는 집단적으로 활동했고, 후에는 개인적으로 움직였다. 그래서 '선지자 그룹'이나 '선지자 생도', '선지자의 무리'라는 용어가 등장한다. '선지자 무리'는 사무엘 시대부터 등장했다(삼상 10:5, 10). 이로 보아 선지자를 양성하는 학교와 같은 조직이 사무엘 시대부터 있었던 것으로 보인다. 엘리야 시대에는 아합과 이세벨의 박해로 존재할 수 없었을 것이다. 벧엘, 길갈, 여리고 등 엘리야가 다녔던 곳에 어떤 선지자 무리에 대한 잔재만 남아 있었을 것이고, 그러다 엘리사 시대에 다시 등장해 그 수가 증가했다. 이사야도 일단의 제자를 거느리고 있었던 것으로 보인다(사 8:16). 초기에 선지 학교는 종교적이고 애국적인 생활의 중심지였다.

'선지자 생도'는 위대한 지도자와 함께 살면서 가르침을 전수받는 부속의 관계에 있었던 듯하다. '선지자 생도'는 '선지자들'이란 말과 동의어로도 사용된다. 그러나 아모스의 경우, 자신이 소명을 받았을 때는 선지자도 아니었고, 선지자의 아들도 아니었다고 따로 구분해 이야기하고 있는 것을 보아, 이 두 그룹은 차이가 있음을 알 수 있다. 어떤 이들은 '계시의 수령자'와 '종교적 열정의 수련자'로 구분하기도 한다.

쾨니히는 지도적인 선지자를 '근본적인 선지자', 집단적인 선지자들을 '보조적(secondrary) 선지자'라고 칭했다. 그러면서 보조적인 선지자는 단지 설교자라고 말할 수 있고, 하나님과의 초자연적인 교제는 지도적인 선지자에게만 한정되었다고 설명한다. 또한 선지자 무리에 속한 자들은 이적을 행할 권능이 없었다. 집단적 선지자들이 생애 전체를 바쳐 선지자로서의 생활과 기능을 했다는 증거는 없다. 이사야나 예레미야 같은 이는 분명히 삶 전체를 바쳐 하나님을 섬긴 이들이다. 선지자는 단지 왕국의 종교적인 한 영역에서만 활동하지 않았다. 시간이 흘러 정권을 잡은 자들이 타락하게 되었을 때는 이를 견제하고, 교정하고, 때로는 거부하는 기관이 되기도 했다. 그러나 그 발전의 초기에는 왕국에 대해 대체로 우호적이고, 권고적이며, 보호적이었다. 다윗 계통의 왕들과의 관계가 그러했다.

그러나 왕과 왕국이 배교를 하면, 이 관계는 적대 관계처럼 변했다. 선지자들은 마치 애국심을 잃은 배반자처럼 취급되기도 했다. 예레미야가 그 대표적 인물이다. 이에 아모스는 여호와께서 이스라엘에 선지자를 보내는 것은 그 백성에게 주신 하나님의 선물이라고 말했다(암 2:11).

한편 롤랑 드보는 예언자들에 대해 이렇게 설명한다.

"예언자들은 과거를 돌아보며 이스라엘이 광야에서 야웨와 사랑의 계약을 맺던 그 청춘의 시대를 회상하는 자들이다(렘 2:2; 호 13:5; 암 2:10). 반면 당시 도시생활의 사치와 안일에 대해서는 과감하게 규탄한다(암 3:15, 6:8). 이들은 옛날 이스라엘이 광야에서 체류했을 때의 생활로 되돌아가는 것에서만 미래에 대한 구원을 보고 있다. 광야 시절이 그들에게는 황금 시대에 해당된다(호 2:16 이하, 12:10). …그러나 이스라엘의 이상은 유목생활 자체가 아니라, 종교생활의 순수한 실현과 계약에 대한 성실성이다"(p. 43).

우리는 신약의 스데반에게서 이러한 신앙의 순수성과 계약에 대한 성실함을 볼 수 있다. 예루살렘 성전을 강조하기보다는 광야 교회를 그리워하며, 한 곳에 고정되고 집착하는 신앙보다는 야웨 하나님의 부르심을 좇아가는 창조적인 신앙의 모습이다. 선지자들의 외침, 그리고 그들의 생활이 그리워진다.

VII.

시리아(아람)의 침공

1. 마지막 기회를 놓치다(왕상 20:1-22)

아람(시리아) 왕 벤하닷이 군대를 이끌고 사마리아를 침공해 왔다. 그는 왕 32명을 이끌고 왔는데, 이들은 아마도 벤하닷을 섬기는 봉신(封臣)들로 보인다. 이들은 사마리아 성을 공격하며 아합 왕에게 사신을 보내 협박한다. "네 은금은 내 것이요 네 아내들과 네 자녀들의 아름다운 자도 내 것이니라"(3절). 아합이 그 말을 인정함으로 약하고 초라한 이스라엘을 엿보게 한다. 벤하닷은 아합의 응답에 만족하지 않고, 이제 그의 은금과 아내들과 자녀들을 모두 자기에게 보내라고 하면서, 더 나아가 자기가 직접 아합의 집과 신하들의 집을 다 뒤져 마음에 드는 것을 가져가겠다고 한다. 아합은 여기에 대해서는 아무 대답하지 않고, 나라 안의 모든 장로를 모아 벤하닷의 요구에 대해 의논한다. 이 장로들은 국가 원로를 의미하며, 지금으로 말하면 국회의원 정도가 될 것이다. 모든 사람이 벤하닷의 요구를 듣지도 말고 허락하지도 말라고 했지만, 아합은 처음의 요구는 들어줄 수 있으나 나중 것은 받아들일 수 없다는 말을 벤하닷에게 전했다. 아합과 사마리아의 운명은 폭풍 앞에 꺼져가는 촛불과 같았다.

그때 야웨 하나님의 선지자 한 사람이 등장한다. 그리고 아합에게 야웨 하나님의 말씀을 전한다. "네가 이 큰 무리를 보느냐 내가 오늘 그들을 네 손에 넘기리니 너는 내가 여호와인 줄을 알리라"(13절). 그러자 아합이 묻는다. '진 앞에는 누가 섭니까? 누가 총지휘를 합니까?' 야웨 하나님은 각 지방의 젊은 부하들을 세우라 하시고, 지휘는 아합이 해야 한다고 하셨다. 젊은 부하들이란 미혼의 젊은이들로 구성된 특수 병력이다. 정오가 되자 아합의 군대가 공격을 시작했다. 이는 정상적인 전쟁에서는 적을 공격하기에 적절한 때가 아니었지만, 이때는 벤하닷이 자기 지방 영주들과 술판을 벌리고 있었기에 가능했다. 벤하닷의 정찰대는 이스라엘 군대가 아람 군대를 향해 진군해 오는 것을 보고 벤하닷에게 보고했지만, 그는 코웃음을 치고 만다. 아합의 정규군은 젊은 용사들과 합세해 적군을 무찔렀고, 아람 병사들은 모두 도망쳤다(20절). 벤하닷도 말을 타고 도망쳤다. 아합의 군대는 대승리를 거두었다. 그 선지자는 다시 아합을 찾아가 그들이 또 쳐들어올 것이기에 힘을 기르라고 권고한다.

열왕기 저자는 통쾌한 아합의 승리를 전한다. 이 승리는 그 비결이 야웨 하나님께 있다는 것을 전제하고 있다. 즉, 이 승리는 아합이 처음으로 선지자를 맞아 그가 전하는 하나님의 뜻을 따랐고, 또 아합이 처음으로 야웨 하나님께 두 번이나 물었던 데서 기인했다. 아합의 생애에서 참으로 놀라운 변화다. 해가 바뀌어 벤하닷은 다시 군대를 정비해 이스라엘을 침공해 왔다. 해가 바뀌었다는 것은 우기

(雨期)가 지나고 건기(乾期)가 왔다는 말이다. 갈릴리는 현무암의 화산재로 이루어진 충적토(沖積土)여서 물과 어우러지면 비옥한 옥토가 된다. 동시에 이런 토질은 우기에는 질퍽해져 전쟁을 할 수 없다. 이스라엘의 건기는 4월부터 10월까지고, 10월부터 다음해 4월까지는 우기(雨期)다. 이런 상황은 사사기에 나오는 드보라와 시스라의 전투의 배경이 되고 있다(참고. 삿 4:15-16, 5:19-20).

선지자가 말한 대로 해가 바뀌자 벤하닷은 군대를 정비하고 다시 아벡으로 이스라엘을 침공해 왔다. 아벡은 샤론 평야 한가운데 견고한 진지를 구축해 놓은 성이다. 벤하닷의 부하들이 이스라엘 신은 산의 신이고, 전에는 산에서 싸웠기에 자기들이 졌지만, 이제 평지에서 싸우면 이기리라고 벤하닷에게 충고했기 때문이다. 그는 신하들의 말을 듣고 아벡으로 공격해 왔다. 그러나 야웨 하나님께서는 "아람 사람이 말하기를 여호와는 산의 신이요 골짜기의 신은 아니라 하는도다 그러므로 내가 이 큰 군대를 다 네 손에 넘기리니 너희는 내가 여호와인 줄을 알리라"(28절)라고 하셨다. 그 말씀대로 전투 일곱째 날에 아람 보병 십사만을 죽이고, 아벡으로 도망친 자 이만 칠천 명도 성벽이 무너져 죽었다. 벤하닷만 겨우 도망쳐 골방으로 피신했다.

전세는 역전되었다. 벤하닷은 사신을 보내 협상을 진행한 후에 비로소 아합 왕 앞에 나타난다. 벤하닷의 사신들은 아합 앞에 와서 벤하닷을 살려달라고 간청한다. 그리고 자기들의 왕을 아합 앞에서 "왕의 종"(32절)이라고 부른다. 아합은 즉각 벤하닷을 자기 형제라고 칭하며 왕 대접을 해주면서 영접한다. 그리고 빼앗겼던 땅을 반납받고, 다메섹에서 이스라엘인들이 마음대로 장사할 수 있도록 허락받는 조건으로 계약을 맺고 그를 놓아준다. 모처럼 아람을 제압한 아합은 얼마나 기분이 좋았을까?

이때 한 선지자가 아합에게 나타나 그가 하나님의 명령을 어겼으므로 죽게 될 것이라고 예언한다. 다메섹 왕과의 전투에 선지자가 세 번이나 등장한다. 두 번이나 아합과 선지자들이 좋은 관계를 맺고 있음이 묘사되어 있고, 아합은 선지자가 전하는 야웨의 말씀을 따른다. 그러나 세 번째는 자기 마음대로 모든 것을 결정함으로 하나님의 심판을 받게 된다. 이로써 다시 야웨 하나님과 아합은 갈라진다. 그는 마지막 기회를 잃어버렸다. 선지자의 예언을 들은 아합은 근심하고 답답해하며 궁으로 돌아가기 위해 사마리아로 간다(43절).

2. 최초의 인민재판(왕상 21:1-29)

나봇의 포도원 사건은 벤하닷과의 두 번에 걸친 싸움을 마친 후에 일어났다. 이 싸움을 통해 아합은 하나님이 어떤 분이신지를 충분히 경험했다. 그러면서도 그는 하나님에게로 돌아오지 않았을 뿐 아니라, 도리어 하나님 보시기에 가증한 일을 하고 있었다. 또한 벤하닷의 침공에 관한 내용인 열왕기상 20장을 빼고 19장과 21장을 연결해서 읽으면 아합이 얼마나 어리석고 미련한 인간인지를 분명히 볼 수 있다. 열왕기상 19장에서는 엘리야가 이스라엘의 미래를 놓고 하나님과 씨름하는 내용이 전개되었다. 얼마나 심각한 상황인가? 그런데 아합은 나봇의 포도원을 빼앗을 궁리를 하고 있다. 너무나 대조적이다. 자기 시대의 위기를 느끼지 못하고 소유욕에만 집착하는 아합의 모습이 바로 오늘 우리의 모습이 아닌가?

아합의 여름 궁전은 이스르엘 평야 중앙에 자리 잡고 있었고, 나봇의 포도원은 그 궁궐 가까운 곳에 있었다. 아합은 채소(또는 정원)밭을 만들겠다고 고집하고, 자기 왕궁 가까이 있는 포도원을 주목

한다. 그리고 나봇에게 좋은 거래를 제시한다. 만약 원하면 더 좋은 포도원으로 바꿔줄 수도 있고, 아니면 넉넉하게 그 값을 지불하겠다고 제안한다. 결코 나쁘지 않은 제안이다. 그러나 나봇은 단호히 거절한다. 그러면서 포도원은 조상의 유산이기에 왕에게 주는 것을 여호와께서 금하시기 때문이라고 말한다(왕상 21:3). 이때 나봇은 '조상의 유산'이란 말을 두 번이나 반복한다. 토라는 지파의 기업을 옮기는 일을 금하고 있다(민 36:7-9). 나봇은 포도원을 팔 수 없는 이유는 하나님께 있고, 토라에 있다고 호소한다. 동시에 이는 아합에게 율법을 지켜야 하지 않느냐고 간접적으로 호소하는 것이었다.

이 호소는 아합의 마음을 어느 정도 움직였던 것으로 보인다. 그는 궁에 돌아가 침대에 누워 음식도 먹지 않는다. 그러나 이세벨과 이야기를 나누는 중에 마음이 바뀐다. 나봇은 자기 포도원을 "조상의 유산"이라고 강조했으나, 아합은 이세벨에게 '포도원' 또는 '나봇의 포도원'이라고만 네 번이나 반복한다(왕상 21:6-7). 그러면서 얼마든지 팔 수도 있고, 살 수도 있는 포도원이고, 후하게 계산해 준다고 하는데 나봇이 고집을 부린다는 식으로 말한다(6절). 이세벨은 하나님의 말씀에는 아무런 관심이 없다. 단지 왕으로서의 권위를 내세워 포도원을 빼앗을 음모를 꾸민다. 아합의 설명을 들은 이세벨은 자기 남편이 임금답지 못하다고 조롱한다. 그리고 그녀는 즉시 지역 장로와 귀족들로 하여금 나봇을 제거하게 하도록 음모를 꾸민다. 드디어 계략이 세워졌다. 백성들에게 금식을 선포하고, 나봇을 높은 자리에 앉힌 후에 불량자 두 사람을 시켜 나봇이 하나님과 왕을 저주했다고 거짓 증거를 하도록 해서 결국 백성들로 하여금 나봇을 제거하게 하려는 음모였다. 이것은 거짓으로 꾸민 현대판 인민재판의 원조라 할 수 있다.

이세벨은 왕 대신 자기가 지역의 장로와 귀족들에게 편지를 쓰고, 또 자기가 왕의 인장을 찍는다. 그리고 거짓 증인들을 세워 나봇을 돌로 쳐 죽이도록 한다. 아합에게는 단지 하나의 포도원일지 몰라도, 나봇에게는 여호와께서 주신 유업이었다. 아합은 채소밭으로 만들고 싶은 땅이었으나, 나봇에게는 가족의 생계가 달린 땅이었다. 결국 아합은 손에 피 한 방울 묻히지 않고 의인을 제거하고, 그 죄는 백성들에게 돌아가도록 했다. 일은 깨끗하게 처리되었다. 아합은 나봇이 죽었다는 말을 듣고도 일이 어떻게 진행되었는지 묻지도 않고 그 포도원을 차지하기 위해 그곳으로 간다. 그때 그 자리에 나타난 사람은 엘리야였다. 그리고 날카로운 하나님의 심판의 말씀을 선포한다.

> "여호와의 말씀이 네가 죽이고 또 빼앗았느냐고 하셨다…여호와의 말씀이 개들이 나봇의 피를 핥은 곳에서 개들이 네 피 곧 네 몸의 피도 핥으리라 하였다"(19절).

"개들이 네 피 곧 네 몸의 피도 핥으리라." 이 얼마나 무서운 선포인가? 엘리야를 본 아합은 깜짝 놀란다.

> "내 원수야, 네가 또 나를 찾아왔느냐?"
> "그렇습니다. 이렇게 또 찾아왔습니다"(20절, 새번역).

그리고 엘리야는 곧바로 하나님이 주신 말씀으로 그를 심판한다. "네가 네 자신을 팔아 여호와 보시기에 악을 행하였으므로…내가 재앙을 네게 내려 너를 쓸어 버리되 네게 속한 남자는 이스라엘 가운데에 매인 자나 놓인 자를 다 멸할 것이요 또 네 집이 느밧의 아들 여로보암의 집처럼 되게 하고"(20-22절). 그리고 그 이유를 밝힌다.

“이는 네가 나를 노하게 하고 이스라엘이 범죄하게 한 까닭이니라”(22절).

이세벨에게도 심판을 내리신다. “개들이 이스르엘 성읍 곁에서 이세벨을 먹을지라 아합에게 속한 자로서 성읍에서 죽은 자는 개들이 먹고 들에서 죽은 자는 공중의 새가 먹으리라”(23-24절). 그리고 그 이유를 밝히신다. 아합과 같이 그 자신을 팔아 여호와 앞에서 악을 행한 자가 없는데, 이것은 그의 아내 이세벨의 충동질에 의해 악을 행했기 때문이라고 한다. 이세벨에게는 가혹한 형벌을 내리실 것이라고 하신다. 여호와 하나님께서는 아합을 심판하셨다. 자기를 팔아 나봇의 포도원을 산 자는 바로 아합 너라고!

마음 약하신 하나님!(29절) 야웨 하나님의 경고를 받은 아합은 옷을 찢고 금식하고 풀이 죽어 다녔다. 야웨 하나님께서는 그가 이처럼 겸비함을 보였기 때문에 그가 살아 있는 동안에는 재앙을 내리지 않고, 그의 아들 대에 가서 내리겠다고 하신다. 그가 그리도 많은 악행을 저질렀는데도, 단 한 번의 겸손을 보시고 마음을 바꾸시다니…. 참으로 이해하기 어렵다. 이는 강하고 위대하신 하나님의 이미지와 대조를 이룬다. 그러나 마음 약하신 하나님이기에 우리가 기도하면 용서받을 수 있는 것이 아닐까!

3. 여호사밧을 어떻게 평가해야 할까?(왕상 22:41-50)

여호사밧에 대한 독립된 기록은 매우 짧게 아홉 절로 끝낸다. 그 내용도 무척 간단하다. 여호사밧의 이야기는 아합 왕과 길르앗 라못을 점령하러 간 이야기(왕상 22:1-40)와 뒤에 나오는 모압과의 전쟁에 참여했던 이야기 중간에 옹색하게 끼어 있는 모양새다(왕하 3:1-

20). 간단하게 표식으로 나타내면 다음과 같다.

아합과 길르앗 라못 전쟁에 참여한 여호사밧

⬇

여호사밧 이야기

⬆

모압 전쟁에 참전한 여호사밧

열왕기가 소개하는 여호사밧의 기록은 다음과 같다.

여호사밧은 아사 왕의 아들로 유다의 왕이 될 때 나이는 35세였으며 예루살렘에서 25년을 다스렸다(42절). 그는 아버지 아사의 모든 길로 행하며 돌이키지 않았고, 여호와 앞에서 정직히 행했으나 산당은 폐하지 않았다(43절). 그리고 이스라엘 왕과 더불어 화평했다(44절). 이것이 그에 관한 전부다.

그리고 이어지는 그의 치적에 대한 기록도 매우 짧고 간단하다. 여호사밧은 아버지 아사 왕 시대까지 남아 있던 남창을 제거했고, 오빌에서 금을 가져오려 했으나 배들이 파선해 그만두자, 아합의 아들 아하시야가 자기 부하들을 시켜 배를 타고 가져오겠다고 했는데 이를 거절했다(46, 48-49절). 그리고 죽어 다윗 성에 조상들과 함께 장사되었다(50절). 이것이 전부다. 아무리 보아도 열왕기 저자는 여호사밧을 홀대하고 있다는 느낌을 지울 수가 없다.

열왕기는 여호사밧의 독립된 이야기를 짧게 기록하는 대신, 다른 이야기에서 여호사밧의 이야기를 길게 두 번이나 다루었다(왕상 22:1-28; 왕하 3:1-27). 그러나 불행하게도 그건 여호사밧 자신의 독자적인 이야기가 아니라, 남의 이야기에 좀스럽게 얹혀 있을 뿐이다. 하나는 아합의 이야기에, 다른 하나는 모압을 치려는 아합의 아들 요람의 이야기다. 반면 역대기에는 열왕기와는 사뭇 다르게 매우 길게 기록되어 있다(대하 17:1-21:1). 그렇다면 왜 열왕기 저자는 여호사밧의 이야기를 마지못해 취급하는 듯 냉대하는가? 먼저 다른 사람의 이야기에 끼어 있는 여호사밧의 이야기를 살펴보자.

4. 약속의 땅의 회복인가(왕상 22:1-40)

시리아(아람)와 이스라엘 사이에 3년 동안 전쟁이 없었고, 남유다와 북이스라엘도 좋은 관계를 유지하고 있었다(2절). 이것은 특별한 의미를 담고 있다. 즉, 유다 왕인 여호사밧의 아들 여호람과 아합의 딸인 아달랴가 결혼해 사돈 관계를 맺고 있었다는 말을 차마 하기 어려워 에둘러 표현한 말로 보인다(북쪽 요람 왕은 'Joram'으로, 남쪽 여호람 왕은 'Johoram'으로 표기하고 있음에 주의하라, 왕하 1:17).

평화로웠던 3년이 지난 어느 날 유다 왕 여호사밧이 갑자기 아합을 찾아간다. 그때 아합은 길르앗 라못을 되찾고 싶다면서 여호사밧에게 함께 그곳을 공격하자고 제안한다. 길르앗 라못은 본래 이스라엘의 땅이었다. 그런데 당시에는 시리아가 그 땅을 차지하고 있었던 것으로 보인다. 그러니 길르앗 라못을 되찾자는 말은 잃어버린 자기들의 국토를 회복하자는 말이다. 이런 아합의 제안은 유다와 이스라엘은 본래 한 나라이니 잃어버린 약속의 땅을 찾기 위해 연합하자는 의미를 담고 있다. 그러므로 이 말을 들었을 때 여호사밧은 긍정적으로 생각했을 것이다. 같은 민족, 같은 동족이 잃어버린 약속의 땅을 찾자는데 누가 반대하겠는가?

그러나 여호사밧은 먼저 여호와의 말씀이 어떠한지 들어보자고 제안한다. 여호와를 경외하는 왕의 모습이다. 이스라엘 왕은 선지자를 400명쯤 모아 길르앗 라못을 치는 것이 하나님의 뜻인지 물었다.

물론 그들은 긍정적으로 대답했다. "올라가소서 주께서 그 성읍을 왕의 손에 넘기시리이다"(6절). 이 사람들은 이세벨의 상에서 먹고사는 바알 선지자였다(왕상 18:19). 이들의 입에서 무슨 다른 말이 나올 수 있었겠는가? 권력이 있는 곳에는 뼈다귀를 입에 문 거짓 선지자들이 많은 법이다.

여호사밧은 이들 외에 다른 여호와의 선지자가 없느냐고 묻는다. 이스라엘 왕은 이믈라의 아들 미가야가 있다고 소개한다. 아합에게는 미가야는 그저 평범한 한 사람의 선지자일 뿐이었다. 두 왕이 왕복을 갖춰 입고 왕좌에 앉아 있고, 모든 거짓 선지자들이 주변에 둘러서서 막 미가야를 통해 들려 주시는 야웨의 말씀을 들으려고 하는 순간이었다. 그나아나의 아들 시드기야가 철로 만든 뿔을 들고는 왕이 이것으로 아람 사람들을 찔러 진멸할 것이라고 말한다. 미가야는 여호와께서 자기에게 말하라고 하시는 것을 말하겠다고 하면서 처음엔 싸우러 올라가라고 한다. 그러나 왕이 진실을 말하라고 채근하자, 다시 하나님의 말씀을 전한다.

> "내가 보니 온 이스라엘이 목자 없는 양같이 산에 흩어졌는데 여호와의 말씀이 이 무리에게 주인이 없으니 각각 평안히 자기의 집으로 돌아갈 것이니라 하셨나이다"(17절).

주의 이름으로 진실을 말하라고 했던 아합이 막상 미가야가 하나님의 말씀을 전하자 이를 거부했다(16, 18절). 하나님께서 아합을 멸하기 위해 다른 선지자들의 입에 거짓말을 넣어 주셨다고 하니 얼마나 무서운 일인가? 아합은 불길한 말만 하는 미가야를 잡아 감옥에 가두고, 자기가 평안히 돌아올 때까지 빵과 물도 죽지 않을 만큼만 주라고 하고는 전쟁터로 나갔다. 사람들은 하나님의 말씀을 듣고 싶어 하면서도, 실제로는 자기가 듣고 싶은 말만 해주기를 바란다.

전쟁터로 나간 아합은 마음에 걸리는 것이 있는지 계략을 꾸민다. 여호사밧에게는 자기의 왕복을 입고 출정하라고 하고 자기는 평민으로 변장을 하고 나간다. 그러나 적군이 무심코 쏜 화살이 아합 왕의 갑옷 솔기를 맞혔다. 무심코 쏜 화살이었다. '갑옷 솔기'란 위 갑옷과 아래 갑옷을 붙인 틈새를 말하는데, 이 부분을 명중시킨 것이다. 우연치고는 너무나 극적인 명중이었다. 아합은 피를 쏟으면서도 저녁까지 전쟁을 했으나 피를 너무 많이 흘렸기에 그곳에서 죽는다(35-37절).

아합이 죽고 그의 병거와 갑옷을 사마리아 못에서 씻을 때 개들이 와서 핥았는데 그곳은 창기들이 목욕하는 곳이었다. 여호와께서 말씀하신 대로 된 것이다. 이렇게 해서 이세벨에게 미혹당해 여호와 하나님을 버리고 바알을 섬기며 악한 왕으로 살았던 아합은 비참하게 그 일생을 마치고 만다. 열왕기 저자는 22장 내내 '아합'이라는 이름을 한 번도 언급하지 않는다. 그 대신 16회나 "이스라엘 왕"이라고 칭한다. 아합이 죽었을 때는 '왕이 이미 죽었다'라고만 전한다. 왜 그랬을까? 이름을 부르기조차 싫을 만큼 그가 가증한 인간이었다는 말이다.

미가야는 하나님의 선지자란 어떤 사람인지를 분명히 보여 주었다. 성문에서 두 왕이 왕복을 갖춰 입고 앉아 있고, 거짓 선지자 400명이 둘러 있는데 그 앞에서 아합이 전쟁에서 패할 것을 예언할 때의 미가야의 마음은 어떠했을까? 더욱이 그는 혼자였다. 그는 오직 하나님의 음성만 듣고, 그 말씀만 전했다. 하나님의 종이 어떻게 살아야 하는지를 분명하게 보여 준다. 선지자 미가야는 당시 나단, 엘리야, 엘리사, 아모스와 계열을 같이하는 선지자였다.

● 선지자들의 고난

아합과 여호사밧 앞에서 예언하던 미가야의 모습에서 당시 선지자들의 상황을 볼 수 있다. 아합이 미가야를 향해 "길한 것은 예언하지 않고 흉한 것만 예언한다"고 말한 것을 보면, 선지자가 권력자들에게는 언제나 불길한 말을 하는 사람으로 보였던 것 같다. 또 선지자들은 원칙만 고수하기 때문에 융통성 없는 사람으로 내몰리기도 했다. 그래서 뺨을 얻어맞기도 하고(24절), 감옥에 갇히기도 하고, 죽지 않을 정도밖에 먹지 못하기도 한다(27절). 그리고 때로는 목숨을 잃기도 한다.

'선지자'의 히브리어 '나비'는 '샘솟다'(to spring), '분출하다'(to gush forth)라는 뜻이다. 여기서 파생되어 '열심히 말하다' 또는 '말하려는 것에 대해 쏟아져 나오듯 말하다'라는 뜻으로 발전했다. 이런 표현은 선지자들이 성령께서 말하게 하시는 것을 쏟아내듯이 말하는 모습을 나타낸다. 이런 상황에 대해 예레미야는, "내가 다시는 여호와를 선포하지 아니하며 그의 이름으로 말하지 아니하리라 하면 나의 마음이 불붙는 것 같아서 골수에 사무치니 답답하여 견딜 수 없나이다"(렘 20:9)라고 표현했다. 민족의 멸망과 파멸을 말하는 것이 어찌 쉬운 일이었겠는가? 주저되는 것은 사실이다. 배교자나 민족 반역자라고 낙인찍히기를 원하는 사람은 아무도 없다. 그러나 자기 안에 담겨진 하나님의 말씀이 불붙는 것같이 솟아 오르니 어찌 예언하지 않을 수 있겠느냐며 예레미야는 토로한다.

사람들은 아합처럼 자기의 목숨이 걸린 일인데도 사실 여부를 떠나 자기에게 듣기 좋은 말을 해주기를 바란다. 그래서 참 선지자들이 배척을 받고, 거짓 선지자들이 환대를 받게 되는 것이 현실이기도 하다. 그러니 선지자들의 생활이 얼마나 곤고했겠는가? 하나님의 말씀을 바르게 전하지 않으면 하나님으로부터 죽임을 당할 수 있는 데다, 바르게 전하려니 사람들에게 배척을 받는다. 그래서 선지자들의 삶은 항상 가난하고 험난했다. 거짓 선지자들이야 환영받고 왕의 식탁에 앉아 먹기도 하지만 말이다. 당시 바알과 아세라의 선지자들이 왕궁의 식탁에 초대받을 만큼 아합과 이세벨에게 존귀히 여김을 받았다는 것은, 북이스라엘이 이세벨이 지배하는 바알 천국이 되었다는 것을 보여 주는 대목이다.

아합의 첫째 아들이 2년의 통치 끝에 죽자 둘째 아들 여호람이 왕위에 오른다(주전 849년).

내러티브로 풀어가는

왕들의 이야기

열왕기하

I.

갑절의 은혜를 주소서

1. 아하시야의 죽음(왕하 1:1-18)

열왕기하는 북이스라엘의 아하시야 왕이 사마리아에 있는 다락 난간에서 떨어진 이야기로 시작한다. 아하시야는 아합의 첫째 아들로 북이스라엘의 왕이었다. 이 일로 크게 다쳐 병이 든 그는 사절단을 에그론의 신 바알세붑(Baal-Zebub)에게 보내 자기 병이 낫겠는지를 물었다. 바알세붑은 에그론 사람들이 섬기던 신의 이름이다. 아하시야의 이 일에 하나님께서는 분노하신다. 그리하여 엘리야를 보내, "이스라엘에 하나님이 없어서 너희가 에그론의 신 바알세붑에게 물으러 가느냐…네가 올라간 침상에서 내려오지 못할지라 네가 반드시 죽으리라"(3-4절)라고 하셨다.

이 말을 전한 사자가 엘리야인 것을 안 아하시야는 50명의 군사를 보내 엘리야를 잡으려고 했지만, 그 모든 군사가 하늘에서 내려

온 불에 타 죽고 만다. 그다음에 보낸 군사들도, 또 그 다음도 엘리야를 잡으러 온 군사들이 다 죽는다. 우리말 성경은 이를 매우 완곡하게 번역해 엘리야를 부르러 군사를 보냈다고 했다. 그러나 히브리어 성경은 9절을 '와이쉴라호'(וַיִּשְׁלַח, 그리고 이에 보냈다)라는 말로 시작한다. 자기의 죽음을 예언한 사람이 엘리야란 말을 듣고 즉시 군사 50명을 보낸 것은 악의를 품고 엘리야를 체포하려는 의도로 군사를 보낸 것임을 암시하는 말이다. 그렇다면 그는 회개하거나 뉘우치는 것이 전혀 없이 엘리야를 체포하려 했을 것이다. 그 이유는 무엇이었을까? 성경은 이에 대한 답을 직접적으로 제시하지 않고, 엘리야가 직접 아하시야를 찾아가 하나님의 말씀을 전하는 것으로 답을 대신한다. '이스라엘에 하나님이 없어서 네가 에그론의 신 바알세붑에게 물으려고 보내느냐.' "그러므로 네가 그 올라간 침상에서 내려오지 못할지라 네가 반드시 죽으리라"(16절). 결국 예언대로 아하시야는 병상에서 내려오지 못하고 죽었다.

"이스라엘에 그의 말을 물을 만한 하나님이 안 계심이냐?"(16절) 이것이 당시 이스라엘의 상황이었다. 왕으로부터 온 백성들이 바알 숭배에 빠져 하나님을 외면하고 살았다. 이런 모습에 하나님께서 얼마나 화가 나셨으면 아하시야를 병상에서 죽도록 내버려 두셨겠는가? 사울 왕도 그와 같은 이유로 하나님께 버림 받지 않았는가! 사울 왕은 블레셋 군대가 두려워 신접한 여인을 찾아가 물은 것으로 인해 온 가족이 하나님께 버림 받았다(삼상 28:3-14).

'이스라엘에 하나님이 없어서 바알세붑에게 물으려고 보냈느냐?' 라는 이 질문은 열왕기 저자가 그 당시 독자들에게 묻는 것이지만, 오늘 우리에게 묻는 것이기도 하다. 하나님께 묻지 않고 우상을 찾아가 묻는 행위는 가장 하나님을 모독하는 행위임을 명심해야 한다. 이것은 열왕기의 핵심 주제이기도 하다. 아하시야의 행위에 대한 하나님의 마음은 다음 구절에서 잘 나타난다.

> "왕이 엘리야가 전한 여호와의 말씀대로 죽고 그가 아들이 없으므로 여호람이 그를 대신하여 왕이 되니"(17절).

여호와를 무시하고 그의 말씀을 멸시한 왕은 죽었다. 그리고 여호람의 시대로 넘어간다.

여호람은 아합의 둘째 아들로 아하시야의 동생이다. 이때는 유다 왕 여호사밧의 아들 여호람이 왕위에 오른 지 2년이 지나던 해였다. 이로써 '여호람'이란 이름을 가진 왕이 유다와 이스라엘에 동시에 존재하게 된다. 그러나 NIV 영어 성경은 북쪽 왕은 '요람'(Joram)으로, 남쪽 왕은 '여호람'(Johoram)으로 표기하고 있다.

2. 하늘로 올라가는 엘리야(왕하 2:1-18)

엘리야가 세상을 떠날 날이 다가왔다. 당시 엘리야의 거처는 길갈이었던 것으로 보인다. 길갈은 여리고 동편으로 약 3킬로미터 떨어져 있는 성이다. 엘리야는 엘리사를 데리고 길갈을 향해 가다 갑자기 "너는 여기 머물라 여호와께서 나를 벧엘로 보내시느니라"(2절)라는 말을 남기고 떠나려 하지만, 엘리사는 결코 떨어지지 않고 벧엘까지 동행한다. 벧엘에 이르러 제자들을 만난 뒤 또 엘리야는 여리고로 가야 한다며 엘리사를 벧엘에 남겨두려 한다. 그러나 쉽게 물러설 엘리사가 아니다. 그는 또 함께 여리고까지 간다. 여리고에서 엘리야는 주님께서 요단강으로 가라고 하신다면서 또 엘리사를 남겨두고 가려 하지만, 엘리야는 요단강까지 따라간다. 할 수 없이 엘리야는 요단강 앞에서 선지자의 제자 50명이 보는 가운데 겉옷을 벗어 말아 물을 쳐서 물 길을 가르고, 두 사람은 마른 땅 위를 걷듯 요단강을 건넌다(8절).

마지막 순간에 엘리야는 엘리사에게 자기에게 구할 것이 있으면 구하라고 한다. "당신의 성령이 하시는 역사가 갑절이나 내게 있게 하소서"(9절)라고 대답하자, 엘리야는 "나를 네게서 데려가시는 것을 네가 보면 그 일이 네게 이루어지려니와"(10절)라고 말한다. 두 사람이 길을 가면서 대화를 나누던 중에 불수레와 불말들이 두 사람을 갈라놓았고, 곧 엘리야는 회오리 바람으로 하늘로 올라갔다(11절). 이후 엘리사는 그를 다시 볼 수 없었다. 여리고의 제자 50여 명이 엘리야의 시신을 찾겠다고 나서서 사흘 동안 찾았지만 발견하지 못하고 돌아왔다. 이로써 엘리야는 이 땅에 더는 있지 않고 하늘로 올라간 것이 확실함이 증명되었다.

그런데 왜 엘리사는 엘리야를 끝까지 떠나지 않으려 했을까? 엘리야가 하늘로 올라가는 모습을 보면서 엘리사가 외쳤던 말이 그 답을 제공한다.

> "내 아버지여 내 아버지여 이스라엘의 병거와 그 마병이여"(12절).

엘리사는 엘리야를 스승 이상의 아버지로 생각했다. 그렇다면 솔로몬이 아버지 다윗의 임종 시 그에게 축복을 받았던 것처럼 엘리사도 엘리야의 축복을 받고 싶었을 것이다. 그러나 그는 단순한 선지자가 아니라, 나라를 지키는 방패와 마병이 되고 싶었던 것이다. 유대 랍비 전승에서는 '성령을 갑절이나 달라'는 요구를 문자 그대로 엘리야가 가진 성령의 능력을 두 배로 달라는 의미로 해석하기도 한다. 그렇게 해석할 수 있는 근거는, 엘리야가 평생에 이루었던 기적이 여덟 가지였다면, 엘리사가 행한 기적은 열여섯 번이었기 때문이다. 그러나 엘리사가 엘리야의 능력을 능가하는 은혜를 간구했다는 말은 아니다. '갑절'을 요구한 것은 토라에서 말한 대로(신 21:17) 장자가 받는 분깃인 두 몫을 받으려고 한 것으로, 엘리사 자신이 엘리야의 후계자란 사실을 확인하려는 의도로 보인다. 여하튼 엘리야의 말대로 엘리사는 아버지 같은 스승이 하늘로 올라가는 모습을 보았고, 성령의 역사를 갑절로 받은 것이다. 그리고 그는 엘리야의 권위를 이어받아 제자 그룹의 리더가 된다. 예언자의 외투는 상속(相續)의 상징으로 사용되었다(13절; 왕상 19:19-20).

세상을 떠나기 전에 엘리야는 길갈로, 벧엘로, 여리고로 그리고 요단강으로, 이 도시들을 다 다녔다. 이는 사막의 더위에서는 쉽지 않은 일이다. 엘리야는 왜 이처럼 먼 길을 다녔는가? 그곳에 선지 학교가 있어서 그들을 만나 격려하기 위함이었을까? 왜 엘리사는 엘리야가 사라지는 장면을 봄으로 성령의 역사를 갑절이나 받게 되었을까? 이 장면을 새번역 성경은 이렇게 번역한다.

> "그들이 이야기를 하면서 가고 있는데, 갑자기 불병거와 불말이 나타나서, 그들 두 사람을 갈라 놓더니, 엘리야만 회오리바람에 싣고 하늘로 올라갔다."(11절)

마침내 엘리사는 스승인 엘리야가 하늘로 올라가는 것을 보았다. 두 사람이 이야기를 나누며 가고 있는 중에 갑자기 불병거와 불말이 나타나 두 사람을 갈라놓았다. 그리고 엘리야만 회오리바람에 싣고 하늘로 올라갔다. 엘리사는 "내 아버지여 내 아버지여 이스라엘의 병거와 그 마병이여"(12절) 하고 외쳤지만 다시는 엘리야를 볼 수 없었다.

이 장면을 히브리 성경은 이렇게 기록한다. “엘리사는 그것을 보았다. 그리고 외쳤다.” 불병거와 불말은 불기둥과 구름기둥의 변형된 하나님의 임재를 나타내는 표현이다. 광야를 지나던 이스라엘에게는 불기둥과 구름기둥이 반드시 필요했다. 그러나 당시와 같이 국내적으로는 악한 왕들의 폭정과 외적으로는 강대국들의 위협이 계속되고 있는 상황에서는 이스라엘을 지키신다는 표현으로 하나님께서는 불병거와 불말을 통해 엘리야를 들어 올리셨다. 동시에 이 두 개의 이미지는 엘리야보다는 엘리사에게 주신 모습이다. 이를 통해 하나님은 자신이 이스라엘을 지키시고 보호하신다는 약속을 보여 주셨고, 동시에 이 사역을 엘리사가 이루어 가야 한다는 사명을 주신 것이라고 볼 수 있다.

실제로 엘리사를 통해 일어난 기적들 중에는 우상 숭배를 하던 강대국에서 이스라엘을 보호하고 지켜가는 내용이 많다. 그리고 엘리사가 세상을 떠날 때, 백성들이 ‘이스라엘의 병거와 마병이시여’ 하고 통곡했던 것을 보아도 그 이미지의 의미를 이해할 수 있다. 이 모습은 또한 예수님께서 승천하시던 모습을 연상케 한다. 하늘로 올라가시는 모습을 본 것만으로도 그들은 성령의 감동에 휩싸였을 것이다. 하나님의 영감을 받는 일은 사람의 입술에서 나오는 말에 있기보다는 하나님의 임재를 경험하는 데 있다. 이는 사울이란 젊은이가 다메섹으로 가는 길에서 부활하신 예수 그리스도를 만나고 성령의 사람이 된 것과도 동일한 경험이라 할 수 있다.

엘리야의 겉옷을 받은 엘리사는 엘리야가 했던 것처럼 성령의 능력을 행사할 수 있을 것인가? 자기에게 임한 두 배의 성령의 능력을 증명해 보일 시간이 왔다. 엘리사는 요단강 가에서 겉옷으로 강물을 치면서 “엘리야의 하나님 여호와는 어디 계시니이까”(14절) 하고 외쳤다. 자기와 함께 계신다면 엘리야에게 보여 주셨던 기적을 똑같이 보여 달라는 요청이었다. 그때 요단 강물이 이리저리 갈라지고 물이 말라 무사히 건널 수 있게 되었다. 이를 통해 여리고에 머물고 있던 제자들도 엘리사에게 성령의 능력이 갑절이나 임한 것을 보게 되었고, 엎드려 그에게 경배한다. 그리고 이제 엘리사의 시대가 시작된다.

3. 그 스승에 그 제자(왕하 2:19-13:21)

엘리사의 활동은 엘리야의 승천에 이어 시작되었다(왕하 2:11-14). 엘리사의 사역은 이스라엘 왕 아하시야가 죽고 그의 동생 여호람이 왕에 오르면서 시작되어, 오므리 집의 마지막 왕조의 대부분을 포함한다. 엘리사를 통해 일어났던 기적들을 열거해 보면 다음과 같다.

1) 강물을 갈랐다(왕하 2:14).

2) 소금으로 물을 깨끗하게 했다(왕하 2:19-22). 한 성읍의 물이 나빠서 열매가 익지 못했다. 새번역 성경은 이 물 때문에 아이를 유산하는 일이 많았다고 번역했다. 여하튼 소금을 물의 근원에 뿌리니 사람들이 죽거나 유산하는 일이 없어졌다.

3) 엘리사를 대머리라고 조롱하던 벧엘의 아이들을 저주했더니 아이들이 숲에서 나온 곰에 물려 죽었다(왕하 2:23-24). 엘리사는 과연 대머리였을까? 당시 삭발은 예언자 공동체의 관습이었다고 한다. 속세의 삶으로부터 벗어나 하나님을 섬기는 삶으로 전환된 것을 상징하는 일종의 예식이었다. 그러므로 엘리사를 대머리로 조롱한 것은 개인적인 문제가 아니라, 예언자들이 헌신한 여호와를 조롱한 것이기에 심각하게 다루어졌다고 생각할 수 있다.

4) 여호와의 말씀대로 골짜기에 개천을 많이 파라고 했는데, 아

침에 에돔 쪽에서부터 물이 흘러와 그 땅을 가득 채웠다(왕하 3:20).

5) 과부의 기름 병에 기름을 채웠다. 죽은 선지자 생도의 아내로 빚으로 팔려갈 위기에 있던 두 아이를 둔 과부를 위해 그릇에 기름을 가득 채워 빚을 갚고 남은 것으로 생활하도록 했다(왕하 4:1-7).

6) 엘리사를 정성껏 섬기던 가정에 아들을 낳게 해주었다(왕하 4:8-17).

7) 그 아이가 죽었을 때 기도로 그 아이를 살려 부모에게 돌려주었다(왕하 4:18-37).

8) 독이 든 국을 먹을 수 없을 때, 가루를 솥에 뿌려 독을 제거해 주었다(왕하 4:38-41).

9) 보리빵 20개와 자루에 담은 채소로 100명을 먹였다(왕하 4:42-44).

10) 나아만이 고침을 받게 했다(왕하 5:1-18).

11) 나아만 장군이 엘리사에게 주고 싶어 하던 선물을 대신 받아 감추고 거짓말한 엘리사의 종 게하시가 나병에 걸리게 했다(왕하 5:19-27).

12) 쇠도끼를 찾게 해주었다(왕하 6:1-7). 선지자 생도들이 빌려온 도끼로 나무를 베다가 도끼가 물에 빠졌을 때, 그 도끼를 건져주었다.

13) 사환이 영적인 눈을 떠서 볼 수 있게 했다(왕하 6:8-17). 엘리사가 있는 한 이스라엘을 점령할 수 없다는 사실을 안 아람 왕은 먼저 엘리사를 체포하려 도단으로 군사를 보낸다. 이를 본 사환이 놀라서 "아아, 내 주여 우리가 어찌하리이까" 하며 탄식하지만, 엘리사는 사환의 눈을 열어 하늘의 불말과 불병거가 엘리사를 둘러 보호하고 있는 것을 보게 했다.

14) 아람 군사들의 눈을 어둡게 했다(왕하 6:18-23). 아람 군인들이 엘리사를 잡으러 왔을 때, 엘리사가 하나님께 기도했다. "원하건대 저 무리의 눈을 어둡게 하옵소서." 그들의 눈이 어둡게 되었고, 사마리아 성으로 그들을 데려가 눈을 열어 보게 했다. 그러나 그들을 포로로 잡되 죽이지 않고 도리어 떡과 물을 주어 마시게 한 뒤 돌려보냈다. 이로부터 시리아가 다시는 이스라엘 땅에 들어오지 못했다.

15) 사마리아의 굶주린 백성을 위해 먹을 식량을 해결했다(왕하 6:24-7:2). 시리아의 왕 벤하닷이 사마리아 성을 포위해 식량 보급로를 막았을 때, 성안의 백성들은 배고픔을 이기지 못해 서로 자신의 자녀를 잡아 먹을 정도로 심각한 상태였다. 왕은 이 책임을 엘리사에게 물으려 했다. 엘리사가 내일 이맘때면 모든 것이 다 회복될 것이라고 하자, 한 장관이 "여호와께서 하늘에 창을 내신들 어찌 이런 일이 있으리요"라고 반문했다. 그러나 엘리사의 예언대로 되었다(왕하 7:16).

16) 죽은 시체를 살아나게 했다(왕하 13:20-21). 엘리사가 죽어 장사되었는데 사람들이 어떤 사람의 시체를 묻다가 도적 떼를 보고 놀라서 엘리사의 무덤에 던지고 달아났다. 그때 엘리사의 뼈에 닿자마자 그 시체가 살아나 제 발로 일어섰다.

● 엘리야와 엘리사의 사역 비교

엘리사의 활동은 열왕기하 2장에서 9장까지 이어진다. 정확하게 말하면 열왕기하 13장까지 계속된다. 성경에서 한 사람의 사역에 이처럼 많은 지면을 할애하여 기록한 경우는 거의 없을 것이다. 엘리사의 활동은 엘리야와 비교해 보아도 조금도 뒤지지 않을 만큼 다양하다. 엘리야에 관한 내용은 열왕기상 17장에서 열왕기하 2장까지 기록되어 있다. 엘리사의 사역 내용도 특이하다. 엘리사의 사역을 그대로 받아들인다면, 이 땅에서 엘리사만큼 하나님의 능력을 나타내며 산 사람도 없을 것이다. 엘리사는 사람이 하나님과 함께할 때 어느 정도까지 하나님의 능력을 사용할 수 있는지를 보여 주는, 즉 영성의 깊이를 보여 주는 실례(實例)라 할 수 있다. 엘리사는 주로 관대한 동정과 도움을 베푸는 사역을 했다. 예를 들면, 여리고에 있는 샘물을 깨끗이 정화시켰고(왕하 2:19–22), 가난한 여인을 도와 빚을 갚게 했으며(왕하 4:1–7), 수넴 여인의 죽은 아들을 살려 주었고(왕하 4:8–37), 수리아 장군으로 나병 환자였던 나아만을 고쳐 주었다(왕하 5:1–27).

엘리사의 이야기 중 빚 때문에 두 아들을 빼앗기게 된 과부에게 조그마한 항아리의 기름으로 이웃에서 빌려온 많은 그릇에 기름을 채우게 함으로 아들을 되찾게 해준 기적과, 엘리야가 사르밧 과부의 식량과 기름이 가뭄 동안 떨어지지 않게 한 기적의 이야기는 매우 유사한 형태와 내용을 가지고 있다. 이러한 엘리야와 엘리사 기적의 유사성은 동일한 하나님(spirit)을 공유하고 있음을 나타낸다. 동시에 이는 하나님은 과부와 억눌린 자의 하나님으로서 그들의 고통과 괴로움을 사랑으로 끌어안음으로써 해결해 주시는 전능하시고 유일하신 분임을 강조하기도 한다.

엘리사의 기적에서 특이한 기적은 부족한 떡으로 많은 사람이 먹고 남게 한 것이다. 이것은 예수님의 기적과 매우 유사하다. 어떤 학자들은 예수님의 오병이어의 기적은 엘리사의 기적을 재구성한 것이라고 주장하기도 하지만, 그것은 받아들이기 어려우며 도리어 신약의 하나님은 구약의 하나님과 동일하신 분이란 사실을 증명해 주고 있다고 할 수 있다.

엘리야와 엘리사 이야기는 모세와 여호수아의 모습과 같이 매우 유사한 패턴으로 전개되고 있다. 물론 이것은 후에 세례 요한과 예수님의 관계와 비교되기도 한다. 엘리야와 엘리사의 사역을 합한 사역 형태가 예수님의 사역이라 할 수 있다. 개혁적이고 혁명적이기도 하지만, 때로는 땅의 사람들과 함께 살면서 그들의 애환을 어루만지며 치료해 주고 위로해 주는 모습이 비슷하다 할 수 있다. 그러나 이 이야기가 주는 의미는 다름이 아니라, 유일하신 야웨 하나님은 이스라엘 백성들을 사랑하시고 용서하신다는 '사랑과 약속(계약)'이다. 그러므로 이스라엘 백성들은 시내산에서 모세를 통해 주신 하나님의 말씀(십계명)을 잘 지키고 행하면 복을 받고 그렇지 못하면 화를 당한다는 것이다. 그런 의도가 엘리야와 엘리사의 이야기에서 특별히 드러나고 있다.

4. 아합 집에 끌려 사는 여호사밧(왕하 3:1-27)

한동안 나타나지 않았던 여호사밧의 이야기가 다시 나온다. 이스라엘과 모압의 전쟁에 초대된 여호사밧의 이야기다. 이는 분명 이스라엘 왕 여호람과 모압의 전쟁 이야기다. 하지만 내용의 구성과 흐름으로 보면 여호사밧의 이야기이기도 하다. 그래서 누가 주인공인지 단순하게 말하기 어렵다. 이스라엘과 모압의 전쟁은 여호사밧 18년에 일어났으니, 그때 여호사밧의 나이는 53세가 되었을 때다. 역대기에 의하면, 여호사밧이 길르앗 라못 전투에 참여하기 2년 전에 아들 여호람과 아합의 딸 아달랴와의 혼인이 있었기에, 이때는 아달랴가 다윗 왕궁에 들어와 있었던 때가 된다. 그리고 북이스라엘 왕 여호람은 여호사밧에게는 며느리인 아달랴의 오빠가 된다.

북이스라엘의 여호람 왕은 아하시야가 죽고 이어 왕이 된 아합의 둘째 아들이다. 그러나 그는 그의 부모처럼 악하지는 않았고, 아버지가 만든 바알의 주상을 없애 버리기도 했다(2절). 그러나 그는 느밧의 아들 여로보암이 이스라엘에게 범하게 한 그 죄를 그대로 따라갔고 떠나지 않았다. 이는 다소 이상한 주장처럼 보인다. 바알 주상을 없애버리긴 했으나, 여로보암이 백성들을 범죄하게 한 그 길을 떠나지는 않았다는 이율배반적 논리를 적용하고 있다. 왜 그런 것일까?

여로보암이 이스라엘에게 범하게 한 죄는 네 가지로 요약할 수 있다.

1) 벧엘과 단에 금송아지 형상을 세운 것
2) 일반인을 임의로 제사장에 임명한 것
3) 유대 절기를 자기 마음대로 바꾼 것
4) 백성의 종교심을 정치적으로 이용하기 위해 금송아지 숭배 정책을 쓴 것

'따라 행하다'의 히브리어는 '따베크'(דבק)인데, 이를 정확하게 번역하면, '집착하다' 또는 '고수하다'라는 의미다. 그러므로 '따라 행하다'라는 말은 여로보암의 죄악을 그대로 답습하고 고수해 나갔다는 말이다. 이런 정책으로 북왕국 백성들이 예루살렘 성전으로 올라가는 순례의 길을 막을 수 있었다. '떠나지 않았다'는 히브리어로 '로 싸르 멤멘나'(לא-סר ממנה)인데, 이는 '그가 그것으로부터 영원히 떠나지 않았다'라는 뜻으로, 여호람이 주상을 제거하기는 했어도 바알 숭배에서 벗어나지는 못했음을 나타낸다.

아합이 죽고 모압이 이스라엘을 배반하자 여호람 왕은 예루살렘에 있는 여호사밧에게 사신을 보내 함께 모압을 치자고 제안한다. 여호사밧은 "우리는 서로 한 몸이나 다름없는 처지가 아닙니까?" 하고 대답하고 아합에게 달려간다(7절). 그렇다. 여호사밧은 아합 집안

과 이미 한 몸이 되었는데 무엇을 망설였겠는가! 아합의 딸 아달랴가 여호사밧의 며느리가 되었기 때문이다. 그런데 모압을 치러 올라가는 여호사밧에게서 달라진 것이 보인다. 이전에 아합과 길르앗 라못을 치러 갈 때는 먼저 야웨께 물어야 한다고 주장했던 여호사밧이다. 그러나 이스라엘 왕과 에돔 왕이 연합해 모압을 공격하러 나가는 지금은 하나님께 물으려 하지 않고, 도리어 당당하게 에돔의 길로 가서 모압을 치자고 제안한다. 그러나 칠 일쯤 길을 가다 가축에게 먹일 물이 없게 되고, 이스라엘 왕이 탄식하며 이제 우리가 죽는 게 아닌가 하고 탄식할 때에야 비로소 여호사밧은 여호와께 물을 만한 선지자가 없는지 묻는다.

이때 이스라엘 왕의 신하 가운데 한 사람이 엘리사를 소개한다. 그래서 그들은 엘리사를 찾아간다. 엘리사는 이스라엘 왕을 향해 이렇게 말한다.

> "내가 당신과 무슨 상관이 있나이까 당신의 부친의 선지자들과 당신의 모친의 선지자들에게로 가소서"(13절).

바알 숭배자 아합의 아들 여호람을 냉대하며 그들이 섬기는 바알 제사장에게나 가보라고 한 것이다. 그리고 이어서 말한다.

> "내가 섬기는 만군의 주님께서 살아 계심을 두고 맹세합니다. 내가 유다 왕 여호사밧의 체면을 생각하지 않았더라면, 요람 임금님을 염두에 두지도 않았을 뿐만 아니라, 임금님을 쳐다보지도 않았을 것입니다."(14절, 새번역)

그리고 거문고를 탈 때 여호와의 권능이 엘리사에게 임하고, 골짜기에 개천을 많이 파도록 해 가축과 짐승을 먹이고 전쟁에서 승리하도록 한다(왕하 3:13-20). 아직까지는 엘리사가 여호사밧을 좋은 왕으로 대접하는 것처럼 보인다. 여호사밧을 봐서 아합의 아들을 살펴준다니 말이다.

구약성경에서는 그 나라의 지도자가 하나님께 묻는지, 아니면 다른 우상에게 묻는지를 대단히 중요한 문제로 취급한다. 물론 하나님께서 그것으로 사람을 평가하시기 때문일 것이다. 사울 왕이 신접한 여인을 찾아가고, 여로보암의 아내가 거짓 선지자를 찾아가고, 아합의 아내가 아들의 병을 묻기 위해 우상을 찾아갔다. 그때 여호와께서 "이스라엘에는 신이 없어서 이방 신을 찾아가느냐?"고 책망한 일이 있다. 이 일이 중요한 것은 하나님과 이스라엘은 결혼한 부부 관계처럼 되었기 때문이다. 시내산에서 맺은 계약은 하나님은 이스라엘의 하나님이 되시고, 이스라엘은 그의 백성이 되는 예식이었다. 인간적으로 표현한다면, 하나님은 이스라엘의 남편이 되고, 이스라엘은 그분의 아내가 되는 예식과 같다. 그렇다면 이스라엘은 모든 일은 남편인 그분과 함께 의논해야 할 것이다. 그런데 거짓으로 가득찬 외간 남자에게 가서 중요한 문제를 의논하니, 이를 편안히 받아들일 남편이 어디 있겠는가?(참고. 호 2:14-20) 이것이 하나님이 분노하시는 이유다.

II.

엘리사를 통해 일어난 기적

1. 선지자 제자의 아내(왕하 4:1-7)

선지자 제자인 남편이 죽고 세상에 홀로 남겨진 부인은 두 아들과 함께 빚을 내서 힘겹게 살아간다. 선지자 제자는 주님을 경외하며 살았던 사람이다. 그는 엘리사와 매우 가까웠고, 엘리사가 인정하는 여호와를 경외한 사람이었다(1절). '선지자의 제자'(예언자 수련생, 새번역)로 번역한 히브리어 단어는 문자적으로 '선지자의 아들들'이란 의미다. 당시는 많은 여호와의 종이 이세벨에 의해 죽임당했던 시대다. 그때 죽임당한 사람 중의 한 사람인지는 확실하지 않으나, 엘리사가 이 죽은 남편에 대하여 소상히 알고 있었던 것은 분명하다.

이 이야기는 엘리야가 가뭄 중에 찾아갔던 시돈에 살고 있던 사르밧 과부의 이야기(왕상 17:8-16)와 비슷하다. 두 여인 모두 남편을 잃었다. 빚으로 살아가고 있는데 그 빚을 갚지 못하자, 빚쟁이가 두 아들을 노예로 삼으려 한다. 이 사실을 알게 된 엘리사는 가난한 이 가정에 개입해, 어떻게 도와야 하는지, 집에 남이 있는 것이 무엇인지를 묻는다(2절). 기름 한 병 말고는 아무것도 없다는 말을 듣고 엘리사는 말한다.

> "너는 밖에 나가서 모든 이웃에게 그릇을 빌리라 빈 그릇을 빌리되 조금 빌리지 말고 너는 네 두 아들과 함께 들어가서 문을 닫고 그 모든 그릇에 기름을 부어서 차는 대로 옮겨 놓으라"(3-4절).

이 여인은 엘리사의 말대로 했다.

그런데 여기서 엘리사는 왜 문을 닫으라고 강조할까? 하나님의 은사를 받고 일을 할 때는 은밀하게 하라는 뜻일 것이다. 즉 방해받지 않도록 하라는 것이다. 그리고 입으로 떠벌려 은혜를 소멸하지 말라는 뜻이다. 선한 왕이었던 히스기야가 노년에 수난을 당하게 된 것은 하나님께 받은 은혜를 가볍게 자랑했기 때문이다(왕하 20:14-15). 하나님이 허락해 주신 일일수록 함부로 떠들지 말고, 성령과의 교제 속에서 침착하게 이루어가야 한다.

과부는 엘리사의 말대로 빌려온 그릇에 기름을 채웠다. 더는 채울 그릇이 없자, 기름이 곧 그쳤다. 그녀는 하나님의 사람의 말씀을 굳게 신뢰하고 그릇을 많이 빌렸다. 그 결과 이 여인은 그 기름을 팔아 빚을 다 갚고, 남은 것으로 자녀들과 함께 살 수 있었다(7절). '빚을 갚다'에 사용된 '쌀람'(שִׁלֵּם)이란 히브리어는 완전하고 조화로운 상태로의 회복을 의미한다. 이는 곧 이 여인이 빚을 다 갚았을 뿐 아니라 자녀와 함께 살 수 있는 생활비까지 얻어 이전의 상태를 회복했다는 의미다. 이 과부는 비극적인 상황에서 벗어나 완전한 회복을 이루어 살게 되었다.

빚 때문에 아들이 팔려 가는 일은 개인적으로는 엄청난 사건이다. 그러나 한 나라의 국방과 신앙을 책임을 지고 있는 선지자로서는 너무나 작은 일일 수 있다. 그러나 엘리사는 크게는 한 나라의 국방과 신앙을 책임지기도 하지만, 또 한편으로는 백성들의 사소한 애환에 함께하는 일을 많이 한다. 이것이 상처받은 이스라엘 백성들을 치료하는 하나의 방법이었다. 선지자 제자의 아내 내러티브는 어려운 시대일수록 선지자들이 전하는 하나님의 말씀에 귀를 기울여야 하고, 그 말씀을 따라 살아야 함을 암시한다. 동시에 하나님의 말씀을 전하는 자들이 얼마나 신중하고 무겁게 그 말씀들을 전해야 하는지를 잘 보여 준다. 이 내러티브는 아합과 이세벨 시대에 하나님 말씀의 권위가 상실되어 있는 상황을 극복하려는 하나님의 의도로 볼 수 있다. 다니엘은 이스라엘이 바벨론에 포로로 잡혀온 것은 백성들이 선지자들이 전하는 말씀을 듣지 않은 결과란 사실을 깊이 회개하며 기도한다.

> "우리는, 주님의 종 예언자들이 주님의 이름으로 우리의 왕과 지도자와 조상과 모든 백성에게 말하는 것을 듣지 않았습니다."(단 9:6, 새번역)

2. 수넴 여인의 지혜(왕하 4:8-37)

수넴에 여호와를 경외하는 부유한 가정이 있었다. 여기서는 이 가정의 아내를 중심으로 이야기를 전개한다. 그녀는 부유하고 존귀한 여인으로 소개된다. '존귀하다'라는 말은 '키가 크다'라는 뜻을 가진 형용사지만, 여기서는 그 의미보다 인품이나 신앙에서 존경받을 만한 여인이었음을 강조하는 말이다. 그녀는 엘리사가 그곳을 지날 때마다 자기 집에 들러 음식을 먹고 쉬어 가도록 강권했다. '강권하다'[왓타하제크-뽀(그리고 그에게 강권하다, ותחזק בו)]는 능동 사역 동사 미완료형으로 계속해서 강권했다는 뜻이다. 이는 엘리사가 그 가정에 늘 들러 대접도 받고 쉼을 얻기도 했던 이유가 그 부인의 강권 때문이었음을 암시한다. 수넴 마을은 이스르엘 계곡의 모라산 기슭에 위치한 도시로 미인이 많기로 유명했던 곳이다. 다윗을 마지막까지 돌봤던 아비삭의 고향이기도 하다(왕상 1:3). 수넴은 위치상 갈멜산에서 길갈이나 여리고로 가는 길목에서 조금만 북쪽으로 우회하면 거쳐갈 수 있는 지역이다. 그러므로 엘리사가 이 지역을 다니면서 자연스럽게 들릴 수 있었을 것이다. 수넴에 선지 학교가 있었다고 추측하는 학자들도 있지만 근거가 확실하지는 않다.

그 여인은 엘리사가 하나님의 사람인 것을 알아보았고, 엘리사가 자기 가정에 올 때면 쉬어갈 수 있도록 방을 하나 꾸미자고 남편에게 제안한다. 그리고 옥상 위에 독립된 작은 방을 만들고, 침상과 책상, 의자와 촛대까지 준비해 놓았다. 그렇다고 이 가정이 대가로 엘리사에게 무엇을 요구한 것은 아니다. 이 가정에 아이가 없다는 사실도 게하시를 통해 알게 되었다. 아이가 없다는 말을 듣고, 엘리사는 한 해가 지나면 아이가 있을 것이라고 축복해 주었다. 그 후 정말 아이가 태어나고 잘 자라다 어느 날 갑자기 죽는다. 그러자 그 여인은 갈멜산에 있는 엘리사에게 이 소식을 보냈고, 그 가정에 온 엘리사를 통해 아이가 다시 살아난다.

이 외에도 엘리사를 통한 기적은 계속해서 일어난다. 선지자들이 먹으려던 국에 들호박을 넣어 죽음의 독 때문에 먹지 못하게 되자, 가루를 가져다 국에 넣어 독을 제거했다. 또 한 여인이 보리떡 20개와 자루에 담은 채소를 엘리사에게 가져왔을 때, 제자들은 턱없이 부족한 음식이라고 불평을 한다. 엘리사는 여호와의 말씀이 그들이 먹고 남으리라고 전했고, 여호와께서 말씀하신 대로 먹고 남았다(왕하 4:42-44). 이는 예수께서 5천 명을 먹이신 기적이 생각나게 한다.

과부의 기름병과 수넴 여인의 이야기, 그리고 길갈에서 일어난 이야기까지 이 세 개의 내러티브는 약한 자를 돌보시고 긍휼히 여기시는 하나님의 면모를 강조한다. 또한 선지자가 어떤 사람인지, 또 그를 어떻게 대해야 하는지도 간접적으로 가르치고 있다. 나아가 이스라엘이 우상 숭배와 악한 죄에 빠져 있음에도 하나님께서 이스라엘과 함께하심을 보여준다. 이는 바알 문화에 젖어 있는 백성에게 하나님의 새로운 이미지를 심어 주었다.

열왕기에서 하나님의 사람들을 존귀히 여기고 그 말에 순종하는 것이 여호와 하나님을 높이는 것이란 사실을 강조하는 면과도 연결된다. 당시 이세벨의 학정 밑에서 선지자들이 죽임을 당하고 멸시받던 상황에서 본문을 읽어야 할 것이다.

3. 포로로 끌려온 소녀(왕하 5:1-27)

나아만의 내러티브는 세 부분으로 나누어 다루는 게 좋다. 첫째는 포로로 잡혀와 나아만 집에서 종살이하는 소녀에 관한 이야기이고, 둘째는 나아만의 병의 회복 이야기, 셋째는 탐욕스러운 게하시의 이야기다.

1) 하녀로 불리는 소녀

때는 아람 나라와 북이스라엘의 전투가 막 끝난 후였다. 나아만은 직접 군대를 이끌고 이스라엘에 쳐들어가 승리를 거두고 돌아오면서 어린 소녀 하나를 포로로 끌고 왔다(2절). 성경은 마치 나아만이 직접 잡아 끌고 온 것처럼 말하고 있다. '포로'를 지칭하는 히브리어는 남자는 '골레'(גולה), 여성은 '골라'(גולה)로 이는 '벌거벗긴 자' 즉 '나체'란 뜻이다. 이것은 고대에 전쟁에서 진 나라의 귀족들을 남녀 불문하고 벌거벗긴 채 끌고 가던 모습에서 나온 단어다. 이 같은 모습은 벽화로 많이 남아 있다. 이 소녀도 거의 벌거벗은 채로(사실은 아니겠지만) 아람 나라로 끌려왔다. 나아만은 이 어린 소녀를 자기 아내의 몸종으로 주었다.

포로로 끌려온 어린 소녀는 나아만이라는 당대의 위대한 장군의 뒤에 감춰져 있는 인물이다. 이 소녀는 북쪽 이스라엘에서 살았으며 포로로 끌려온 것 외에는 아무것도 알려지지 않았다. 이 소녀에 대한 기록이 비록 짧기는 하지만, 그 안에는 몇 가지 상상을 할 수 있는 힌트가 있다. 이 소녀는 사마리아에 살았고, 엘리사 선지자에 대해서도 잘 알고 있었는데 심지어 그를 나병도 고칠 수 있는 능력 있는 선지자라고 알고 있다.

한편 전쟁에서 포로로 잡혀온 여자들 중에서 군대 장관인 나아만에게 뽑혀 왔다면, 이 어린 소녀는 상당한 미모와 지식을 갖추고 있었을 것이다. 장군의 눈에 들어 뽑혀 왔다면 분명 평범치 않은 소녀였을 것이다. 그처럼 곱게 자란 아이가 포로가 되어 옷이 벗겨진 채 쇠사슬에 매여 끌려 왔다면, 형언할 수 없는 상처가 응어리져 그 가슴에 남아 있었을 것이다. 그런데 이 소녀는 자기를 포로로 끌고 온 나아만이 나병에 걸렸다는 걸 알게 되고도 그를 긍휼히 여긴다. 이 원수 때문에 자기 나라가 무너지고, 집안은 풍비박산 나고, 때 묻지 않고 곱게 자란 자신이 낯선 나라에 포로로 잡혀와 종살이하고 있는 것이 아닌가? 그렇다면 이 원수가 나병에 걸린 것이 얼마나 기쁜 일이었겠는가? 그런데 이 아이는 나아만을 살리고자 한다. 그래서 여주인에게 이렇게 말한다.

"우리 주인이 사마리아에 계신 선지자 앞에 계셨으면 좋겠나이다 그가 그 나병을 고치리이다"(3절). 히브리어 원어대로 말하면, "그가 그 나병을 고쳐 옛 생활로 돌아갈 수 있을 것이다"라는 뜻이다. 아무리 위대한 장군이라 해도 나병에 걸리면 그 자리에서 쫓겨나게 되고, 격리된 채 외롭게 살다 죽게 되는 법이다. 그런데 사마리아 선지자 앞에 있으면 옛 생활로 돌아갈 수 있다고 한다. 낫게 해준다는 말보다 얼마나 더 희망적인 말인가! 그러나 사마리아에 있는 선지자의 이름은 밝히지 않는다. '그 선지자'(הנביא)라고만 한다. 이는 이름을 밝힐 필요가 없을 만큼 잘 알려진 선지자이며, 또 본인이 매우 잘 알고 있다는 점을 강조하는 말이다. 나병도 하나님의 능력으로 고칠 수 있다고 믿고 있었다면 이는 대단한 믿음이 아닐 수 없다.

이 소녀는 아람 나라에서 보면 적국에서 포로로 끌려온 아이다. 그뿐 아니라 아람에 비하면 형편없는 후진국인 이스라엘에서 끌려온 아이다. 그런데 나아만의 아내는 사마리아에 있는 선지자를 만나면 나병이 나을 것이라는 아이의 말을 듣고 즉시 자기 남편에게 가서 이 말을 전한다. 나아만은 즉시 왕에게로 달려가 사마리아에 가고 싶다고 간청한다. 이 부분에서 눈에 띄는 점은 모든 고정이 '즉시'로 연결되었다는 점이다. 히브리어에서 '그리고, 그리고(와우, ו)'는 '즉시'를 강조하기도 한다. 나아만의 아내는 즉시 남편에게, 나아만은 즉시 왕에게, 그리고 왕은 즉시 떠나도록 했음을 나타낸다. 이는 왕이 나아만을 얼마나 신뢰하는지, 그리고 나아만은 이 소녀를 얼마나 믿고 있는지를 짐작하게 해준다.

포로로 끌려온 아이, 이 아이가 처음부터 이 집에서 그런 신뢰를 받았을까? 그동안 얼마나 많은 서러움을 겪었을까? 피눈물 나는 노예 생활을 어떻게 견뎌냈을까? 그만큼 인내하고 피나는 노력과 헌신이 있었기에 가능하지 않았을까? 여기서 몇 가지 의문이 생긴다. 포로로 끌려온 이 어린 소녀가 처음부터 그런 신뢰를 받았을까? 정말 원수를 살리려고 했을까? 혹 병이 낫지 않고 돌아왔다면 소녀는 어떻게 되었을까? 왜 목숨을 건 모험을 하면서까지 원수를 살리려 했을까?

2) 나아만의 회복

본문 1절은 이렇게 시작한다.

> “아람 왕의 군대 장관 나아만은 그의 주인 앞에서 크고 존귀한 자니 이는 여호와께서 전에 그에게 아람을 구원하게 하셨음이라.”

나아만은 아람의 유명한 장군, 지금으로 말하면 참모총장의 지위에 있었던 사람이었다. 외국의 문서에도 등장할 만큼 이름이 나 있었고, 왕의 지극한 총애를 받고 있었다.

‘여호와께서 전에 그에게 아람을 구원하게 하셨다.’ 하나님께서 자기 백성들을 치러 온 적장에게 은혜를 베풀어 주시다니, 이해가 되지 않는다. 이스라엘은 패하게 하고, 아람이 승리하게 하신 이유는 또 무엇일까? 하나님의 거대한 역사 계획이 있다는 말인가? 그 하나님의 역사적 관점에서 볼 때 이 소녀는 그 역사에 관여되어 있는 것이다. 그렇다면 하나님이 보실 때 이는 이 어린아이가 하나님의 어떤 역사를 이루어가고 있다는 말이다.

“진짜 문제는 외부가 아닌 내 안에 있다.” 행복은 저 멀리 있는 게 아니라, 바로 내 안에 있다. 행복의 키가 내 안에 있다는 말이다. 이 소녀는 불행에 떨어진 아이다. 그런데 이 아이는 축복된 삶을 선택하고 있음에 틀림이 없다. 나아만에게 희망의 소식을 전해 준 사람은 다름 아닌, 그의 부하들에 의해 포로로 끌려온 어린 소녀인 하녀였다. 그녀는 자기 여주인에게 이렇게 말했다.

"우리 주인이 사마리아에 계신 선지자 앞에 계셨으면 좋겠나이다"(3절).

그녀의 말을 듣고 나아만은 왕을 찾았고, 곧 왕의 허락을 받고 사마리아로 선지자 엘리사를 찾아간다. 왕은 이스라엘 왕에게 보내는 친서까지 써주었다. 나아만은 은 열 달란트와 금 육천 개, 의복 열 벌을 준비해 마차에 싣고 이스라엘을 향해 떠났다. 옛날 화폐를 오늘 화폐로 계산하기는 어렵지만, 나아만이 준비한 선물의 가치를 학자들은 옷값을 빼고도 약 8만 불 정도 된다고 추정한다.

여기서 왕의 친서를 가지고 떠났다는 것은 무엇을 의미하는가? 그것은 정식 외교 채널을 통해 방문한다는 뜻이다. 그러니까 그만큼 앗수르 장군의 위용을 갖춰서 떠났다는 말이 된다. 화려한 마차 앞뒤로 말을 탄 군인들이 호위를 하는 긴 행렬이었을 것이다. 그런 모습으로 자신을 찾아온 나아만을 보고 왕은 옷을 찢으며 탄식했다.

"내가 사람을 죽이고 살리는 하나님이냐 그가 어찌하여 사람을 내게로 보내 그의 나병을 고치라 하느냐"(7절).

이스라엘 왕은 아람 왕이 나아만을 빌미로 다시 이스라엘을 침공하려는 계략이라고 생각했다는 말이다. 왕의 친서를 지닌 공식 방문이기에 이스라엘 왕을 먼저 찾아간 것은 당연하다. 그러나 이스라엘 왕은 당황할 수밖에 없었을 것이다.

소식을 들은 엘리사는 나아만을 자기에게 보내라고 하면서, 이스라엘 중에 선지자가 있다는 사실을 알려 주겠다고 한다. 이 말은 뼈 있는 말이다. 이스라엘 중에 선지자가 있음에도, 왕도 백성도 그 사실을 무시하고 지내고 있다는 책망이기도 하다. 지금도 하나님께서는 자기의 선지자들을 통해 말씀하시니 그들의 말을 왕도 백성도 들어야 한다는 충고이기도 하다. 나아만의 행렬은 사마리아를 떠나 도단에 있는 엘리사의 집에 도착한다. 왕도 놀란 행렬이 시골 마을에 도착했다는 사실을 상상해 보라. 그러나 엘리사는 그를 거들떠 보지도 않고 요단강에 가서 일곱 번 씻으라고 말한다. 여기서 나아만의 위용을 갖춘 모습과 엘리사가 던진 말이 큰 대조를 이룬다. 한 나라의 군 지휘관과 시골 노인의 한마디!

왜 엘리사는 그처럼 행동했을까? 또 왜 나아만은 그처럼 화를 내고 고국으로 돌아가려 했을까? 나아만이 엘리사를 찾아온 과정을 다시 생각해 보자. 나아만은 예언자가 나와서 장엄한 종교 행사를 해주기를 기대했을 것이다. 그런데 그는 얼굴조차 보이지 않고 요단강에 가서 씻으라고만 했다. 요단강에 들어가 일곱 번 씻는다는 것, 화려한 장군의 옷을 입은 채로 들어간다는 것, 명예와 지위, 영광, 위용을 모두 내려놓고 요단강에 들어간다는 것, 이 모든 것은 나아만에게 죽는 것이나 다름이 없었을 것이다. 그뿐 아니라 그는 요단강 물에 일곱 번 몸을 씻으면 낫는다는 비이성적인 말에 복종할 만큼 어리석지 않았다는 말이다. 결국 나아만이 요단강에 몸을 씻지 못한 이유는 그의 자존심 때문이 아니었을까?

그러나 부하의 한마디에 그는 결국 요단강에 들어가 일곱 번 몸을 담그기 시작했다. 그리고 그의 살이 어린 소년의 살같이 되었다. 정확하게 말하면 '어떤 어린 소년의 살같이 되었다'는 비유법을 사용했다. 어린 소년의 살이라면 이는 누구를 말하는 것인가? 열왕기하 5장 2절을 보면, "어린 소녀"라는 말이 나온다. 그런데 이 '어린 소녀'의 히브리어는 'na-arah qatan'이다. 그리고 나아만에게 사용된 표현은 'na-r qatan'이다. 여성명사가 남성명사로만 바뀌었을 뿐이다. 다시 말하면 '어린 소녀'의 살처럼 되었다는 말인데, 이는 나아만이 남자이기 때문에 '어린 소년'의 살처럼 되었다고 표현한 것이다. 요단강에 몸을 담근 그를 하나님께서 만져 주셨다.

나아만의 몸이 자기를 엘리사에게로 보낸 그 소녀의 살처럼 되었다. 이것이 무슨 뜻일까? 소녀가 나아만을 엘리사에게 보낸 것은 단지 육체적 질병만 낫도록 보낸 것이 아니라, 그 일을 통해 하나님을 만나고 하나님의 사람이 되기를 원했다는 의미다. 그런데 '어린 소녀'의 살같이 되었다는 것은 곧 그 소녀가 원했던 그대로 되었다는 의미다. 18절은 나아만이 어떻게 변했는지를 보여 준다.

> "오직 한 가지 일이 있사오니 여호와께서 당신의 종을 용서하시기를 원하나이다 곧 내 주인께서 림몬의 신당에 들어가 거기서 경배하며 그가 내 손을 의지하시매 내가 림몬의 신당에서 몸을 굽히오니 내가 림몬의 신당에서 몸을 굽힐 때에 여호와께서 이 일에 대하여 당신의 종을 용서하시기를 원하나이다 하니."

그는 하나님의 사람이 되었다. 당시 이스라엘을 가장 괴롭혔던 나라가 아람(시리아)이었다. 나아만 사건 전후로 나오는 모든 전쟁 이야기는 모두 시리아의 침공으로 일어난 일이다. 그런 시리아의 장군인 나아만이 북이스라엘의 형제처럼 되었다는 말이다. 나아만 이야기는 여러 가지로 깊은 뜻을 지녔지만, 엘리사 선지자가 그렇게 원했던 이스라엘의 병거와 마병의 역할을 수행했다는 의미로도 해석할 수 있다.

나아만은 소녀가 말했던 대로 나병을 고침 받고 옛 생활로 돌아간다. 그러나 가기 전에 먼저 엘리사에게 들러 감사의 선물을 전한다. 하지만 엘리사는 하나님께 맹세하면서 선물을 거절한다. 나아만은 두 가지를 청한다. 하나는 노새 두 마리에 실을 흙을 달라고 한다. 이제부터는 번제물과 다른 희생제사를 여호와 외의 다른 신에게 드리지 않겠다고 약속한다. 다음은 왕을 따라 림몬 신당에 들어가 할 수 없이 몸을 굽혀야 할 때가 있는데, 그때 자기를 용서해 달라고 한다(17-18절). 나아만은 평안히 돌아가라는 엘리사의 말을 듣고 떠나간다. 나아만의 집에 돌아가 그 소녀를 어떻게 대했을지는 쉽게 상상할 수 있다.

3) 탐욕에 눈먼 게하시

시험은 게하시에게 왔다. 마차를 타고 떠나는 나아만을 쫓아가 엘리사가 에브라임으로부터 온 두 청년을 위해 은 한 달란트와 옷 두 벌을 주라고 했다고 거짓말을 하고 선물을 받는다. 나아만은 은 두 달란트를 강권해서 주었다. 은 한 달란트는 35킬로그램쯤 된다. 현재 은 1킬로그램의 가격은 최저가로 해도 100만 원이다. 그렇다면 게하시는 약 200만 원어치의 은을 받은 셈이다. 당시 시가로는 계산하기 어려운 금액이다. 집에 돌아온 게하시에게 엘리사는 어디에서 오는지 묻는다. 그리고 게하시를 책망한다. "지금이 어찌 은을 받으며 옷을 받으며 감람원이나 포도원이나 양이나 소나 남종이나 여종을 받을 때이냐"(26절). 나아만의 나병이 너와 네 자손에게 미쳐 영원토록 이르리라고 한다(왕하 5:20-27).

이방인인 나아만은 여호와 하나님을 신뢰하는 신앙으로 무서운 병에서 해방된 반면, 엘리사와 오랫동안 함께 지나던 게하시는 물질에 눈이 어두워 나병에 걸린다. 그뿐 아니라 나아만 내러티브에서 엘리사의 '사환'(נער) 게하시와 나아만의 '계집종'(נערה)은 대조를 이룬다. 두 사람은 모두 '나아르'로 표기되었지만, 엘리사의 계집종은 나아만이 엘리사를 만나면 병에서 해방되리라고 권고한 반면, 오랫동안 엘리사의 사역을 도왔던 게하시는 돈에 눈이 어두워 하나님의 기적을 타락시켰다. 하나님의 영광을 돈으로 바꾸어 버렸다. 오늘날도 성령을 통해 일어나는 하나님의 영광을 물질과 바꾸어 버리는 어리석은 자들이 교회 안에 너무 많다. 나아만과 게하시가 대조를 이루는 나아만 내러티브는 이방인에게 희망을 제시한다. 반면 오랜 신자들에겐 일종의 경종이 된다.

4. 선지 학교의 확장(왕하 6:1-7)

엘리사는 선지자 제자들과 함께 기거하고 있었다(1절). 그런데 이들이 증가함에 따라 거처하는 장소가 너무 협소해져 어려움을 겪게 되었다. 제자들은 요단강에 가서 재목을 가져다 거처를 확장하자고 제안하고, 엘리사와 함께 가서 나무를 베다 도끼를 물에 빠뜨렸다(2-5절). 엘리사가 어디에 빠뜨렸는지를 묻고 그곳에 나뭇가지 하나를 던지자 쇠도끼가 물 위로 떠올랐다.

선지자의 제자(베네 한네비임, בני־הנביאים)는 선지자의 무리로 세속적인 사람들과는 구별되어 집단 생활을 하는 결속력이 강한 선지자 그룹을 가리킨다. 사무엘 시대의 '선지자의 무리'(삼상 10:5, 10)와는 구별된다. 여기서는 부자 관계처럼 친밀한 관계에 있는 자들을 가리키기도 한다. 엘리사와 그 지도를 받는 제자들 사이에는 부자 관계처럼 친밀함과 신뢰가 있었다. 앞서 언급한 나아만의 내러티브에서 에브라임 산지에 있는 선지자 제자가 언급되었다. 이는 에브라임 산지에 선지 학교가 있었다는 것을 암시한다. 우상 숭배가 만연한 북이스라엘의 정황 때문에 더욱 생사를 같이하는 사이가 되었을 것이다. 도끼 사건이 일어난 장소는 어디였을까? 요단강에서 일어난 일이라면, 당시 선지 학교가 있었던 길갈(왕하 2:1)과 여리고로 보이지만 확실치 않다. 다만 길갈이 아닐까 생각한다. 당시는 어려운 시기였는데도 선지자 제자의 수가 증가하고 있었음이 확실하다. 그들이 기거하는 장소가 협소해 고통을 받고 있는데도(1절), 선지자 제자가 증가하고 있음은 엘리야와 엘리사의 활동으로 여호와 신앙이 활발하게 살아나고 있음을 뜻한다.

쇠도끼 사건은 나아만 내러티브(왕하 5:1-27)와 시리아와의 전쟁 이야기 사이에 끼어 있다. 왜 그 이야기를 이 위치에 놓았을까? 열왕기하 4장 1-7절의 가난한 과부의 기름 그릇 사건과 쇠도끼 사건 등은 그 앞뒤에 나오는 큰 이야기들과 비교하면 극히 개인적이고 사소한 일이다. 이런 사소한 이야기들을 왜 여기에 기록했을까? 당시 바알 문화가 팽배하던 시대의 모습을 반영하고 있는 것으로 보인다. 이스라엘 백성들에게 여호와 하나님은 너무 멀고 무섭고 거룩한 분이었다. 또한 여호와 하나님은 전쟁의 신으로 전쟁에서만 도움을 주실 수 있는 분으로 알려졌을 것이다. 반면 바알은 생활 속에 깊숙이 파고 든 신이다. 비와 햇빛을 내려 주고, 풍년과 풍요를 주장하는 신이므로 바알은 백성들의 논과 밭은 물론 집안 부엌까지도 지배하고 있었다. 그런 시대에 여호와 하나님은 우리의 생활과 직접 관계되어 도우시고 보호하시는 하나님이시다는 사실을 보여 준 것이다.

엘리사의 사역을 통해 보여 주신 기적들은 성령께서 하시는 사역과 닮은 점이 많다. 성령께서는 크고 놀라운 일만 하시는 분이 아니라, 우리의 사소한 일상까지도 도우시는 분이시다. 그처럼 엘리사를 통해 쇠도끼 사건과 같은 사소한 일까지 간섭하시는 하나님임을 보여 줌으로, 하나님은 무섭고 멀리 있는 분이 아니라 백성들의 생활 속에 함께하시며 그들의 사소한 일까지도 일일이 간섭하신다는 사실을 보여 주려 한 것으로 보인다. 왕들로 하여금 이스라엘 역사를 주관하시는 하나님(왕하 6:8-7:20)을 전적으로 의지하게 하려는 의도가 있었을 것이다.

5. 시리아 군대를 물리치다(왕하 6:8-23)

본문은 이스라엘과 시리아의 전쟁에 관한 기록이다. 그러나 자세히 읽어 보면 이것은 전쟁 이야기가 아니라 하나님과 선지자에 대한 기록인 듯하다. 즉, 하나님은 어떤 분이신지, 그리고 그의 종이란 선지자는 어떤 사람인지를 정확하게 보여 주는 내용인 것이다. 또한 하나님의 사람들 중에도 하나님의 세계를 정확하게 보는 사람과 그렇지 못한 사람의 모습을 대조해서 보여 주고 있다. 더욱이 본문의 내용 위치를 살펴보면 열왕기의 흐름으로 볼 때, 아합 왕은 죽고(왕상 22:37) 이세벨은 아직 살아 있는(왕하 9:30-34) 시기에 놓여 있다. 그렇다면 북이스라엘은 아직도 이세벨의 영향권에 있었을 것이다. 즉, 백성들은 야웨 하나님을 잊어가고 있고, 여호와의 선지자들은 이미 죽었거나 이세벨의 위협에 눌려 변질해 버린 상황에서 야웨 하나님이 어떤 분이시며, 선지자는 어떤 사람인지를 보여 줌으로, 선지자들에 대한 신뢰를 회복하려는 의도가 있다고 할 수 있다. 특히 열왕기가 포로기 후에 정리되고 편집된 책이라면 그 상황도 이세벨 시대와 별반 다르지 않았을 것이다.

나아만이 질병에서 회복되고 고국으로 돌아간 지 상당한 세월이 흘렀을 것이다. 시리아 군대가 다시 이스라엘을 침공해 들어왔고, 이들은 기습 작전을 펴기 위해 참호를 파려고 계획하고 있었다. 아직 그 장소가 정해진 것이 아니라 물색하고 있는 중이었다. 원문에는 '치리라'라는 동사가 생략되고, '아무데 아무데 나의 진을'이라고만 되어 있다. 그러므로 아직 확실한 장소가 정해진 것은 아니라고 할 수 있다. 그런데 어떤 '하나님의 사람'이 왕에게 사람을 보내 그들이 어디에 진을 칠 것인지 그 장소를 정확하게 알려 준다. '하나님의 사람'(The man of God)은 이렇게만 말해도 이스라엘 사람들은 다 아는 선지자란 의미다. 그리고 아람의 신복은 그 하나님의 사람이 아람 왕이 침실에서 하는 말까지도 자기 왕에게 다 알려 준다고 강조한다(12절).

이스라엘은 이런 식으로 대적을 막은 적이 한두 번이 아니었다. 매번 자기들의 전술이 새어 나가 작전이 실패하자 시리아 왕은 노발대발한다. 그리고 자기들 안에 첩자가 있다고 생각했다. 그러나 이내 이스라엘에 엘리사란 하나님의 사람이 있기 때문인 것을 알게 된다. 이처럼 적군의 움직이나 작전까지도 세밀하게 알고 방어할 수 있었던 것은 엘리야의 신통력이 아니라 야웨 하나님으로부터 왔다는 사실을 독자인 우리는 다 알고 있다. 본문에서 보여 주는 여호와는 하늘 위에서 일어나고 있는 일들은 물론, 땅에서 이루어지는 일까지 다 알고 계시고, 온 천하를 다스시는 분이시다. 선지자는 그의 지혜와 능력을 부여 받아 사는 자들이다. 그리고 그들의 지혜와 능력은 그들의 주인이신 여호와 하나님과의 친밀하고 깊은 관계에서 주어지는 것이지, 단순히 무엇을 얻기 위해 기도한다고 얻을 수 있는 것이 아니다. 또한 이는 그들이 처한 상황과도 관계가 깊다. 하나님이 개입하지 않으면 안 되는 구체적인 상황에서 하나님을 의지하고 기도할 때 하나님은 우리의 어려운 상황에 개입해 주시기 때문이다. 엘리야와 엘리사만큼 하나님의 깊은 곳까지 보여 준 선지자가 또 있을까? 엘리사는 마치 오늘날 적의 공격을 방어하는 방공망과 같은 역할을 하고 있었다.

이 사실을 알게 된 시리아 왕은 말과 병거와 많은 군사를 보내 엘리사가 사는 곳을 포위한다. 이를 본 엘리사의 종 게하시가 놀라서 엘리사에게 알린다. 엘리사는 "두려워하지 말라 우리와 함께한 자가 그들과 함께한 자보다 많으니라"(16절)라고 그를 위로하고, 그의 눈을 열어 불말과 불수레를 보게 한다. 불말과 불수레는 땅에 있는 말과 수레와는 비교가 되지 않는 무기다. 이는 그런 하늘의 무기들이 우리를 지키고 보호하고 있음을 알게 해준다. 여기서 하나님의 세계를 보는 자와 보지 못하는 자, 그 세계를 보면서 살아가는 자와 보지 못하고 살아가는 자가 구별된다. 게하시는 엘리사와 함께 일생을 살았지만 그럼에도 아직까지 영적 소경이다. 이런 모습을 통해 여호와를 떠나 바알을 섬기는 이스라엘 백성들 역시 영적 소경과 같다고 책망하는 듯하다.

이제 전쟁 내러티브는 또 다른 측면으로 흐른다. 엘리사는 적군의 눈이 멀도록 기도하고, 눈먼 그들을 사마리아로 인도해 간다. 사마리아에 도착해 시리아 군인들의 눈을 열어 보게 하자, 그들은 자신들이 사마리아에 와 있다는 것을 알게 된다. 사마리아 왕은 그들을 치려고 하지만 엘리사는 후히 대접해서 보낸다. 이때부터 아람(시리아) 군사의 부대가 다시는 이스라엘 땅에 들어오지 못했다(23절).

본문의 내용은 시리아(아람)와 이스라엘 사이에 벌어진 전쟁 이야기라기보다는 한 나라를 지탱해 가는 하나님의 능력이 얼마나 위대한지를 보여 주려는 의도가 있다. 또한 하나님과 선지자와의 관계에서, 하나님은 그의 종들을 통해 어떻게 세계의 역사를 움직여 가시는지를 보여 준다. 대적을 죽여야만 전쟁에서 이길 수 있는 전쟁 논리에서 싸우지 않고도 이길 수 있는 방법을 제시한다. 이런 방법이 가능할까? 이런 전쟁 논리는 사실상 불가능하다. 그러나 여호와 하나님 안에서는 가능하다. 우리는 이 메시지를 오늘 우리에게 어떻게 적용할 수 있는지 연구할 필요가 있다. 동시에 이 말씀은 오늘날 하나님의 말씀을 맡은 자들이 어떻게 사역을 감당해야 하는지도 깊이 고민하게 한다.

6. 선지자와 왕의 갈등(왕하 6:24-7:2)

열왕기하 6장 24절부터는 "이 후에"로 연결되는 또 다른 내러티브다. 앞의 사건과 공통된 부분은 아람 사람들이 일으킨 전쟁들이란 점과 야웨의 초자연적인 병기들, 그리고 인간 권력의 무기력함이지만, 여기서는 전혀 다른 상황이 전개된다. 북이스라엘을 침범해 들어온 시리아 군대는 전면적인 대규모 공격을 시도하면서 사마리아 포위작전을 펼친다. 포위된 작은 사마리아 성에 기근이 올 수밖에 없었다. 기근의 충격은 너무나 끔찍하다. 우선 놀라운 것은 나귀 머리와 소위 '비둘기 똥'이라고 불리는 음식의 가격이다. 성경은 나귀 머리 하나에 은 80세겔이었고, 비둘기 똥 4분의 1갑이 은 다섯 세겔이었다고 기록하고 있는데, 당시 한 세겔이 노동자 하루 임금의 4배였으니, 하루 임금을 5만 원으로 생각하면 비둘기 똥 4분의 1의 가격이 20만 원이었다는 말이 된다. 그리고 나귀 머리 하나가 약 160만 원이었다는 뜻인데, 이 정도로 음식값이 폭등했던 것이다. 그러니 사람이 살 수 있었겠는가! 요세푸스는 여기서 비둘기 똥은 실제 비둘기 똥으로 당시 소금 대용으로 사용되었을 수 있다고 한다. 그런가 하면 이 비둘기 똥을 땅 위에서 가깝게 자라는 채소들을 둥글둥글하게 만들어 튀긴 매운맛의 합성음식물을 통속적으로 부르는 이름이었을 것으로 보기도 한다.

이런 상황에서 왕인들 평안했겠는가? 왕은 속에 베옷을 입고 성벽 위를 거닐고 있었다. 굵은 베옷은 국가적 회개와 절망에 대한 비탄의 상징이다. 왕은 자신의 힘으로는 어찌할 수 없는 상황에서 하나님을 의지하고 있었던 것일까? 굵은 베옷을 입고 성 위를 걷고 있던 중에 왕은 한 여인으로부터 자식을 돌아가며 잡아 먹어야 하는 인생의 끝자락에 서 있는 절망의 상태에 대해 듣는다. 자기 자식은 이미 삶아 먹었고, 이제는 다음 차례 사람이 자식을 내놓아야 하는데 내놓지 않는다는 것이다. 흉년은 최소한의 인간성마저 빼앗아 간다. 정치가들이 극한 상황에 처하면 자기에게 쏟아지는 화살을 막아 줄 대체 인물을 찾는다는 것은 상식에 속하는 일이다. 아마도 사마리아 왕이 전쟁의 참화로 인해 위기에 몰린 것으로 보인다. 사마리아 왕은 전쟁의 책임을 엘리사에게 돌리며 분노의 화살을 겨눈다.

> "사밧의 아들 엘리사의 머리가 오늘 그 몸에 붙어 있으면 하나님이 내게 벌 위에 벌을 내리실지로다"(왕하 6:31).

그때 엘리사는 장로들과 함께 집에 앉아 있었다(왕하 6:32). 장로들은 왕과 전혀 다르게 엘리사의 집에 아무 말이 없이 모여 있다. 아마도 사태의 심각성을 깨닫고 엘리사에게 도움을 청하기 위해서 와있던 것 같다. 왕은 엘리사를 체포하라고 사람들을 보낸다. 왕이 보낸 전령이 집에 도착하기 전에 엘리사는 자기 머리를 베려고 사람들이 오고 있다는 것을 알고 장로들에게 말한다. '여러분은 살인자의 아들이 나의 머리를 베려고 사람을 보낸 것을 알고 계십니까?' 요람 왕을 살인자의 아들로 규정하는 것은 그의 아버지 아합이 자기의 욕구를 채우기 위해 정직한 나봇을 죄인으로 만들어 처형한 것을 빗댄 말일 것이다. 살인자의 아들인 요람은 엘리사의 머리를 베도록 군사들을 보내고 자기도 뒤따라오면서 엘리사에게 말한다.

“이 재앙이 여호와께로부터 나왔으니 어찌 더 여호와를 기다리리요”(왕하 6:33).

왕과 예언자 간의 적대감이 한층 더 고조된다. 야웨의 뜻 안에서 일어나는 기근은 왕 자신도 어쩔 수 없다는 것이다. 이제 더는 기다릴 수 없고, 하나님의 도움을 더는 기대하지 않기 때문에 하나님의 대변인인 엘리사를 죽이겠다는 것이다. 그러나 엘리사를 죽이겠다고 벼르던 왕은 엘리사가 진정으로 원했다면 이 흉년마저도 막을 수 있었을 것이라고 생각한 것은 아닐까?(참조. 왕하 4:42-44) 즉, 이 모든 문제가 여호와에게서 왔다고 엘리사를 죽이려 하는 것이 아니라, 엘리사로 하여금 책임을 지고 해결하도록 강압하는 것으로 보인다. 그래서 엘리사에게 그 책임을 지라고 위협하는 것이다. 열왕기하 7장 1절에서 엘리사가 태연히 야웨의 말씀을 전하는 것을 보면 더욱 그렇다.

이런 때에 고난의 짐은 누가 져야 하는가? 하나님의 사람은 고독하다. 언제나 마지막 책임이 하나님에게로 돌아가듯, 그 책임은 하나님의 사람에게 오고, 그가 그 짐을 져야 하기 때문이다. 반면 하나님의 사람들 중에 이런 짐을 지겠다는 사명감으로 살아가는 일꾼들은 얼마나 될까? 그렇다면 주님의 사람들은 이런 짐을 지기 위해 어떻게 해야 할까? 엘리사는 야웨 하나님에게서 오는 영감을 받았다. 하나님이 그에게 말씀을 주셨고, 그는 그것을 받았다. 그리고 담대하게 그 말씀을 전한다.

“내일 이맘때에 사마리아 성문에서 고운 밀가루 한 스아를 한 세겔로 매매하고 보리 두 스아를 한 세겔로 매매하리라”(왕하 7:1).

하나님의 사람은 역시 하나님과 긴밀한 교제 속에서 하나님이 주시는 지혜와 해결책으로 힘을 얻고 살아가는 사람들임을 엘리사를 통해 볼 수 있다. 그래서 강하고 담대하게 일할 수 있는 것이다.

기적이 일어날 것임을 전하는데도 왕의 장관은 믿지 못하고 불신을 드러낸다. "여호와께서 하늘에 창을 내신들 어찌 이런 일이 있으리요"(왕하 7:2). 엘리사는 그에게 "네가 네 눈으로 보리라 그러나 그것을 먹지는 못하리라"라고 응수한다. 성경은 이후 그 장관이 성문에서 백성들에게 짓밟혀 죽었다고 전한다(왕하 7:20). 하나님께서 하늘의 창을 내신다 해도 불가능하다는 생각은 비록 장관의 생각만은 아니었을 것이다. 이는 고난의 상황에 직면한 대부분의 사람이 갖는 동일한 감정이다. 우리는 어떤가? 그리고 어떻게 이런 일을 해결하려고 하는가?

7. 굶주림에서 풍성함으로(왕하 7:1-20)

엘리사와 선지자 제자의 아내(왕하 4:1-7), 엘리사와 수넴 여인(왕하 4:8-37)의 이야기에서 나타나는 굶주림에서 풍성함으로(왕하 4:38-44)의 내러티브는 인간의 생각을 뛰어넘는 하나님의 능력을 강조해서 보여 주는 통일된 주제로 되어 있다. 없는 가운데서 있게 하시고, 죽은 자를 살리시는 하나님의 능력은 반드시 그 전달자가 있어야 한다. 그들이 하나님의 사람들이다.

본문에서는 절망적인 상황이 계속되고 있다. 절망적인 탄식, 그리고 포위된 채 먹을 것이 없어 자녀들을 삶아 먹어야 하는 처지에 놓인 사마리아 백성들, 아무 힘도 없이 마냥 기다리는 시리아 군대들, 전쟁의 때를 기다리다 지친 듯한 이스라엘 군인들의 모습뿐이다. 모두가 굶주리고 있다. 음식값은 천정부지로 오르고 있고, 굶주린 백성들의 아우성이 들려오는 듯하다. 이런 상황을 네 명의 나병환자가 대신 말해 준다.

"우리가 어찌하여 여기 앉아서 죽기를 기다리랴"(3절).

모두가 희망을 포기한 바로 그 시점에서도 희망을 가지고 말하는 한 사람이 있다. 하나님의 사람 엘리사다. 하나님이 어떤 분인지 아는 사람만이 절망 속에서도 희망을 말할 수 있다. 절망 속에서, 절망 중에 있는 사람들을 향해 엘리사는 선포한다. "내일 이맘때에 사마리아 성문에서 고운 밀가루 한 스아를 한 세겔로 매매하고 보리 두 스아를 한 세겔로 매매하리라"(1절). 정확한 것은 알 수 없지만, 한 스아는 7.3리터이고, 한 세겔은 하루 노동자 임금의 4배다. 대략 환산해서 1리터는 1킬로그램이다. 하루 임금을 5만 원으로 계산하면 4일 분이면 2만 원 정도가 되고, 그 2만 원으로 7.3킬로그램의 양식을 살 수 있는 셈이니, 앞서 언급한 나귀 머리 하나에 80세겔이라고 한 가격과 비교하면 믿기지 않는 파격 세일이다.

본문에는 믿지 못하는 사람들만 있다. 왕도, 장관도, 그리고 백성들도 엘리사의 말을 믿지 못한다. 그래서 투덜댄다. '비록 하나님께서 하늘에 있는 창고 문을 여신다고 할지라도 어찌 그런 일이 일어날 수 있겠습니까?' 이런 비신앙적 태도에 대해 엘리사는 말한다. "당신은 분명히 그런 일이 생기는 것을 눈으로 직접 볼 것이오. 그렇지만 당신이 그것을 먹지는 못할 것이오."(2절, 새번역) 이런 상황이 당시 북이스라엘의 신앙의 모습이었다. 그들은 하나님과 바알 사이를 오가며, 형식은 갖추고 있는데 내적인 힘은 상실한 지 오래된 빈 쭉정이처럼 살고 있었다. 선지자의 권위는 땅에 떨어졌고, 하나님의 말씀은 업신여김을 받았다.

그때 그 절망 속에서 움직인 사람은 나병환자들이었다. 먹을 것을 찾아 시리아 군대 막사가 있던 곳으로 간 나병환자들은 시리아 군인들이 도망가느라 남겨둔 전리품을 발견하고 거기에 취해 버렸다. 그래서 실컷 먹고 마시고 숨겨두고, 또 숨겨두었다(5-8절). 그러다 이들은 자신들의 잘못을 깨닫고 왕궁으로 가서 문지기들에게 이 사실을 알려 주었다. 이 말을 들은 문지기들은 기뻐하며 왕궁에 이 사실을 알렸다. 이 소식을 전해 듣고 밤중에 일어난 왕은 신하들과 의논한다. 그리고 이렇게 말한다.

> "아람 사람이 우리에게 행한 것을 내가 너희에게 알게 하노니 그들이 우리가 주린 것을 알고 있으므로 그 진영을 떠나서 들에 매복하고 스스로 이르기를 그들이 성읍에서 나오거든 우리가 사로잡고 성읍에 들어가겠다 한 것이니라"(12절).

왕은 아직도 밤중에 있다. 그럼에도 아무 희망 없는 나병환자들에 의해 희망이 발견되었다. 엘리사의 예언대로 고운 밀가루 한 스아에 한 세겔이 되고, 보리 두 스아에 한 세겔이 되었다. 왕은 신하들에게 시리아 군대 뒤를 쫓아가서 알아보라고 한다. 요단강까지 가보았지만 시리아 군인들이 버리고 간 물건들만 가득했고(14-16절) 다른 이상은 보이지 않았다. 절대 불가능을 말했던 그 장관은 성문에서 짓밟혀 죽었다(20절).

사람이 위기 중에 살 수 있는 길은 여호와의 말씀이다. 하나님의 사람을 통해 그 말씀을 듣고 삶에 실천하는 자는 살 것이다. 기득권자들은 선입견 때문에 그 말씀을 받아들이지 못한다. 그러나 아무것도 없는 빈 가슴은 받아들이는 것이 훨씬 수월하다. 시리아와의 전쟁에서 불신앙을 대표하는 이들로 표현되는 왕과 장관, 그리고 빛

더미에 앉아 아들을 팔아야 하는 처지에 놓였던 과부와 수넴 여인의 믿음이 대조를 이룬다. 후자의 두 사람은 하나님을 믿고, 하나님의 사람이 전하는 바를 신뢰했다. 그래서 그들은 전해 들은 말씀으로 위기를 극복했다. 나아만은 둘 사이에 낀 인물이다. 처음엔 불신하고 신뢰하지 못하다, 후에는 신뢰하고 행동으로 옮김으로 진정한 하나님의 사람이 된 인물이 나아만이다.

8. 돌아온 수넴 여인(왕하 8:1-15)

앞서 엘리사를 통해 하나님의 은혜를 입었던 수넴 여인의 이야기가 다시 등장한다. 이전에 이스라엘 땅에 기근이 심했을 때, 7년의 세월을 그곳에서 보내며 기근의 때를 넘기고 다시 고향으로 돌아온 여인이다. 이 수넴 여인의 내러티브는 이 가정이 전에 엘리사가 죽었던 아들을 살려 준 적이 있는 가정이라고 소개하면서 시작한다. 그리고 "하나님의 사람의 말대로"(2절) 블레셋에 7년을 살다 온 가정이라고 말한다. 여기서 '말'이란 엘리사가 앞으로 7년 동안 이 땅에 기근이 있을 것이니 그동안 블레셋에 가서 지내다 오라고 한 것을 가리킨다. 성경은 여인이 그 말대로 행했다는 점을 강조한다. 한마디로 그녀는 엘리사 선지자를 통해 하나님을 경험한 사람이다. 그렇다면 이것으로 이 여인이 어떤 사람인지는 다 밝혀진 셈이다. 이 여인은 이제 본격적으로 과거 자기의 집과 밭을 찾기 위해 왕을 찾아간다.

장면은 게하시가 왕과 이야기를 나누고 있는 곳으로 바뀐다. 왕이 엘리사가 한 큰 일을 말해 달라고 했기에 게하시가 그가 죽은 자를 살려 준 일을 이야기하고 있던 중이었다. 바로 그때 이 수넴 여인이 왕에게 나아와 자기 재산을 돌려달라고 간청한다. 게하시가 이 여인이 바로 자기가 이야기하던 바로 그 여인이고, 같이 온 아이는 죽었다 살아난 바로 그 아이라고 말하자, 모든 것을 확인한 왕은 곧 신하를 불러 이 여인의 모든 재산과 이 여인이 거기를 떠나 있는 동안에 얻은 모든 소출까지 계산해서 돌려주라고 명령한다. 여인이 그 여인이고, 이 아이가 그 아이라는 게하시의 말에 그녀의 송사가 신뢰할 만하다고 느낀 것인가? 재판이 이처럼 쉽게 끝나는 일은 극히 드물다. 그녀의 송사에 대한 왕의 특별한 관심은 그녀의 밭에서 난 모든 소출을 소급해서 원상복귀해 주라는 명령으로 표현된다.

이 내러티브는 엘리사에 대한 모든 다른 활동도 정당화하는 효력을 가진다. 엘리사의 위대한 행적들을 듣기 원했던 왕은 엘리사의 전통에 대해 역시 관심을 갖고 있다. 엘리사의 예언자로서의 진정성을 확신하고 이 확신에 근거해 행동하려는 것이다. 이 경우에 요청된 행동이 경제 정의를 회복시키는 행동이라는 사실은 주목할 만하다. 그러나 여기서는 어떤 기적적인 행동이나 예언의 말씀에 의한 개입이 이루어지지 않는다. 어떻게 보면 밋밋한 내용이 성경에 들어온 것처럼 보인다. 그러나 무언가 말할 수는 없으나 진한 감동을 주는 이야기다.

여기서 쟁점은 경제 정의의 문제와 죽은 자를 일으킨 사람에 관한 기쁜 소식이다. 죽은 자를 일으킨 행위는 여섯 절에 걸쳐 네 차례나 언급된다. 과거의 위대한 행적에 대한 이야기들이 이를 듣는 왕에게 믿음을 불러일으켰을 것이다. 죽은 자를 일으키고, 그들이 죽음으로부터 일으킴 받은 이야기는, 당시 침체된 믿음 없는 사회에 왕의 태도를 통해 메시지를 전달하고 있다. 또한 그런 일이 지금의 침체된 사회에 일어나기를 바라는 열왕기의 갈망을 담고 있다. 부활하신 예수의 이야기를 담은 복음이 어둡고 답답한 이 땅의 문제를 해결해 주기를 바라는 것처럼 말이다.

9. 하사엘을 보고 울다(왕하 8:7-15)

엘리사가 왜 다메섹에 갔는지는 알 수 없다. 시리아 왕인 벤하닷이 병들어 문병을 갔는지도 모른다. 엘리사가 왔다는 말을 들은 왕은 신하를 시켜 예물을 가지고 가서 선지자를 만나 자기가 살아나겠는지를 묻고 오라고 한다. 당시 선지자를 만날 때는 예물을 가지고 가는 것이 일반적인 관례였다. 왕의 부탁을 받은 신하 하사엘은 낙타 마흔 마리에 좋은 예물을 싣고 엘리사에게 찾아가 왕의 병이 낫겠는지 물었다. 엘리사는 물론 왕이 병에서 나을 것이라고, 그러나 왕이 반드시 죽을 것이라고 왕에게 전하라고 한다. 그리곤 하사엘의 얼굴을 부끄러울 정도로 쏘아보다 울고 만다. 엘리사는 하사엘이 앞으로 할 일을 보았던 것이다.

> "네가 이스라엘 자손에게 행할 모든 악을 내가 앎이라 네가 그들의 성에 불을 지르며 장정을 칼로 죽이며 어린아이를 메치며 아이 밴 부녀를 가르리라"(12절).

엘리사는 미래를 보는 선지자였다. 앞으로 시리아에 무슨 일이 벌어지며, 이스라엘에 무슨 일이 벌어질지 알고 있었다. 시리아 사람들도 엘리사가 앞 일을 알고 있는 사람인 것을 다 알고 있었다. 이는 하나님의 전능하심을 엘리사를 통해 보여 주고 있는 것이다. 하사엘은 왕에게 가서 왕이 반드시 살아나리라고 전한다. 그러나 그다음 날 하사엘이 이불에 물을 적셔 왕의 얼굴을 덮어 죽인다. 당시에는 물에 젖은 이불을 덮어 환자의 열을 내리곤 했다고 한다. 그렇다면 하사엘은 정당한 방법으로 오해받지 않고 왕을 죽일 수 있었다. 그리고 하사엘은 왕이 된다. 하사엘이 엘리사가 자기에게 한 말로 인해 그런 결심을 하게 되었는지, 아니면 하사엘이 본래 그런 생각을 가지고 있던 것을 엘리사가 끄집어내 행동으로 옮기도록 용기를 준 것인지는 분명치 않다. 여하튼 한 나라의 운명과 그 주변의 역사를 움직이시는 분은 하나님이심이 분명하다.

유대인 스터디 성경은 하나님께서 엘리사를 통해 하사엘이 왕이 될 것과 그가 이스라엘과의 전쟁에서 승리할 것을 미리 가르쳐 준 것이라고 이를 설명한다. 즉, 이것을 하나님께서 하사엘에게 미리 기름 부어 왕으로 세운 것과 같은 의미로 여긴다. 하사엘은 예언대로 주전 845년에 폭력으로 다메섹의 왕이 되었다.

III.
아합의 사위가 된 예루살렘

1. 유다 왕 여호람(왕하 8:16-24)

본문에서 열왕기 저자는 돌발 상황을 알린다. 예루살렘 왕 여호람은 32세에 왕위에 올라 아합과 이세벨의 딸인 아달랴와 결혼한 사람이라고 기록한다. 아달랴는 굳이 설명하지 않아도 악한 여인으로 모두가 익히 알고 있는 여인이다. 또 그녀로 인해 예루살렘에 어떤 일들이 벌어질지를 사람들은 예측하고 있다. 그런 아내를 둔 여호람이 왕이 되어 예루살렘에서 8년을 다스렸으니 어떤 일들이 벌어졌겠는가? 본문은 담담하게 말한다. "그가 이스라엘 왕들의 길을 가서 아합의 집과 같이 하였으니…그가 여호와 보시기에 악을 행하였으나"(18절). 그 이유도 덧붙인다. "이는 아합의 딸이 그의 아내가 되었음이라"(18절).

히브리어 원문은 6장 18절이 "저(여호람)가 행하였다"는 말로 시작된다. 다음 문장을 두려움으로 기대하게 하는 말이다. 이어지는 문구는 '이스라엘 왕들의 길로, 아합의 집과 같이 하였다'이다. 그런 일들이 아합의 딸인 아달랴가 시집온 후에 북사마리아가 아닌 남유다의 예루살렘에서 벌어지게 될 것이란 사실을 암시해 준다. 그리고 더는 여호람에 대하여 기록하지 않는다. 단지 에돔이 여호람에 반기를 들고 일어나 그것을 처리하기 위해 그곳에 갔고, 그곳에서 죽음의 고비를 넘기고 도망쳐 왔다는 기록밖에 다른 말이 없다.

그런데 19절에서 엉뚱한 내용이 등장한다.

> "그러나 주님께서는 자기의 종 다윗을 생각하셔서 유다를 멸망시키려고는 하지 않으셨다. 주님께서는 이미 다윗과 그의 자손에게서 왕조의 등불이 영원히 꺼지지 않게 하시겠다고 약속하셨기 때문이다."(새번역)

"유다를 멸망시키려고는 하지 않으셨다"는 말은 당시 유다의 형편이 그 나라를 멸망시켜야 할 지경에 이르렀다는 의미를 내포하고 있다. 여호람의 통치 8년 동안 아달랴로 인해 여호람의 정치가 얼마나 여호와 보시기에 악했으면 멸망당하기 직전까지 갔던 정황까지 보여주셨겠는가? 다윗 왕조의 등불이 영원히 꺼지지 않게 해주시겠다는 약속 때문에 유다는 살아남을 수 있었다. 다윗은 죽고 없지만 그가 남긴 하나님 앞에서 신실하게 살았던 그 열매는 유다 400년의 역사를 지켜냈다.

> "여호사밧이 유다의 왕이었을 때에 유다의 왕 여호사밧의 아들 여호람이 왕이 되니라"(16절).

이는 여호사밧에게서 아들 여호람(Jehoram)에게로 왕권이 넘어가던 과정을 기술한 내용이다. 여호사밧이 유다 왕으로 있을 때(새번역 성경은 "여호사밧이 아직도 유다의 왕일 때에"로 옮긴다) 그의 아들 여호람이 왕이 되었다니, 이것이 무슨 의미인가? 여기에 대한 해석은 두 가지로 나뉜다. 하나는 필사자들이 잘못 기록했을 것으로 보는 것이다. 그래서 70인 역이나 시리아 역에는 이 구절이 없다. 다른 하나는 유다 왕 여호사밧이 길르앗 라못을 탈환하려는 아합의 요청을 받고 전투에 참전하기 전에 아들 여호람을 유다의 섭정 왕으로 취임시켜, 이때부터 자신과 함께 공동 통치자로 삼았을 것으로 보는 견해이다. 그러나 여호사밧 왕이 길르앗 라못 전투에서 살아 돌아와 다시 왕권이 여호사밧에게 돌아왔고, 2년 뒤에 유다의 여호람이 왕위에 오른다(16절). 열왕기는 여호람이 왕위에 오를 때 이미 아달랴와 결혼한 상태였다고 말하고 있고(18절), 역대기는 여호사밧이 길르앗 라못 전투에 참여하기 2년 전에 아들 여호람이 아합의 딸 아달랴와 결혼했다고 전한다. 그렇다면 여호사밧이 왕위에서 물러날 때 나이는 약 60세쯤 되었으며, 그때는 이미 아달랴가 다윗 왕궁에 들어와 있었다는 말이 된다.

이것이 사실이라면 여호사밧은 왜 아들에게 그처럼 일찍 왕위를 물려 주었을까? 열왕기에는 그 이후에 여호사밧에 대한 기록이 없고, 심지어는 죽음에 대한 언급도 나오지 않는다. 역대하 19장 1절은 "유다 왕 여호사밧이 평안히 [길르앗 라못에서] 예루살렘에 돌아와서 그의 궁으로 들어가니라"라고 기록하고 있다. 이처럼 건강하게 전장에서 돌아온 여호사밧이 갑자기 아들에게 왕권을 물려 준 것도 쉽게 이해하기 어렵다. 역대하 21장 1절만 그가 조상들과 함께 잠들었다고 기록하고 있다. 이스라엘과 모압과의 전쟁은 유다 왕 여호사밧 왕 18년에 일어났는데, 그때 여호사밧의 나이는 53세였다. 길르앗 라못 전투에 참여한 때는 여호사밧 23년, 그의 나이 58세였을 때이니,

그렇다면 그가 돌아온 때는 60세가 된다.

사실 열왕기에는 여호사밧 왕의 이야기가 거의 없다(왕상 22:41-50; 참고. 왕상 22:1-50; 왕하 3:1-27). 이 짧은 기록에서 나타나는 그의 업적이라면 오직 한 가지, 곧 아버지 아사의 시대에 남아 있던 남색하는 자(바알 신전의 남창)들을 그 땅에서 쫓아냈던 것뿐이다. 그러므로 열왕기에는 여호사밧의 이야기가 없다고 할 수 있을 만큼 분량이 미미하다. 모두 아합의 집에 끌려다닌 왕으로 묘사되어 있을 뿐이다.

유다 왕 여호사밧은 본래 매우 훌륭한 왕이었다. 그러나 열왕기는 여호사밧이 북쪽 이스라엘 아합 가문과 사돈 관계를 맺고 살아가면서 그의 신앙적 태도가 어떻게 변했는지를 놓치지 않고 보여 준다. 아합이 길르앗 라못 전쟁으로 여호사밧을 초청했을 때(왕상 22:1-39)와 모압 전쟁 때를 비교했을 때 그에게 달라진 것이 있었다고 한다(왕하 3:1-14). 즉, 그는 처음 전쟁에 나가기 전에는 여호와께 먼저 물었으나, 모압과의 전쟁에서는 묻지 않고 모든 일을 과감하게 진행하다 물이 없어 궁지에 몰렸을 때 비로소 여호와의 뜻을 아는 선지자를 찾았다.

● 역대기에서 소개하는 여호사밧

"이스라엘 침략을 막으려고 전국을 요새화하고 그곳에 군대를 배치하다." 이것이 역대기에서 여호사밧을 소개하는 첫 글의 내용이다(대하 17:1-2). 그리고 그를 소개하는 내용은 다음과 같이 이어진다. 그는 다윗이 걸어간 길을 따랐고, 아버지가 섬기던 하나님께 구하며 그의 계명을 행하고 이스라엘의 행위를 따르지 않았고, 바알에게 구하지 않았으며 바알 신들을 찾지 않았다. 그러므로 여호와께서 여호사밧과 함께하셨다. 그의 나라를 그의 손에서 견고하게 하셔서 유다 백성들이 그를 존경하고 그에게 예물을 바쳐 그의 부귀와 영광이 대단했다(대하 17:5). 역대기 저자는 "그가 전심으로 여호와의 길을 걸어 산당들과 아세라 목상들도 유다에서 제거하였더라"(대하 17:6)라고 재차 강조한다.

그는 왕위에 오른 지 3년이 되었을 때 레위 사람들에게 제사장들과 함께 여호와의 율법책을 가지고 온 유다에 다니며 가르치게 했다(대하 17:6-9). 따라서 여호사밧이 강대해지고 주변 모든 나라들이 그를 두려워하여 쳐들어오지 못하게 했으며, 예물과 조공을 받는 나라가 되었다. 싸울 준비를 갖춘 병사가 18만 명이었는데, 이들은 모두 왕을 호위하는 자들이요, 온 유다 견고한 성읍에 왕의 군사를 두었다고 한다.

역대하 18장 1절은 여호사밧이 부귀와 영광을 크게 떨치던 그때에 아합 가문과 혼인함으로 인척 관계를 맺었다고 기록한다. 그리고 바로 이어 2년 후에 아합과 연합해 길르앗 라못 전쟁에 참여했다고 전한다(대하 18:1-27). 여기서 특이한 것은 여호사밧이 길르앗 라못 전쟁에서 예루살렘으로 돌아왔을 때 하나니의 아들 예후 선견자가 왕의 잘못을 책망했던 내용이다.

"왕이 악한 자를 돕고 여호와를 미워하는 자들을 사랑하는 것이 옳으니이까 그러므로 여호와께로부터 진노하심이 왕에게 임하리이다 그러나 왕에게 선한 일도 있으니 이는 왕이 아세라 목상들을 이 땅에서 없애고 마음을 기울여 하나님을 찾음이니이다"(대하 19:2-3).

역대기도 여호사밧이 아합과 혼인 관계가 된 것을 직접적으로 책망하지는 않는다. 단지 여호와를 미워하는 악한 자를 돕는 것이 옳은 일인지를 물을 뿐이다. 이는 이 일만으로도 하나님의 진노를 받기에 충분하지만, 여호사밧이 선한 일도 많이 했기 때문에, 어느 정도의 고통은 임하더라도 그를 더는 징계하지 않겠다는 말씀이다. 그리고 역대하 19장 1-11절에서 다시 여호사밧의 종교개혁을 다룬다. 아버지 아사의 종교개혁과는 상당히 다른 면이 있다. 온 유다의 산간 지역에 이르기까지 민정을 살피러 손수 찾아다녔고, 하나님 앞에서 올바른 재판을 하도록 재판관들에게 촉구했으며, 최종적으로는 레위 사람들이 법정에서 결정된 사항을 다시 감독하도록 했다. 그리고 여호와께 예배드리는 문제는 대제사장 아마랴가 최종 권위를 가지고 결정하도록 했다.

이어 역대하 20장에서는 시리아와의 전쟁을 소개한다. 여기서 가장 인상적인 것은 여호사밧의 기도다. "우리 조상들의 하나님 여호와여 주는 하늘에서 하나님이 아니시니이까 이방 사람들의 모든 나라를 다스리지 아니하시나이까 주의 손에 권세와 능력이 있사오니 능히 주와 맞설 사람이 없나이다"(대하 20:6)라는 말로 시작하는 그의 기도는, 마치 성전 봉헌 후에 드린 솔로몬의 기도를 방불케 한다. 역대기에서 여호사밧의 행적을 기술할 때 가장 강조한 내용을 정리해 보면 다음과 같다.

"여호와께서 여호사밧과 함께 하셨으니"(대하 17:3). "하나님께 구하며 그의 계명을 행하고"(대하 17:4). "여호와께서 나라를 그의 손에서 견고하게 하시매"(대하 17:5). "모든 나라에 두려움을 주사 여호사밧과 싸우지 못하게 하시매"(대하 17:10). "너희는 여호와를 두려워하는 마음으로 삼가 행하라"(대하 19:7). "너희는 진실과 성심을 다하여 여호와를 경외하라"(대하 19:9). "여호와께 죄를 범하지 않게 하여"(대하 19:10).

이처럼 훌륭한 왕을 열왕기에서는 왜 그처럼 홀대한 것일까? 그 이유는 아마도 여호사밧이 아합과 사돈 관계가 된 일에서 찾아야 할 것이다. 이 일이 얼마나 두려운 결과를 가져왔는가? 마침내는 아달랴로 인해 다윗 왕조가 멸절당할 위기까지 이르지 않았는가? 길르앗 라못에서 아합이 죽고 여호사밧은 무사히 예루살렘으로 돌아왔을 때, 예후 선지자가 여호사밧을 책망한 것만 봐도 알 수 있다(대하 19:2). 열왕기에서는 그가 아합과 혼인 관계를 맺은 것에 대해서는 언급도 하지 않는다. 사실 그 일을 언급하지 않은 것은 더 무서운 일이다. 열왕기 저자는 그 일을 입에 담고 싶지도 않았다는 뜻이기 때문이다.

열왕기에서는 길르앗 라못 전쟁을 일으킨 아합의 요구에 여호사밧이 참전했던 내용이 나봇의 포도원 사건 바로 뒤에 이어져 나온다. 열왕기 저자는 아직 나봇의 포도원 사건에 대한 분이 가시지 않은 상태에서 길르앗 라못 전투를 소개한다. 이런 악한 왕과 함께하는 것을 용납할 수 없다는 것이다. 그리고 여호사밧이 하나님을 신뢰하고 따르는 데서 점점 멀어지고 있음을 지적한다. 즉, 다윗 왕궁의 왕족들이 다 멸망당하고 7년 동안 성전이 폐쇄되며 예배가 멈춘 것들이 모두 아달랴를 며느리로 맞아들인 여호사밧의 책임이라고 암시적으로 질책하고 있는 것이라 할 수 있다. 그러면서도 열왕기는 여호사밧이 아합의 딸 아달랴를 며느리로 맞은 것에 대해서 언급하지 않는다. 그렇다면 여호사밧은 왜 이세벨의 딸을 며느리로 삼았는가? 이 문제에 대해서도 아무런 언급이 없다. 그리고는 열왕기하 8장 이후에 아달랴로 인해 벌어지는 행적을 담담하게 기술할 뿐이다.

역대기에 의하면 요람(이스라엘 왕)은 매우 악한 왕이었으며 하나님을 섬기지 않았던 사람이다. 그는 자기 아우들을 모두 죽이고, 몇몇 이스라엘 지도자도 죽였다. 하나님께서는 그의 악행을 보시고 그를 멸하려 하셨지만, 다윗과의 언약 때문에 그를 멸하지 않으시고(대하 21:2-7), 단지 엘리야 선지자를 통해 그를 준엄하게 꾸짖으셨을 뿐이다.

"왕의 조상 다윗의 하나님 여호와께서 이같이 말씀하시기를 네가 네 아비 여호사밧의 길과 유다 왕 아사의 길로 행하지 아니하고 오직 이스라엘 왕들의 길로 행하여 유다와 예루살렘 주민들이 음행하게 하기를 아합의 집이 음행하듯 하며 또 네 아비 집에서 너보다 착한 아우들을 죽였으니 여호와가 네 백성과 네 자녀들과 네 아내들과 네 모든 재물을 큰 재앙으로 치시리라 또 너는 창자에 중병이 들고 그 병이 날로 중하여 창자가 빠져나오리라 하셨다"(대하 21:12-15).

유다 왕 여호람은 아달랴와 결혼해 아합의 집의 악행을 따라 살았던 일로 하나님으로부터 혹독한 징벌을 받았다. 그리고 하나님이 말씀하신 대로 창자가 흘러 나오는 병에 걸려 죽게 되었다. 앞서 언급한 것처럼 역대기 저자는 죄인들에 대한 하나님의 즉결 심판을 자주 언급한다.

2. 유다 왕 아하시야(왕하 8:25-29)

유다 왕 아하시야를 소개하는 첫 문장은 매우 간단하다.

"그의 어머니의 이름은 아달랴라 이스라엘 왕 오므리의 손녀이더라 아하시야가 아합의 집 길로 행하여 아합의 집과 같이 여호와 보시기에 악을 행하였으니 그는 아합의 집의 사위가 되었음이러라"(26-27절).

오므리의 손녀 아달랴가 예루살렘에 왕비로 들어왔다고 한다. 그녀는 또한 아합의 딸이라고도 소개한다. 이처럼 아달랴를 소개하는 이유는 앞으로 그녀로 인해 유다에 비극적인 일들이 엄청나게 일어날 것을 미리 예견하게 함이다.

열왕기 저자는 아하시야에 대해 두 가지 일만 언급한다. "왕이 될 때에 나이가 이십이 세라 예루살렘에서 일 년을 통치하니라"(26절). "아합의 아들 요람을 보기 위하여 내려갔으니 이는 그에게 병이 생겼음이더라"(29절). 그리고 그의 행적에 관한 이야기는 그의 아버지 여호람에 관한 것과 똑같은 내용이다. "아하시야가 아합의 집 길로 행하여 아합의 집과 같이 여호와 보시기에 악을 행하였으니 그는 아합의 집의 사위가 되었음이러라"(27절).

그런데 사실 아하시야가 아합의 사위는 아니다. 그의 아우인 여호람 왕이 아합의 사위다. 아하시야가 아합 집의 사위(새번역 성경에서는 "아합 가문의 사위"라고 번역함)란 말은 그의 동생이 아합의 사위가 됨으로 아하시야도 아합 가문의 사위처럼 되었다는 뜻일 것이다. 그리고 아합 가정은 여호사밧 온 가정에 막대하게 영향을 미쳐 아합 가문처럼 악한 길로 가게 되었다는 사실을 알리는 것이다.

3. 예후가 왕이 되다(왕하 9:1-10:36)

요람이 길르앗 라못 전투에서 부상을 당해 사마리아로 돌아와 치료를 받고 있고, 아하시야가 요람을 문병하러 왔을 때다. 아합의 아들 요람은 유다 왕 아하시야의 외삼촌이 된다. 그곳에는 이스라엘의 군대 장관 예후가 시리아의 전투를 위해 길르앗 라못에 주둔하고 있었다. 예후는 님시의 손자 여호사밧의 아들이다(왕하 9:2). 예후를 이렇게 소개한 이유는, 예후의 아버지 여호사밧을 아사의 아들 유다 왕 여호사밧과 구별하기 위해서였을 것이다. 그때 엘리사는 제자 한 사람을 길르앗 라못으로 보낸다. 엘리사의 제자는 예후을 만나자 그를 밀실로 데리고 가서 그에게 기름을 부어 왕으로 세운다. 그리고 아합 왕 가문에 내린 심판을 예후에게 전한다. 엘리야에게 주신 말씀대로다.

> "너는 네 주 아합의 집을 치라 내가 나의 종 곧 선지자들의 피와 여호와의 종들의 피를 이세벨에게 갚아 주리라 아합의 온 집이 멸망하리니 이스라엘 중에 매인자나 놓인 자나 아합에게 속한 모든 남자는 내가 다 멸절하되…이스르엘 지방에서 개들이 이세벨을 먹으리니 그를 장사할 사람이 없으리라"(왕하 9:7-10).

이에 예후는 사마리아에 남아 있던 아합의 지지자들을 모두 죽인다. 이로써 엘리야를 통해 하신 말씀이 그대로 이루어졌을 뿐 아니라(왕하 10:17), 하나님께서 호렙산에서 엘리야에게 주셨던 세 번째 과제가 성취되었다. 왕으로 즉위한 예후는 이스라엘 역사상 가장 피를 많이 흘린 사람으로 잔혹하게 숙청을 시작했다. 그는 유다 왕 여호람을 죽였고, 아합의 아내 이세벨과 다른 상속자들까지 다 죽였다. 그러나 단과 벧엘 성소에 있는 금송아지만은 제거하지 못했다.

4. 예후의 학살이 시작되다(왕하 9:14-37)

요람 왕이 사마리아에서 치료를 받고 있고, 문병을 온 유다의 아하시야도 그곳에 함께 있던 때였다. 바로 그때 예후가 사마리아로 오고 있었다. 그 소식을 들은 요람은 병거를 타고 이스르엘 사람 나봇의 땅에서 그를 만난다. 요람은 예후를 향해 '예후 장군, 평화의 소식이오?' 하고 물었다. 아마도 전쟁에서 돌아온 예후가 승전고를 전해 주리라고 기대했던 것 같다. 그러나 예후는 "네 어머니 이세벨의 음행과 술수가 이렇게 많으니 어찌 평안이 있으랴"(22절) 하고는 요람을 향해 활을 당겨 그를 사살해 버린다(24절). 그리고 요람의 장관에게 말했다.

> "그 시체를 가져다가 이스르엘 사람 나봇의 밭에 던지라 네가 기억하려니와 이전에 너와 내가 함께 타고 그의 아버지 아합을 좇았을 때에 여호와께서 이같이 그의 일을 예언하셨느니라 여호와께서 말씀하시기를 내가 어제 나봇의 피와 그의 아들들의 피를 분명히 보았노라 여호와께서 또 말씀하시기를 이 토지에서 네게 갚으리라 하셨으니"(25-26절).

예후는 그 모습을 보고 달아나던 예루살렘에서 온 아하시야 왕까지 므깃도에서 살해해 버린다(27-28절). 유다 왕인 아하시야가 살해된 것은 그가 오직 아합과 이세벨의 딸인 아달랴와 결혼한 잘못 때문이다. 한 번의 잘못된 결혼으로 유다 왕궁은 아달랴에게 짓밟히고, 예후에게 짓밟혀 폐허처럼 무너졌다.

이스라엘로 돌아온 예후는 이세벨의 집으로 향한다. 이세벨이 눈을 그리고 머리를 꾸미고는 창에서 예후를 바라보며 소리친다. "주인을 죽인 너 시므리여 평안하냐"(31절). 그 말은 들은 예후는 아무 대답도 없이, "내 편이 될 자가 누구냐?" 하고 묻고는 내시들에게 이세벨을 창밖으로 내던지라고 하자 내던졌고 그녀의 피가 담과 말에게 튀었다(30-33절). 그리고 예후가 탄 말이 그 여자의 시신을 밟고 지나갔다. 그 후 그녀를 장사 지내기 위해 찾아나섰지만, 그 여자의 해골과 손발밖에는 아무것도 찾을 수가 없었다(35절).

이로써 "이스르엘 토지에서 개들이 이세벨의 살을 먹을지라 그 시체가 이스르엘 토지에서 거름같이 밭에 있으리니 이것이 이세벨이라고 가리켜 말하지 못하게 되리라"(36-37절)라는 여호와께서 엘리야를 통해 말씀하신 대로 이루어졌다. 그리고 예후는 아하시야 왕의 친족과 아합의 나머지 지지자들을 모두 죽인다(왕하 10:12-17).

5. 바알 숭배자들의 죽음(왕하 10:18-31)

예후는 사마리아에 있는 이스라엘 귀족들과 아합의 아들들을 교육하는 지도자들에게 아합의 아들들의 머리를 잘라 가져오라고 명령했다. 그리고 그들은 예후의 말대로 70명의 왕자들의 목을 가져왔다(왕하 10:4-7). 그리고 사마리아로 가는 길에 '양털 깎는 집'('베트 에케드 하로임, בית עקד הרעים, 새번역)에 이르러 이세벨에게 문안하러 가는 유다 아하시야왕의 형제들을 만난다. 그들도 그곳에서 다 죽음을 당했기에 아하시야의 친족 40명이 하나도 살아 남지 못했다(왕하 10:12-14).

이제 예후는 바알 숭배자들을 대대적으로 제거할 계획을 세운다. 그는 자신이 아합보다 더 열렬한 바알 종교의 신봉자라고 거짓으로 선포한다. 그리고 자신의 즉위 기념으로 대대적인 바알 예배를 바알 신당에서 거행할 것을 예고하고, 모든 바알의 선지자와 제사장과 사람을 예외 없이 신당에 참여하도록 명령한다. 그리고는 바알 예배자들은 규례대로 모두 예복을 입도록 하고, 여호와의 신자는 거기에 섞이지 않도록 했다. 동시에 그는 이 거사를 위해 80명의 군인을 대기시켜 놓고, 제사가 끝날 무렵 그 군인들로 하여금 신당(새번역 성경에서는 "바알의 신전"으로 번역함) 안에 들어가 바알 숭배자 전부를 학살하도록 했다. 그리고 바알 신당에서 목상을 끌어내려 불사르고, 바알의 목상을 헐며 바알의 신당을 헐어 변소를 만들었다.

"바알의 목상"(27절)은 원어상 정관사가 붙은 단수이므로, 아마도 중요한 목상을 일컫는 것으로 보인다. 영어 성경에서는 이것을 "석재로 만들어진 바알 신상"(The sacred pillar of Baal)으로 번역했다. '변소'로 번역한 히브리어 '레마하라오트'(למחראדת)는 전치사 '레'(ל)와 '대변'을 뜻하는 명사 '하라'(חראה)에서 유래된 '마하라'(מחראה)의 복수형으로 공중 변소를 의미한다. 바알의 지성소를 헐어 불태우고, 그곳을 공중변소를 만들었다는 것은 바알을 변으로 여긴다는 의미가 있고, 다시는 그곳에 바알의 신전을 세우지 못하도록 한다는 의미도 있다. 이처럼 예후는 이스라엘에서 바알 종교를 박살내 버렸다. 그렇다고 예후가 하나님을 경배하는 자는 아니었다. 그는 이스라엘의 하나님의 율법을 지키는 일에 마음을 기울이지 않았고, 이스라엘로 죄를 짓게 한 여로보암의 죄로부터도 돌아서지 않았다(왕하 10:31).

열왕기하 10장 29-31절은 예후에 대한 종합평가서다. 여기서 하나님은 예후를 칭찬한다. 그 이유가 무엇일까? 하나님께서는 그분의 뜻을 이루기 위하여 악한 자들도 일시적으로 사용하신다. 바사의 고레스도 여호와의 기름 부은 종(사 45:1)이라 칭하시고, 그에 대해 "내 목자라 그가 나의 모든 기쁨을 성취하리라"(사 44:28)라고 말씀하시지 않았는가? 그러나 그는 결코 하나님 앞에 의롭게 산 사람이 아니었다. 포로 귀환이라는 하나님의 뜻을 이루는 데 잠시 사용되었을 뿐이다. 열왕기하 10장 30절에는 왜 예후를 칭찬하는지 그 이유를 설명한다. "네가 나 보기에 정직한 일을 행하되 잘 행하여 내 마음에 있는 대로 아합 집에 다 행하였은즉." 이스라엘 중에서 바알의 집들을 제거했던 일이 하나님 보시기에 좋으셨다는 것이다. 그래서 그에게 축복을 내리신다. "네 자손이 이스라엘 왕위를 이어 사대를 지내리라." 그러나 그의 왕조가 영원하리라고는 하지 않으셨다. 약 100년이 지난 후 호세아는 예후가 이스라엘에 흘렸던 피 때문에 그의 왕조에 대한 하나님의 심판을 선언한다(호 1:4).

그렇다 해도 예후는 여로보암이 벧엘과 단에 세운 금송아지를 섬기는 데서 돌아서지 않았고, 여로보암이 이스라엘에게 범하게 한 죄에서 떠나지도 않았다. 또한 하나님의 율법을 지켜 살지도 않았다. 예후는 사마리아에서 28년을 다스리고 생을 마감한다(왕하 10:35-36).

6. 아달랴의 광란(왕하 11:1-16)

아달랴의 본색이 드러났다. 그녀는 아들 유다 왕 아하시야가 죽자, 유다 왕궁에서 피비린내 나는 살육을 시작했다. 유다 왕궁에 있는 다윗 왕족의 씨를 다 멸하고(1절; 대하 22:10), 자신이 왕의 자리를 차지했다(1절; 대하 22:10). 남유다 왕 여호사밧의 아들 이름도 아하시야이고, 북이스라엘 아합의 첫째 아들도 아하시야(왕하 1:18)여서 혼란스러울 수 있지만, 여기서 언급하는 아하시야는 남쪽 유다 왕을 말한다. 이 아하시야가 죽고 동생이 그 뒤를 이었는데, 그가 바로 아달랴와 결혼한 유다의 왕이요, 여호사밧의 둘째 아들 여호람이다.

여호람과 아달랴 사이에 아들과 딸이 있었는데, 아들은 아하시야, 딸은 여호세바다. 여호세바의 남편은 훌륭한 제사장으로 인정받던 여호야다였다. 당연히 이 부부는 여호와를 잘 섬기고 다윗의 길을 따르려 노력하던 사람들이었다. 이들은 아달랴의 광분으로 유다 왕궁의 왕족이 다 살해되는 와중에 왕자였던 어린 조카 요아스를 극적으로 구출해, 성전에서 7년 동안 숨겨 길렀다. 요아스는 아하시야 왕의 아들로 아달랴에게는 손자가 된다. 즉, 아달랴는 자기 손자를 죽이려 했고, 아달랴의 딸인 여호세바는 자기 어머니의 칼에서 조카인 요아스를 건져낸 것이다. 이들은 그 아이를 성전 안 어느 침실에서 숨겨 놓고 길렀다. 침실은 제사장 숙소를 말하는 것으로 보기도 하고, 요세푸스의 주장대로 침대와 매트리스를 쌓아놓은 곳간으로 보기도 한다.

다윗의 가문이 멸절당하고 난 뒤 6년 동안 아달랴는 예루살렘의 왕권을 쥐고 마음껏 악한 일을 저질렀다. 기록으로는 아달랴가 남유다 7대 왕으로 주전 840~835년까지 6년 동안 통치한 것으로 되어 있다. 그러나 역대기에서는 역대 유다 왕들의 계보에서 그 이름을 언급조차 하지 않는다(대상 3:10-16). 이는 아달랴가 북이스라엘 아합 왕의 딸로, 다윗 가문에 속한 왕이 아니기 때문이기도 하지만(왕하 8:18, 26-27; 대하 21:6), 하나님을 대적하며 악행을 거듭해 유다 집의 왕의 씨를 진멸하려던 장본인이기 때문이다(왕하 11:1; 대하 22:10).

아달랴는 곧 이스라엘에 바알 전도자로 온 이세벨의 딸이었다. 그녀는 자신의 손자들인 유다 왕국의 자녀들을 모조리 죽여 다윗의 혈통을 근절하려고 했으며, 7년 동안 유다를 통치하면서 예루살렘에 이세벨의 꿈을 이루려 했다. 만약 그녀의 의도대로 되었다면 다윗 왕조가 바알의 나라 두로(베니게)의 손에 넘어갔을 것이다. 그런 측면에서 여호세바가 어린 왕자 요아스를 위기에서 건져낸 것은 곧 다윗 왕조를 건져낸 셈이다. 그 후 제사장 여호야다가 이끌었던 개혁에 의해 요아스는 왕이 되고, 아달랴는 처형된다(왕하 11:16; 대하 23:15, 21) 이렇게 해서 다윗의 집은 다시 유다의 왕위에 오른다. 그럼에도 예후의 후손은 주전 745년까지 북쪽에서 왕위에 계속 머물러 있었다.

아달랴가 죽었을 때 온 국민이 즐거워하고 온 성이 평온했다고 성경은 강조한다(왕하 11:20; 대하 23:21). 얼마나 지겹고 혐오스러웠으면 그의 죽음으로 유다 온 국민들이 즐거워했겠는가? 한 사람으로 인해 온 성이 평화롭고 즐거울 수 있는가 하면, 또 한 사람의 악정으로 모두가 불행해질 수 있음을 보여 준다.

아달랴가 남북을 통틀어 유일한 여왕으로서 격변하는 국제 정세에서도 7년이나 유다를 통치할 수 있었다는 것은 그녀의 통치력이 탁월했음을 말해 준다. 그럼에도 그녀를 긍정적으로 평가할 수 없었던 것은 다윗 왕궁의 식구들을 모두 죽였다는 점과 다윗 왕조의 맥을 끊어 버리고 유다를 바알 왕국으로 만들려고 했기 때문이다. 열왕기는 여왕 아달랴의 통치에 관해 자세한 기록을 남기지 않는다. 그에 관한 기록은 모두 다섯 절 정도이며, 이 역시도 치적에 관한 내용이 아니다.

7. 여호야다의 개혁(왕하 11:17-21)

아달랴의 통치 후 일곱 번째 해가 되던 때였다. 제사장 여호야다는 유다 왕권을 회복할 계획을 세운다. 그러기 위해서는 아달랴를 제거해야 한다. 여호야다는 친위대를 총동원하기로 계획을 세우고, 가리 사람(Carians)의 백부장들과 호위병 백부장들을 불러 왕자에게로 데려가서 언약을 맺게 하고 왕자를 보여 준다. '가리 사람'은 아마도 외국인으로 구성된 호위병일 것으로 추측한다. 반란은 안식일에 일으키려고 계획했는데 군사들의 1/3은 왕궁, 1/3은 수르 문, 1/3은 호위병 뒤에 있는 문을 지키도록 했다. 안식일 비번은 두 반으로 나누어 왕을 지키도록 했다. 이들은 각자 무기를 들고 왕을 호위하고, 대열 안으로 들어오는 사람은 반드시 죽이라고 했다.

드디어 여호야다가 왕자를 데리고 나온다. 그리고 그는 성전 안에서 어린 왕자에게 왕관을 씌우고 율법책을 주고 머리에 기름을 부어 왕의 즉위식을 마친다. 이것을 알게 된 아달랴는 옷을 찢으며 반역이라고 소리쳤지만, 여호야다는 백부장들을 시켜 그녀를 성전에서 끌어내 성전 밖의 군마가 다니는 길에서 처형했다. 아달랴의 통치는 이렇게 끝이 났다(왕하 11:16).

아달랴가 죽고, 요아스가 왕위에 오른 후 여호야다는 개혁을 시작한다. 가장 먼저 삼자 간에 계약을 한다. 왕과 백성들로 하여금 하나님 앞에서 계약을 갱신하도록 하여 여호와의 백성이 되게 했다. 여호와의 백성과 왕으로 새롭게 태어나게 했다는 말은, 바알의 딸인 아달랴의 지배하에서 성전도, 왕도, 백성들의 마음도 얼마나 황폐해졌는지를 보여 준다. 엘리야가 갈멜 제단을 다시 수축했듯, 마음을 새롭게 하도록 계약을 갱신하는 것이 개혁의 기본 단계라는 것을 여호야다는 알고 있었다. 또 왕과 백성 사이에도 언약을 세우게 했다. 그렇다. 왕도 새로운 마음으로 나라와 백성들을 사랑하면서 다시 시작해야 한다. 백성들도 바알의 방탕한 제사에 취해 먹고 춤추고 음행했던 것을 청산해야 했을 것이다.

그리고는 그 땅의 모든 백성이 바알 신당으로 몰려 갔다. 이에 그 신당을 허물고 제단들과 우상들을 철저하게 깨뜨리고, 그 제단 앞에서 바알 제사장 맛단을 처형했다(18절). '맛단'이란 이름은 철저히 베니게적인 이름이다. 온전한 이름은 '맛단 바알' 즉 '바알의 선물'이란 뜻이다. 그렇다면 두로의 바알 제사장이 예루살렘 왕궁까지 들어와 바알 제단에서 제사를 이끌고 있었다는 말이 된다. 성전이 얼마나 우상으로 가득 차 있었는지는 가히 짐작할 수 있다. 제사장 여호야다는 아달랴로부터 왕위를 빼앗은 후 바알 제의를 철폐시켰을 뿐 아니라, 그녀가 예루살렘을 다스리는 동안 왕궁 안에 들여온 모든 바알 신당과 제단들과 우상들을 철폐하고, 바알 제사장을 죽임으로 야웨 예배를 갱신을 하고, 야웨 종교의 부활을 선언했다. 본문 18절은 예루살렘 안에 이런 우상들이 있었다는 것을 최초로 언급한 곳이다. 그러나 이런 일은 사실 왕궁 안이나 나아가 성전 안에서도 펼쳐지고 있었을 것이다.

그 후 제사장 여호야다가 성전에서 요아스를 왕으로 세울 때, 백부장들에게 다윗의 창과 방패를 주었다(왕하 11:10). 이는 왕을 호위하도록 준 것이지만, 사실은 백부장들이 다윗의 창과 방패를 가진다는 것은 다윗 왕조의 정통성의 회복을 상징하는 것이다.

요아스는 고모부인 제사장 여호야다의 가르침을 받아 국정을 운영해 나갔고, 여호야다가 살아 있는 동안에는 평생 주님 보시기에 올바르게 행했다. 열왕기하 12장 2절에 나타난 평가는 여호야가가 요아스를 바른길로 이끌었다고 말한다. 요아스는 40년 동안 유다를 다스렸다. 아쉬운 점은 그가 산당을 제거하지 않아 백성들이 그곳에서 제사를 지냈다는 것이다. "산당에서 제사하며 분향하였더라"(왕하 12:3)에 해당하는 히브리어 '카타르'(קטר)는 '희생 제물을 드리다'로 해석해야 한다. 즉, 백성들이 산당(높은 곳)에서 짐승을 도살해 희생 제사를 드린 것을 말한다. 즉, 여호와께 드려야 할 희생 제사를 산당에서 바알 우상에게 바쳤다는 말이다.

열왕기하 12장 2절의 "여호야다가 그를 교훈하는 모든 날 동안에는"이란 표현을 보면, 아마도 보호자요 스승이었던 제사장 여호야다가 도중에 사라진 것이 분명하다. 어떻게 된 것일까? 여호야다가 살아 있는 동안에는 왕이 여호와의 신자로 정직하게 살았고, 그의 삶은 형통했다. 그러나 그가 세상을 떠난 다음에 타락했기 때문에 "모든 날 동안"이란 표현을 쓴 것으로 보인다. 여하튼 제사장 여호야다는 요아스의 통치 기간 중 상당한 영향력을 행사했던 것으로 보인다. 역대기에는 여호야다가 나이가 많아(130세) 죽었다고 말한다(대하 24:15). 그뿐 아니라 그가 평생 백성들과 하나님과 성전을 위해 귀한 일을 했기 때문에, 사람들이 그를 다윗 성 왕실 묘지에 안장했다고 전한다(대하 24:16).

8. 유다 왕 요아스(왕하 12:1-21)

어린 나이에 왕위에 오른 요아스는 성전 보수를 명령한다. 악한 아달랴가 유다를 통치하는 동안 성전 예배는 그치고, 그곳에서 바알 숭배를 했으니 성전이 얼마나 무너졌겠는가? 성전 보수의 시급함을 느낀 요아스는 제사장들에게 사람들의 헌금을 받아 수리가 필요한 곳은 모두 고치라고 명령했다. 그러나 요아스가 왕이 된 지 23년이 지나도록 성전 보수가 시급한 곳이 고쳐지지 않았다(4-6절). 제사장 여호야다가 있었는데도 성전 수리를 하지 아니한 것은 이상한 일이다. 여호야다가 들어온 헌금을 부정하게 사용했거나 착복했다고는 주장하는 학자들도 있다. 그러나 그렇게 보기는 어렵다. 다만 밑에 일하는 사람들을 잘 감독하지 못한 결과로 보인다.

요아스 왕은 성전 수리를 위한 수정안을 발표한다. 재원은 같았으나, 재정 관리 방법과 책임자를 달리했다. 1) 성전 수리에 관계된 헌금을 제사장들이 받지 못하게 하고, 2) 제사장들이 성전 수리 책임도 맡지 않도록 했다(7-8절). 어떤 이유에서든 제사장들이 신임을 잃었기 때문이었을 것이다. 3) 헌금은 바치는 사람들이 성전 공사를 맡은 자들에게 직접 바치도록 함으로, 그 헌금자가 보는 앞에서 헌금궤에 넣도록 했다. 그리고 들어온 돈은 감독관들에게 전달하고, 그들은 다시 성전을 수리하는 목수들과 건축자들에게 지불해 수리를 하도록 했다. 수리 위원으로 왕의 서기와 대제사장 여호야다를 임명하고(10절), 제사장들의 생활 보장을 위해 속건제와 속죄제에서 나오는 수입은 제사장들에게 돌리기로 했다.

요아스는 성전과 관련된 지시를 하고(5-9절), 그 준수 여부를 감시하며(왕하 22:3-7), 종교개혁을 시작하고 본인이 직접 이끌었던 왕이다(왕하 23장). 그럼에도 요아스의 실책은 두 가지로 요약할 수 있다. 첫째, 그는 산당을 제거하지 않음으로 백성들이 그곳에서 제사하며 분향하는 일이 계속되었다(3절). 둘째, 시리아 하사엘이 예루살렘을 침공해 들어오자, 성전과 창고에 있는 모든 금을 보내 하사엘을 예루살렘에서 물러가게 했다(17-18절). 열왕기는 그래도 요아스를 선한 왕이라고 평가한다. 아마도 그가 이룬 성전 수리를 귀하게 보았기 때문이었을 것이다(4-16절).

● 요아스에 대한 열왕기와 역대기의 평가

역대기 24장 1-25절의 내용은 열왕기에 비해 좀더 자세하고 구체적으로 기록한 것을 제하면 대체로 비슷하다. 7절에서는 성전 보수를 시급하게 진행해야 하는 이유를 설명한다. 아달랴가 하나님의 전을 파괴하고 그 안에 있는 모든 성물을 바알들을 위해 사용했기 때문이라는 것이다.

요아스의 생애는 제사장 여호야다의 죽음으로 갈린다. 여호야다는 130년을 살았다. 그가 살아 있는 동안에는 성전에서 번제드리는 일이 끊어지지 않았었는데, 그가 죽고 나자 요아스는 여호와의 전을 버리고 유다 지도자들의 유혹에 따라 아세라 목상과 우상을 섬기기 시작했다. 이 일로 인해 하나님의 진노가 유다와 예루살렘에 임했다(대하 24:17-18). 여호와께서 그들을 돌이키게 하려 했으나 그들은 예언자의 말을 거절했다. 그때 여호야다의 아들 스가랴가 하나님의 영의 감동을 받고 백성들을 꾸짖었다. 스가랴는 직업 예언자는 아니었고, 스데반처럼 순간적으로 하나님의 감동을 받아 예언한 것으로 보인다.

"하나님이 이같이 말씀하시기를 너희가 어찌하여 여호와의 명령을 거역하여 스스로 형통하지 못하게 하느냐 하셨나니 너희가 여호와를 버렸으므로 여호와께서도 너희를 버리셨느니라"(대하 24:20). 이 말로 인해 백성들은 왕의 명령에 따라 그를 성전 뜰에서 돌로 쳐죽인다(대하 24:22). 요아스가 여호와의 말씀을 전한 스가랴를 죽인 것이다. 이에 대해 역대기는 분노에 가득 차 지적한다. “요아스 왕이 이와 같이 스가랴의 아버지 여호야다가 베푼 은혜를 기억하지 아니하고 그의 아들을 죽이니”(대하 24:22). 그러나 스가랴는 “여호와는 감찰하시고 신원하여 주옵소서”(대하 24:22) 하고 숨을 거두었다.

역대하 24장 23절에서는 요아스가 스가랴를 죽인 결과로 일어난 일들을 소개한다. 하나님께서 아람 군대를 유다에 보내 유다와 예루살렘을 짓밟고, 모든 지도자를 죽이고, 노략한 물건은 다메섹으로 보내게 하셨다. 아람 군대가 적은 군대를 보냈으나 하나님께서는 이스라엘의 큰 군대를 그들의 손에 넘기셨다고 말한다. 유다 사람들이 조상들의 하나님 여호와를 버렸기 때문에 아람 사람들로 요아스를 징벌하게 하신 것이다(대하 24:24). 그리고 그 전쟁에서 요아스는 큰 부상을 당했고, 아람 군대가 요아스를 버리고 간 것을 백성들이 그의 침상에서 죽이고 만다. 그리고 그를 왕들의 묘실에 장사하지 않았다. 열왕기는 그를 다윗 성에 장사했다고만 말하고, 왕실에 묻힌 것에는 침묵한다. 여호야다는 왕이 아니었는데도 왕실에 묻힌 것과는 매우 대조적이다. 그때 요아스의 나이는 47세였다.

역대하에서는 여호야다의 죽음(대하 24:15)으로부터 요아스의 아들 아마샤가 그 뒤를 이어 왕이 될 때까지(대하 24:27)를 기록하는 짧은 구절 사이에 요아스의 죄가 다섯 번이나 반복해서 강조되고 있다.

1) 여호와의 전을 버리고 아세라 목상과 우상을 섬겼다(18절).

2) 여호와의 명령을 거역해 스스로 형통하지 못하게 했다(20절).

3) 여호야다가 베푼 은혜를 기억하지 않고 그의 아들을 죽였다(22절).

4) 백성들이 하나님 여호와를 버리도록 했다(24절).

5) 여호야다의 아들들의 피로 인해 죽게 되었다(25절).

이렇게 하고도 아쉬웠는지 역대기 저자는 그가 성전을 보수한 사적에 대해서는 열왕기 주석에 기록되었다는 말을 남긴다. 요아스는 스가랴를 죽일 때도 사람들의 말을 들었다. 하나님의 말씀을 듣지 않고 사람들의 말을 듣게 되면서 그의 생애는 축복에서 저주로 변했다. 요아스는 여호야다에 너무 눌려 산 것일까, 아니면 바알 섬기는 일이 좋아 보였던 것일까? 그도 아니면 6년간 유다를 지배했던 이세벨의 딸 아달랴의 손자로 아달랴의 피가 그 속에 흐르고 있었던 것인가?

요아스에 대한 열왕기의 기록과 역대기의 기록의 차이는, 열왕기는 왕의 업적에 관심을 두고, 역대기는 그 사람과 말씀과의 관계에 더 강조점을 두었기 때문이다. 역대기는 말씀을 따라 살 때 형통하다, 말씀을 더는 듣지 않았을 때 패망의 길을 걸은 두 사람을 본보기로 보여 준다. 한 사람은 요아스요, 또 한 사람은 웃시야다. 두 사람을 비교해 보면 다음과 같다.

요아스(대하 24:1-27)	**웃시야**(대하 26:3-5)
제사장 여호야다 부부에 의해 구출됨	부친 아마샤를 본받아 삶
제사장 여호야다의 교훈을 받으며 자람	영적 스승 스가랴가 있는 동안 형통함
그러는 동안에는 여호와 보시기에 정직히 행함	하나님에게서 멀어져 가며 교만해짐
지도자들의 유혹에 빠져 우상을 섬김	돌이키기를 권하던 제사장들을 잡으려다
회개를 촉구하던 스가랴(여호야다의 아들)를 살해함	나병에 걸려 쫓겨남

IV.
기울어져 가는 사마리아

1. 예후의 아들 여호아하스(왕하 13:1-13)

예후의 아들 여호아하스는 유다 왕 아하시야의 아들 요아스 23년에 이스라엘의 왕이 된다. 사마리아 왕이 된 여호아하스는 17년 동안 악하게 나라를 통치했다. 열왕기는 그의 죄악을 다음과 같이 기록한다. "여호와 보시기에 악을 행하여 이스라엘에게 범죄하게 한 느밧의 아들 여로보암의 죄를 따라가고 거기서 떠나지 아니하였으므로"(2절). 이를 두 번이나 반복한다(6절). 그리고 6절에서는 사마리아에 아세라 목상을 그대로 두었다고 덧붙인다. 그 결과 여호와께서 노하셔서 아람 왕 하사엘의 손과 그 아들 벤하닷의 손에 이스라엘을 넘기셨다(3절).

그러나 하사엘과 벤하닷의 공격을 받고 여호아하스가 기도하면 여호와께서는 이를 들으시고 이스라엘을 시리아의 손에서 건져주신다. 그럼에도 이스라엘은 여로보암의 죄를 떠나지 않고 여전히 그 길을 따라 행하며 사마리아에 아세라 우상을 그대로 두었다. 이 때문에 하나님께서는 아람 왕으로 하여금 이스라엘을 공격하게 해 타작마당의 먼지같이 만들었다. 이로 인해 그 땅에는 기마병 오십과 병거 열 대와 보병 만 명만 남게 된다(6-7절).

2. 이스라엘의 마병과 병거(왕하 13:14-21)

이스라엘의 병거와 마병이었던 엘리사가 세상을 떠날 때가 왔다. 이스라엘 왕 요아스(이스라엘 12대 왕 여호아스)가 그에게로 내려왔다(14절). 그 앞에서 눈물 흘리는 요아스에게 엘리사는 활을 가져와 동쪽 창문을 열고 쏘라고 한다. 그리고 말한다. "이는 여호와를 위한 구원의 화살 곧 아람에 대한 구원의 화살이니"(17절). 또 아벡에서 아람군을 완전히 멸하게 하실 것이라고 덧붙인다. 또 이번에는 화살을 잡고 땅을 치라고 한다. 왕이 세 번 치고 그만두자 엘리사가 화를 내면서, 왕이 대여섯 번을 쳤더라면 아람을 완전히 진멸할 수 있었을 텐데 고작 세 번만 쳤으므로, 아람을 세 번만 치게 될 것이라고 말한다. 그리고 엘리사는 숨을 거둔다(20절).

엘리사가 엘리야의 승천 모습을 보면서 "내 아버지여 내 아버지여 이스라엘의 병거와 그 마병이여"(왕하 2:12) 하고 외친 것처럼, 엘리사가 죽음에 임박하자 여호아스가 눈물을 흘리며 "내 아버지여 내 아버지여 이스라엘의 병거와 마병이여"(14절) 하고 울부짖는다. 엘리야나 엘리사가 이스라엘의 병거와 마병이란 말은 아니다. 단지 여호와 하나님께서 곧 이 나라의 병거와 마병이라는 뜻이다. 그러나 이런 하나님의 능력을 이 땅에 실현할 수 있는 사람이 있어야 한다. 엘리야와 엘리사는 바로 그런 사람이었다. 당시는 여호와의 제단은 무너지고, 북이스라엘의 국운이 기울어지던 때였는데, 만약 두 선지자의 활약이 없었다면 이스라엘은 아합 왕을 끝으로 멸망했을지도 모른다. 그러나 이 선지자들의 활약으로 여호와 신앙의 열기가 살아나고, 북이스라엘의 운명은 100년 이상이 연장된다. 선지자의 외침이 있는 동안에는 그래도 희망이 있었다. 영혼의 온기가 사라지지 않았다. 하나님은 지금도 이런 사람을 찾고 계신다.

결국 요람의 죽음과 함께 오므리의 왕조는 막을 내린다. 오므리의 아들 아합, 아합의 아들 아하시야, 아하시야의 동생 요람으로 이어지던 오므리 왕조는 4대, 34년의 짧은 기간으로 끝을 맺고 만다. 그리고 예후의 왕조가 시작된다.

3. 유다 왕 아마샤(왕하 14:1-22; 대하 25:1-24)

유다 왕 요아스의 아들 아마샤가 25세에 왕이 되어(주전 800년) 29년간 다스렸다. 아마샤는 여호와 보시기에 정직히 행하기는 했으나 그의 조상 다윗과는 같지 않았고, 아버지 요아스처럼 행하긴 했어도 산당들은 제거하지 않았다. 그러나 하나님께서는 그의 나라를 굳게 세워 주셨다. 그러자 아마샤는 북쪽 이스라엘 왕 아마샤에게 직접 만나 싸우자고 시비를 걸었다(8절).

하나님은 아마샤가 에돔을 쳐서 이기더니 오만해져 자신과 유다를 멸망시킬 화근을 불러들인다고 책망하셨다. 그러나 아마샤는 끝내 듣지 않고 이스라엘과 전쟁을 한다. 결국 아마샤 왕은 전쟁에서 패하고 포로가 되어 예루살렘으로 끌려오고, 예루살렘 성벽은 4백 규빗이나 무너지고, 성전과 왕궁에 있던 보물은 약탈을 당했다. 열왕기는 그가 어떻게 죽었는지를 기록하지 않는다. 반면 역대기에서는 북쪽 이스라엘과의 전쟁과 그의 죽음에 대해 자세하게 기록하고 있다(대하 25:5-28). 아마샤가 여호와를 버린 후 예루살렘에서 반역이 일어났다. 아마샤는 라기스로 도망했지만, 거기까지 쫓아온 사람들에 의해 죽임을 당했다. 가정의 비극이 아버지의 대를 이어 요아스에게서 아마샤에게로 이어졌다.

멸망으로 가는 길(왕하 15:1-38)

1) 이스라엘 왕 스가랴가 여섯 달 동안 통치(8-12절)
2) 이스라엘 왕 살룸이 한 달 동안 통치(13-16절)
3) 이스라엘 왕 므나헴이 십 년 동안 통치(17-22절)
4) 이스라엘 왕 브가히야가 두 해 동안 통치(23-26절)
5) 이스라엘 왕 베가의 이십 년 동안 통치(27-31절)
6) 호세아의 통치를 마지막으로 사마리아가 멸망당함(왕하 17:1-41)

4. 나병에 걸린 아사랴(왕하 15:1-7; 대하 26:1-23)

유다 왕 아마샤의 아들 아사랴가 16세에 왕이 되어(주전 783년) 예루살렘을 52년간 다스렸다. 그가 유다 왕이 된 해는 이스라엘 왕 여로보암 27년이다. 특별히 그의 어머니를 소개하고 있는데, 그는 예루살렘 사람으로 여골리아다. 아사랴는 그의 아버지의 모든 행위대로 여호와 보시기에 정직히 행했다. 그러나 오직 산당은 제거하지 않았기에 백성들이 그 산당에서 제사를 드리며 분향했다. 이에 하나님께서 진노하사 그를 치심으로 나병환자가 되어 죽는 날까지 별궁에 거했고, 그의 아들 요담이 나라를 다스렸다. 아마샤는 그 유명한 웃시야라고도 불리던 왕이다. 아마도 아마샤는 본명이고, 웃시야는 왕의 공식 이름일 것이다. 열왕기에서는 아쉽게도 그에 대한 사적을 일곱 절로 짧게 기록했다. 그리고 그가 나병에 걸린 이유는 산당을 제거하지 않아 백성들이 산당 제사를 드렸기 때문이라고만 간단히 진술했다.

그런데 아마샤(웃시야)에 대한 열왕기와 역대기의 기록이 서로 다르다. 역대하에서는 그에 대해 23절에 걸쳐 길게 다루었다(대하 26:1-23). 웃시야 왕은 엘랏을 재건해 유다에 귀속시킨 왕이다. 그는 여호와 보시기에 정직하게 나라를 통치한 좋은 왕이었다. 그의 곁에는 하나님의 묵시를 밝히 아는 스가랴가 있었기 때문이며, 스가랴가 있는 동안에는 그가 하나님을 찾았고, 또 그가 여호와를 찾는 동안에는 하나님이 그를 형통하게 하셨다. 그가 얼마나 형통했는지는 역대하 26장 6-15절에 자세하게 기록되어 있다.

한편 '찾다'에 해당하는 히브리어 '리드로쉬'(לדרש)는 기본적으로 '구하다'라는 의미를 지닌 동사 '따라쉬'(דרש)의 부정사 연계형에 전치사 '레(ל)'가 접두된 형태다. '따라쉬'는 아사 왕의 기사에 집중적으로 등장했던 단어로, 역대기 저자의 신앙적 관점에서는 하나님에 대한 신앙의 척도를 나타낸다(대하 12:14, 14:4, 15:2, 12-13, 16:12, 17:3-4, 18:4, 6-7, 19:3, 20:3, 22:9, 25:15, 20, 26:5, 30:19, 31:9, 21, 32:31, 34:3, 21, 26). 그러므로 웃시야가 하나님을 찾았다는 것은 그가 하나님을 전적으로 의지하고 순종하며 그 뜻대로 행하는 신앙의 정도를 걸었다는 것을 의미한다.

그에게 문제가 생긴 것은 스가랴 선지자가 그의 곁을 떠난 뒤부터였다. 여기 나오는 스가랴가 어떤 사람인지는 성경에서 찾아낼 수가 없다. 여호야다의 아들 스가랴를 생각할 수 있지만, 연대가 맞지 않아 단정 지을 수는 없다. 선지자 스가랴가 어떻게 그의 곁을 떠났는지도 알 수 없다. 그가 죽었는지, 아니면 웃시야에게 배척을 받았는지도 알 수가 없다. 분명한 것은 스가랴가 웃시야의 신앙 지도를 더는 하지 않았다는 점이다. 여하튼 스가랴가 떠나고 난 후부터 그는 교만해지기 시작했다. 심지어 성전 안에 있는 분향단에서 자기 스스로 제사를 집례하려고 했다. 그때 제사장 아사랴가 제사장 80명을 데리고 웃시야 왕을 따라가면서 제사를 만류했다. 이는 아론의 자손 제사장들이 하는 일이며 왕이 할 일이 아니었기 때문이다. 그러면서 왕은 하나님께 범죄했으니 하나님 여호와에게서 영광을 얻지 못할 것이라고 만류했지만 그는 그래도 성전에 들어가 분향하려 했다. 그때 그에게 나병이 생겼고, 이를 본 제사장들은 그를 급히 성전에서 쫓아냈다. 그는 죽는 날까지 별궁에서 살다 죽는 비극적인 왕이 되었다. 이사야가 성전에 들어가 슬피 울며 기도한 때가 바로 웃시야가 죽던 해였다(사 6:1-3).

이처럼 열왕기하가 '하나님께 묻지 않고 우상에게 물으면 하나님의 진노를 면할 수 없다'고 선언하였듯이, 역대기도 하나님의 사람들은 하나님께 묻고 들어야 한다고 일관되게 주장한다. 하나님께 듣는 일은 하나님의 자녀들이 지켜야 할 제1의 강령이라고 강조하고 있는 셈이다.

역대기가 이처럼 자세하게 그의 사적을 기록한 데 비해 열왕기는 짧게 기록한 이유는 무엇일까? 우선 아마샤가 나병에 걸린 원인이 각각 다르다. 열왕기는 산당을 제거하지 않고 백성들이 그곳에서 제사를 드렸기 때문이라고만 기록한 반면, 역대기는 그가 어떻게 해서 그처럼 형통하게 되었는지(대하 26:6-15), 그리고 그가 왜 나병에 걸렸는지를 자세하게 밝혀 놓았다(대하 26:16-23). 그뿐 아니라 일반적으로 우리는 웃시야 왕이 나병에 걸린 이유는 그가 왕으로서 해서는 안 되는 성전 분향을 하려 했기 때문이라고 알고 있다. 그러나 그것은 결과일 뿐 원인이 아니다. 역대기가 말하려고 하는 근본 원인은 "하나님의 묵시를 밝히 아는 스가랴가 사는 날에"(대하 26:5)라는 표현에 있다. 웃시야는 스가랴에게서 하나님의 말씀을 가르침을 받고 살 때는 하나님을 경외했지만, 그의 가르침을 받지 못하게 되었을 때는 교만해져 왕으로서 해서는 안 되는 일까지 하려 했다는 것이다(대하 26:16-19). 역대기는 웃시야를 말씀을 듣던 왕에서 듣지 않게 된 왕으로 평가했다.

열왕기는 요아스와 웃시야(아사랴)를 실패한 왕으로 취급한다. 그래서 그들에 대한 기록도 매우 짧고 간단하다. 그러나 역대기는 이 두 왕이 왜 실패했는지를 자세하게 다룬다. 두 왕의 실패 원인이 역대기의 관점과 정확하게 일치하기 때문이다. 결국 두 왕이 하나님의 말씀을 듣지 않아서 망했던 것처럼 유다 나라도 하나님의 말씀을 버렸기 때문에 멸망하게 되었던 사실을 강조하려는 것이다.

5. 이스라엘의 다섯 왕(왕하 15:1-38)

유다 왕 아사랴 이후에 북쪽 이스라엘은 정치적 격변기를 거친다. 여로보암의 아들 스가랴가 사마리아에서 6개월 동안 다스리고, 아베스의 아들 살룸이 왕이 되어 한 달 동안 다스린다. 그러다 가디의 므나헴이 살룸을 쳐죽이고 왕이 되어 10년간 다스린다. 그 후 유다 왕 15년에 므나헴의 아들 브가히야가 이스라엘의 왕이 되어 2년을 다스린다. 이어 그의 부관인 르말리야의 아들 베가가 반란을 일으켜 사마리아에 있는 왕궁의 요새에서 왕을 죽이고 대신 왕이 된다. 유다 왕 52년에 20년 동안 다스리던 베가를 반역한 엘라의 아들 호세아가 그를 살해하고 왕이 되고, 베가 2년에 웃시야의 아들 요담이 유다의 왕이 된다. 이처럼 이스라엘은 여로보암의 아들 스가랴에 이어 24년간 여섯 왕의 혼란한 시기를 겪는다. 이 왕들에 대한 기록은 동일한 내용의 반복이다. 즉, 여로보암의 죄에서 떠나지 않았다는 것이다.

> "그도 또한 조상이 한 것처럼 주님께서 보시기에 악을 행하고, 이스라엘로 죄를 짓게 한 느밧의 아들 여로보암의 죄에서 떠나지 아니하고, 그것을 그대로 본받았다."(왕하 15:9; 참조. 15:18, 24, 28, 새번역)

예루살렘 시온 신학을 중심으로 전개된 사무엘서와 열왕기의 내용은 이스라엘보다 유대가 더 우세한 왕국인 것 같은 인상을 주고 있다. 그러나 세상 역사로는 두 나라를 통틀어 가장 강력한 왕조는 오므리 왕조였다고 한다. 고고학 발굴을 통해 오므리 왕조의 건축물들이 솔로몬 시대보다 훨씬 더 웅장한 규모였음이 밝혀졌다고 한다. 그러나 성경은 오므리 왕조의 부정적인 면을 강조하고 있다. 특히 아합 왕과 이세벨의 악행이 크게 강조되다 보니 그의 업적은 거의 생략되어 버렸다.

- 오므리 왕조(오므리-아합-아하시야-여호람), 오므리가 왕이 된 후 34년간 통치
- 예후 왕조(예후-여호아하스-요아스-여로보암 2세-스가랴), 예후가 왕이 된 후 97년간 통치

6. 유다 왕 아하스(왕하 16:1-20)

성경은 아하스의 아버지 요담에 대해서는 짧게 기록하고 있다. 그는 아버지 웃시야의 모든 행위대로 여호와 보시기에 정직히 했했으나, 산당을 제거하지는 않았다(왕하 15:35). 이에 여호와께서 아람 왕 르신과 르말랴의 아들 베가를 유다로 보내어 치게 하셨고, 요담은 그들에 의해 살해된 것으로 보인다. 그리고 아하스가 왕이 된다.

유다 왕 요담의 아들 아하스는 20세에 왕위에 올라 16년간 나라를 다스렸다. 그는 유다의 왕이었지만, 다윗의 길을 따르지 않고 르호보암의 길을 따랐다. 이에 이방 사람의 가증한 일을 따라 자기 아들을 불 가운데로 지나가게 했으며, 산당들과 작은 산 위와 모든 푸른 나무 아래 산당에서 제사를 드리며 분향했다. 필로(Philo of Bybols, 주후 1세기 경에 유명했던 페니키아의 학자 및 저자)는 베니게 족속에게 있었던 옛 풍습 하나를 전한다. 나라에 위기가 올 때면 그들은 자기들의 가장 예쁜 어린이들을 비밀스러운 방법으로 신에게 제물로 바쳤다고 한다. 필로가 번역한 《베니게의 역사》에는 어린이를 제물로 드린다는 이야기로 가득 차 있다. 열왕기하 3장 27절에도 모압 왕 메사가 이스라엘 군대에게 포위되어 위기에 빠지자 자기를 이어 왕이 될 맏아들을 포위된 성중에서 불살라 제물로 바쳤다는 이야기가 나온다. 열왕기하 16장 3절에는 위기에 몰린 아하스가 자기 아들을 불 가운데로 지나가게 했다고 기록하고 있으며, 므낫세도 그와 똑같은 일을 했다(왕하 21:6).

반(反)시리아 편에 서 있던 아하스는 시리아의 르신 왕과 이스라엘의 베가 왕이 예루살렘을 쳐들어왔을 때, 앗수르 왕에게 전령을 보내 이렇게 말한다. “나는 임금님의 신하이며 아들입니다. 올라오셔서, 나를 공격하고 있는 시리아 왕과 이스라엘 왕의 손에서, 나를 구원하여 주십시오."(7절, 새번역) 그리고 성전과 왕궁에 있는 모든 보물을 앗수르 왕에게 보낸다. 그 결과 앗수르 왕은 다메섹으로 진군해 와서 유대 나라를 건져 주었고, 요아스는 다메섹에 머물고 있던 앗수르 왕에게 감사 인사를 하기 위해 갔다가 그곳에 있는 큰 제단을 보았다. 그리고는 그 제단의 모형과 도본(圖本)을 세밀하게 그려 우리야 제사장에게 보내 그대로 제작하도록 했다(10-11절). 제사장 우리야는 선지자 이사야가 가장 신임하는 제사장이었다(사 8:2). 그런 우리야가 아무런 저항 없이 왕의 명령에 순종했다는 것은 이해가 어려운 부분이다.

아하스 왕이 받아들인 제단은 어떤 제단일까? 롤랑 드보는 아하스가 만들어 세운 놋 제단은 일반적으로 앗수르 종교 제단이었을 것으로 알고 있지만, 사실은 시리아 종교 제단이었을 것이다고 말한다. 그렇다면 이 제단은 수도 다메섹에 있는 하닷-림몬 신전의 거대한 제단을 본뜬 것으로 추측된다(왕하 5:18). 그럼에도 이 제단이 앗수르의 제단일 것이라고 주장하기도 한다. 대부분 정복자들은 전쟁에서 이기면 자기들의 종교를 강요하고, 새로운 제단을 만들어 그곳에서 제사드리게 했던 관례로 보아, 앗수르 왕이 다메섹에 자기들의 승전을 기념하면서 자기 나라의 새 제단을 세웠을 것이라고 추측하기 때문이다. 여하튼 아하스는 크고 화려하고 더 예술적인 이방 신의 제단에 비해 예루살렘 성전 제단이 너무 초라하다고 생각했을 것이고, 또 승전국인 앗수르 왕들의 신에게 자기도 의지하고 싶었을지도 모른다.

예루살렘으로 돌아온 아하스는 거기 마련된 다메섹 제단에서 제사를 드렸다. 그뿐 아니라 성전에 있던 놋 제단을 옮겨 제단 북쪽에 두었다. 그리고 모든 제사는 이 큰 제단에서 드리도록 우리야 제사장에게 명령했다. 그러나 그 놋 제단은 자기가 여호와께 여쭈어 볼 때만 쓰겠다고 했다. 왜 그랬을까? 그래도 일말의 양심은 있었던 것일까? 열왕기하 16장 14절에서는 그 놋 제단을 새 제단과 성전 사이에서 옮겨다 새 제단의 북쪽에 놓았다고 분명히 말한다. 이 제단은 하나님의 임재를 나타내는 일종의 표시이기도 하고, 고대에는 신의 현현을 기억하게 하는 기념물이었다(창 12:7, 26:24-25). 더욱이 성전의 모든 기물의 배치는 하나님께서 직접 지시하신 것이므로 인간들이 마음대로 옮길 수 없었다. 그런데도 아하스는 놋 제단을 자기 마음대로 옮겨 버렸고, 그러면서도 자기가 어려울 때 또는 야웨 하나님의 도움이 필요할 때는 그 제단에 와서 제사를 드리겠다고 하는 것을 볼 때, 그의 마음에 하나님의 자리는 어디인지 묻지 않을 수가 없다. 아하스는 여호와께 드리는 제단이 초라해서는 안 된다고 생각했을지도 모른다. 그러나 하나님께 제사드리기 위해 사용되는 제단은 그 크기가 아니라, 하나님이 명령하신 대로 했는지가 더 중요하다. 본문 15절의 "여쭐 일"에서 '묻는다'는 뜻의 히브리어 동사 '빠카르'(בקר)는, 왕이 전쟁이나 가뭄과 같이 어려운 일을 당했을 때 신의 뜻을 구한다는 뜻이다. 이는 우상을 숭배하는 이방 종교의 풍습을 표현하는 단어였다. 그럼에도 이 새 제단은 주전 587년 나라가 망하고 백성이 포로로 끌려갈 때까지 계속 사용되었고, 537년 포로 귀환 후 재건된 제2성전에도 그 큰 제단의 모습을 그대로 보존시켰다.

예루살렘 성전 뜰에 있던 번제단 모형

북왕국을 내부로부터 부패시킨 바알 종교의 유혹을 남유다도 끝내 배척하지 못해 결국 가나안 종교에 물들게 된다. 아하스는 몰렉(Molech) 제사를 도입한 자다. 그때는 이방 종교의 악풍들이 홍수처럼 밀려들어 예루살렘의 종교를 뒤덮어 죽여 가던 시대였다(왕하 17:31). 남왕국 유다가 본격적으로 바알 종교에 매몰되게 된 때는 아하스 왕 때부터다.

■ 하나님께서 산당을 싫어하시는 이유

열왕기는 산당으로 왕들을 평가한다. 산당을 제거한 왕은 선한 왕이고, 그대로 둔 왕은 인정받지 못하는 왕이다. 물론 산당을 제거하지 않았으나 마음만은 여호와를 진심으로 섬긴 왕도 있다. 산당을 제거하고도 그대로 바알을 섬겼던 이스라엘 왕도 있다. 북왕국의 요람이 그 대표적인 인물이다(왕하 3:2-3).

이스라엘은 출애굽 이후에 계속 산당에서 예배를 드린 것으로 보인다. 물론 장막에서도 예배를 드렸지만, 실제로 이스라엘은 여호수아 시대부터 장막보다는 산당을 중심으로 예배를 드렸다. 이처럼 오랜 역사를 거치며 이스라엘의 가장 중요한 전통이 되어버린 산당을 없애는 것이 쉬운 일은 아니었다. 여로보암은 산당의 모순을 합법화하고 공식화해 놓았다. 그때부터 산당은 북쪽 이스라엘 땅에 편만하게 되었다. 유다 왕 아하스 때는 이미 산당이 산과 나무를 뒤덮고 있었다.

열왕기하 17장 9-10절은 북이스라엘이 멸망할 때까지 산당이 얼마나 많이 세워졌는지를 잘 보여 준다.

> "모든 성읍에 망대로부터 견고한 성에 이르도록 산당을 세우고 모든 산 위에와 모든 푸른 나무 아래에 목상과 아세라 상을 세우고."

또 앗수르는 여호와를 경외한다는 명분으로 자기 마음대로 제사장으로 택해 세우고, 그 산당에서 자기를 위해 제사를 드리게 했다. 이 산당 제사 앞에는 언제나 "자기를 위하여"라는 말이 따라오고 있다. 우리는 이런 부분을 염두에 두고 본문을 읽어야 한다.

후에는 이 산당을 통해 종교가 사유화되고, 여호와 제사가 가나안 종교 제사들과 혼합되어 타락을 부추기게 되었다. 이는 결국 나라를 멸망으로 이끄는 계기가 된다. 따라서 당시 산당이 많았다는 것은 그만큼 종교가 타락했다는 것을 말해 준다.

산당의 문제점은 일차적으로 우상을 숭배한다는 데 있었으나, 그보다 더 심각한 문제는 산당이 인간의 욕망을 형상화한 것이라는 점이었다. 그곳에는 맛있는 음식이 있고, 춤과 노래가 있었으며, 인간의 정욕을 마음껏 채울 수 있는 여자 창기들과 심지어 남자 창기들까지 있었다. 이런 상황에서 이스라엘 백성은 여호와 하나님과 산당 사이를 오갔지만, 이는 사실 하나님과 자신들의 욕망 사이를 왕래한 것이었다. 요한서는 사람들의 욕망을 세 가지로 요약했다. 곧 육체의 정욕(음란)과 안목의 정욕(명예와 지위에 대한 욕심)과 이생(소유)의 자랑이다(요일 2:16).

7. 사마리아의 멸망(왕하 17:1-23)

열왕기는 유다 왕 아하스와 히스기야의 이야기 사이에 북이스라엘의 멸망을 다룬다. 그 주역은 주전 732년에 왕위에 오른 이스라엘의 왕 엘라의 아들 호세아다. 성경은 그가 여호와께서 보시기에 악을 행하기는 했으나, 이전의 이스라엘 여러 왕들만큼 악하지는 않았다고 평가한다. 그러나 그는 앗수르 왕 살만에셀이 사마리아를 침공하자 미리 겁을 먹고 그의 종이 되겠다고 항복하고 조공을 바쳤다. 그러다 갖은 압박에 시달린 호세아는 앗수르의 억압에서 벗어나기 위해 친(親)애굽 정책으로 선회하고, 앗수르에게 바치던 조공도 멈춰 버렸다.

당시 중동 지역의 패권국가였던 앗수르는 잔인하기로 유명했다. 그들은 전쟁을 해서 성을 정복하면 그곳 사람들의 입을 강제로 벌리고 혀를 뽑았다고 한다. 또 땅에 네 개의 말뚝을 박고 사람들의 사지를 쫙 펴서 거기에 매어 놓은 뒤 비수를 가지고 살점을 뜯어냈다고 한다. 앗수르 제국은 주전 900년부터 612년 바벨론에 의해 무너지기까지 고대 근동의 패권을 장악한 나라다. 주전 722년에는 북이스라엘을 멸망시키고, 유대인과 이방인들을 통혼시켜 '사마리아인'이라는 혼혈족을 만들기도 했다. 나훔서 3장 1절은 앗수르의 수도 니느웨 성을 피의 성이라 부르며 그 안에는 거짓과 포악이 가득했다고 말한다. 무죄한 자의 피가 밤낮으로 끊임없이 흘러내리고, 마술에 능숙한 미모의 음녀가 많은 음행의 성이라고도 했다. 계속된 나훔 선지자의 기록에 의하면, 앗수르에는 잘 훈련된 용사들이 있었고, 앗수르 병거는 미친 듯이 거리를 질주할 정도로 빠르기가 번개 같았으며(나 2:4), 수도 니느웨는 적들이 접근할 수 없도록 사방을 깊이 파고 물로 채워 놓아(나 2:8), 어떤 나라도 넘볼 수 없었다.

남북 이스라엘의 왕들은 이런 무자비하고 잔인한 앗수르와 싸우면서 나라와 신앙을 지켜야 했다. 조공을 끊고 친애굽 정책을 펴려 하는 호세아를 앗수르가 가만둘 리 없었다. 앗수르 왕은 바로 이스라엘을 쳐들어왔다. 그리고 온 땅을 점령하고, 왕을 잡아 감옥에 가두고, 사마리아로 올라와 3년을 포위하다 호세아 9년에 그곳을 점령해 버렸다. 그리고 이스라엘 사람을 끌어다 고산 강가에 있는 여러 고을에 두고, 그들의 땅에 바벨론과 구다, 하맛, 스발와임 사람들을 강제로 이주시켰다(왕상 17:24). 성경은 호세아 왕이 악을 행하기는 했어도 다른 왕들만큼은 악하지 않았다고 말한다. 그런데 왜 하나님께서는 사마리아를 앗수르에 넘겨주었는가?

이스라엘의 죄악은 가증스러우며 용서받을 수 없는 수준이었다. 그들은 가나안 사람들을 본받아 산당을 세우고, 그곳에 바알의 주상과 아세라 목상들을 분별없이 세웠으며(10절; 왕상 14:23), 별들을 숭배했고(16절; 왕하 21:3, 5), 바알을 섬겼다(16절; 왕상 16:31, 22:53). 즉, 그들 스스로 악행을 일삼음으로(17절; 왕상 21:20, 25) 야웨의 진노를 자극했다(11, 17절, 왕하 21:6, 15, 22:17, 23:19, 26).

더욱이 예언자들이 회개하고 하나님의 율법을 지키도록 거듭 경고했지만 그들은 들으려 하지 않았다(14절, 왕하 17:40). 그 결과 하나님께서는 그들을 목전에서 내치셨다(18, 23절, 왕하 23:27, 24:3). 열왕기하는 이스라엘이 멸망한 이유를 다음과 같이 요약한다. "그들이 하나님 여호와의 말씀을 듣지 아니하고 그의 언약과 여호와의 종 모세가 명령한 모든 것을 따르지 아니하였음이더라"(왕하 18:12). 이 모든 책임은 여로보암에게로 돌아간다.

> "그들이 느밧의 아들 여로보암을 왕으로 삼았더니 여로보암이 이스라엘을 몰아 여호와를 떠나고 큰 죄를 범하게 하매 이스라엘 자손이 여로보암이 행한 모든 죄를 따라 행하여 거기서 떠나지 아니하므로"(왕하 17:21-22).

결국 북이스라엘은 앗수르에 의해 멸망당한다. 그리고 앗수르는 이방 사람들을 이스라엘로 데려와 살게 했다.

그 결과 사마리아에 이주한 앗수르 사람들과 북이스라엘 사람들 간에 분쟁이 일어났고, 그들이 여호와를 경외하지 않았기에 여호와께서 사자들을 보내 그들 중 몇 사람을 죽였다. 남은 사람들이 두려워하며 앗수르 왕에게 이 사실을 보고하자, 그는 이 일이 자기 백성이 북이스라엘의 하나님의 법을 알지 못해 일어난 일이라고 여겨, 사마리아에서 사로잡아간 제사장 하나를 벧엘로 보내 그들에게 여호와 경외하는 법을 가르치게 했다. 그러나 결국 그들은 여호와도 경외하고, 또 어디서 옮겨왔든지 그 민족의 풍습대로 자기들의 신들도 섬겼다. 이들의 죄악을 요약하면 다음과 같다.

1) 야곱의 자손에게 명령하신 율례와 법도와 계명을 준행하지 않음
2) 각 민족의 신상을 만들어 섬김
3) 자녀들을 불살라 그들의 신에게 바침
4) 일반 사람을 산당의 제사장으로 택해 자기들을 위해 제사를 드리게 함

북이스라엘은 주전 722년에 앗수르에 의해 망했다. 그러나 남유다인 다윗 왕조는 400년 동안이나 한 왕조가 끊어지지 않고 나라를 지켰다. 그 원인이 무엇이었을까? 열왕기는 다음과 같이 답한다.

> "내가 택한 내 종 다윗이…내가 그를 위하여 솔로몬의 생전에는 온 나라를 그의 손에서 빼앗지 아니하고"(왕상 11:34).

> "여호와께서 그의 종 다윗을 위하여 유다 멸하기를 즐겨하지 아니하셨으니"(왕하 8:19).

> "내가 나와 나의 종 다윗을 위하여 이 성을 보호하여 구원하리라"(왕하 19:34).

“다만 다윗을 택하여”(왕상 8:16).

“다윗과 그의 자손과 그의 집과 그의 왕위에는 여호와께로 말미암는 평강이 영원히 있으리라”(왕상 2:33).

“네가 만일 네 아버지 다윗이 행함 같이 내 길로 행하며 내 법도와 명령을 지키면 내가 또 네 날을 길게 하리라”(왕상 3:14, 참고. 왕상11:38).

남유다의 죄악도 북왕국의 죄악과 다를 바가 없었다. 주전 701년에는 산헤립이 유다를 공격해 온 땅을 점령하고 예루살렘만 남게 된 위기도 있었으나(왕하 18:21-22; 사 36-37장), 다윗의 길을 따라 걸어간 왕들을 만남으로 그 위기에서 벗어날 수 있었다. 그 위대한 왕이 히스기야 왕과 요시야 왕이다.

V.

마지막 희망의 등불

1. 골리앗과 싸우는 히스기야(왕하 18:1-18)

드디어 아하스의 아들 히스기야가 유다의 왕이 되었다. 히스기야는 그의 나이 25세에, 아버지 아하스가 앗수르의 충신으로 만들고, 앗수르의 신들을 제사하는 제단까지 성전 안에 만들어 놓은 상태인 나라를 넘겨 받았다(주전 715년). 더욱이 이 시기는 북쪽 강대국의 버팀목이 되어 주던 북이스라엘이 앗수르에 의해 망하고 6년이 지난 때였다(주전 721년에 이스라엘이 망함). 이때는 앗수르인들이 사마리아에 이주해 와서 주둔하며 살고 있었고, 또 앗수르가 사마리아를 자기들의 우상으로 가득 채우고 그것을 섬기도록 강요했다. 유다 나라는 남쪽의 애굽, 그리고 북쪽의 앗수르와 시리아 사이에 끼어 있는 섬 같은 존재가 되었다. 앞서 다룬 앗수르의 잔혹함은 열왕기하 18장 13절부터 19장 5절에도 잘 나타나 있다. 이에 앗수르에 시달린 히스기야는 독립을 원했고, 이를 위해 신흥 국가인 바벨론에 의존하게 되었다.

그러나 히스기야에게는 먼저 해결해야 하는 문제가 있었다. 첫째는 유다 왕국에서 우상들을 몰아내고 하나님을 하나님으로 세우는 것이었고, 둘째는 앗수르의 사슬에서 벗어나는 것이었다. 레위기 11장 45절에서 하나님은 이렇게 말씀하셨다. “나는 너희의 하나님이 되려고 너희를 애굽 땅에서 인도하여 낸 여호와라 내가 거룩하니 너희도 거룩할지어다.” 야웨께서 그들의 하나님이 되시려고 애굽 땅에서 인도해 내셨는데, 유다 땅은 우상으로 뒤덮여 있었고, 이런 우상들을 모두 몰아낼 수 있는 힘은 유다에 없었다. 히스기야 한 사람으로는 해결이 불가능한 일이었다. 특히나 이미 자기 아버지 아하스와 평화조약을 맺은 앗수르를 섬겨 오는 상황에서 어떻게 앗수르의 지배에서 벗어날 수 있단 말인가?

이처럼 칠흑같이 어두운 시대였음에도 히스기야는 종교개혁을 단행했다. 산당을 헐어 버리고, 주상을 깨뜨리고, 아세라 목상을 찍어 내버렸다. 그리고 이때까지 이스라엘 자손이 분향하던 모세가 만든 놋뱀도 부수고, 그것을 느후스단이라 불렀다. ‘느후스단’이란 놋 조각이란 뜻이다. 이전에는 뱀에 물린 자마다 쳐다보면 살 수 있게 해준 것(민 21:9)이었지만 지금은 그저 놋 조각에 불과하다는 의미다. ‘느후스단’은 히브리어로 ‘구리’를 뜻하는 ‘느호셋’과 ‘뱀’을 의미하는 ‘니하쉬’의 발음과 비슷한 데서 나온 말이다. 이것은 모세가 느보산에 세웠던 놋뱀을 의미한다. 그 놋뱀이 그때까지 남아 있었던 것 같다. 히스기야는 모세의 유물인 놋뱀이 거기 깃든 성스러운 기억 때문에 우상으로 변질되는 것을 막고자 밟아 부서뜨렸던 같다(4절). (알프레드 에더스하임, 《유대인 스케치(Sketches of Jewish Social Life)》, p. 20).

1) 히스기야의 종교개혁(왕하 18:13-37)

히스기야는 그처럼 잔인하고 무서운 앗수르 왕에게 반기를 들었다. 그리고 아버지 아하스 때부터 동맹관계를 유지해 오던 앗수르를 더는 섬기지 않았다. 이것은 쉬운 일이 아니었다. 앗수르를 배반하면 어떤 일이 벌어질지는 자명한 일이었다. 그런데도 이런 결단을 할 수 있었던 것은 오직 하나님만 의지하고 섬기겠다는 결단과 의지가 있었기 때문이라고 할 수 있다. 히스기야는 그의 전후 유다 여러 왕 중에 그런 왕이 없을 만큼 오직 하나님 여호와만 의지했다. 여호와께서는 그가 여호와께 연합해 떠나지 않고, 모세에게 명령하신 모든 계명을 지켰기 때문에, 신명기의 약속대로 그와 함께하셨고, 그가 어디로 가든지 형통하게 하셨다. 이에 군사적으로는 블레셋 사람들을 쳐서 가사와 근방 많은 도시를 유다 편으로 끌어들였고(왕하 18:8), 망대에서 견고한 성까지 차지했다. '망대에서 견고한 성까지'라는 표현은 말 그대로 그 도시 전체를 의미한다.

히스기야는 집권 초기부터 앗수르의 억압에서 벗어나려는 계획을 세우고 있었다. 그러면서 때가 오기를 기다리고 있었는데, 마침내 기회가 왔다. 블레셋의 많은 도시를 차지하게 되어 서해안 지역을 유다 편으로 끌어들일 수 있었던 것이 히스기야에게 큰 힘이 되었고, 또한 히스기야 터널을 완성한 일로 인해 많은 물을 터널로 공급받을 수 있었던 일도 큰 도움이 되었다. 이처럼 당시 주변 상황이 히스기야의 종교개혁에 힘을 실어 주었다.

또 히스기야가 종교개혁과 앗수르로부터 해방을 얻으려는 결단을 할 수 있었던 데는 그의 어머니 아비(Abi)의 역할을 빼놓을 수 없을 것이다. 이에 열왕기 저자는 그의 어머니 아비가 스가리야(스가랴)의 딸이라고 밝히고 있다. 이 사실을 밝힌 데는 깊은 뜻이 있다. 스가랴는 누구일까? 요아스의 스승으로 활동했던 여호야다의 아들 스가랴일까? 그러나 그 스가랴와 히스기야는 연대가 맞지 않는다.

마침내 갑자기 앗수르 산헤립이 유다를 침략해 들어왔다. 그때가 히스기야 14년이 되는 해였다. 앗수르는 먼저 쉐펠라 지역에 있던 유다의 견고한 성읍들을 점령하고, 예루살렘만 성처럼 남겨 놓았다. 그는 사마리아를 점령할 때와 똑같은 전술을 구사했다(왕하 17:5-6). 그러자 히스기야는 할 수 없이 라기스로 사람을 보내 앗수르 왕에게 항복하고, 그가 요구한 은 300달란트와 금 30달란트를 보냈다. 히스기야는 성전과 왕궁의 보물 창고를 열고 있는 대로 다 내주었다. 그런데도 앗수르 왕은 다시 장군들로 하여금 대군을 이끌고 라기스로부터 예루살렘으로 올라가 히스기야 왕을 치라고 명령한다(17절). 아마도 히스기야가 자기에게 굴복하지 않았다고 생각했기 때문일 것이다.

산헤립이 유다를 침공해 들어온 이유는 무엇이었을까? 히스기야 왕은 앗수르의 위협에도 오직 하나님만 신뢰하고 섬기기로 결단했다. 그렇다면 자연히 그 땅에서 모든 우상을 제거해야 했다. 앗수르의 신인 황소 상도, 그 제단도 제거해야 했다. 그런데 이것은 곧 앗수르에 대한 배반이었다. 이에 분노해 산헤립이 곧장 이스라엘로 침공해 들어온 것이다. 그때 랍사게가 한 말이 곧 그들이 이스라엘을 침략해 온 이유가 될 것이다(22절). 그들은 히스기야가 자신들의 산당과 제단을 제거하고, 유다와 예루살렘 사람에게 명령하기를 예루살렘 성전에 있는 그 제단 앞에서만 예배하라고 했다며 트집을 잡았다.

앗수르가 북이스라엘을 공격했던 것과 똑같은 이유다. 사마리아에 세워졌던 황소 상과 그 제단을 철거했다는 이유로 앗수르가 북이스라엘을 공격했던 것처럼, 이번에는 남유다가 산당을 부수고, 황소 상 등을 철거했다는 이유로 쳐들어온 것이다. 그렇다면 이 전쟁은 단순한 전쟁이 아니라 종교 전쟁이다. 히스기야가 야웨 하나님을 신뢰하고, 앗수르를 배반하며, 백성들에게 오직 여호와 하나님만 섬기라고 한 데 대한 보복이다. 그리고 애굽을 의지하려는 데 대한 분노다. 앗수르가 사마리아를 점령하자마자 그곳을 온갖 우상으로 가득 채웠던 것을 생각하면, 그들의 작전이 무엇을 의미하는지를 알 수 있다. 앗수르는 사마리아에 살고 있는 각 민족에게 자기들의 신상을 만들어 섬기도록 허락했다. 그리고 가짜 제사장을 세워 그 산당들에서 자기를 위해 제사를 드리도록 해주었다. 그때의 상황은 열왕기는 이렇게 기술했다.

> "이이와 같이 그들이 여호와도 경외하고 또한 어디서부터 옮겨왔든지 그 민족의 풍속대로 자기의 신들도 섬겼더라"(왕하 17:33).

앗수르는 거대한 제국을 군대나 정치적인 힘만으로 통치할 수 없다는 것을 알고 있었다. 그러므로 종교 혼합정책을 폄으로(왕하 17:27) 백성들의 마음을 얻으려 했으며, 자기들의 황소 신을 섬기도록 강요해 종교를 통한 동일화 정책을 펴나가려고 했던 것이다. 그러므로 앗수르는 히스기야에게 하나님을 섬길 것인지, 아니면 자기들의 신을 섬길 것인지를 결정하라고 압박한 것이다. 거대한 제국의 힘 앞에서 야웨 하나님만 신뢰하고 섬긴다는 일은 쉬운 일이 아니었다. 그러나 히스기야는 하나님만 의지하고 앗수르를 대적한 것이다. 브루그만은 "앗수르인들은 야웨를 유다의 보편 역사 속에서 결정적이고 특정한 능력으로 역사하시는 분으로 생각하고 있지 않다. 더욱이 그들은 야웨에 대한 신뢰를 기초로 이스라엘이 기꺼이 행동한다는 점을 알지 못했다"(월터 브루그만, 《구약신학》, p. 737)고 꼬집어 말한다.

'황소 신'이란 바알 신의 상징으로 앗수르의 대표적인 신이었다. 좀더 구체적으로 말하면, 바알의 여신인 아낫이 암송아지로 상징되고, 만신전의 주(主)신인 엘 신이 황소로 상징되었다. 바알 축제 시에는 맛있는 음식을 먹으며 포도주를 마시고, 황소 신 앞에서 그들의 말하는 성스러운 성(性)의 유희를 즐겼다. 이런 난교 등의 성행위를 종교의식으로 시행하던 이들의 문화를 성적으로 엄격하던 히브리인들이 받아들이기는 어려웠다. 그러나 그런 바알 축제는 히브리인들에게도 대단히 큰 유혹이었고, 동시에 바알 문화에 동화될 수 있는 가장 큰 위기였다(참고. 민 25:1-3).

가나안의 신인 바알 동상으로 북시리아의 우가릿(Ugarit)에서 발견됨

열왕기하 18장 9-12절은 다시 북이스라엘의 사마리아가 호세아 9년에 앗수르에 의해 함락된 사실을 반복해서 알린다. 그 이유는 우선 그동안 북쪽 지방에서 유다의 보호막이 되어 주었던 이스라엘이 없어져 지금 유다는 적들에게 노출된 위험한 상태라는 사실을 알려 경각심을 일깨워 주기 위함이고, 또 한편으로는 여호와의 말씀을 따

르지 않고, 하나님과의 언약을 배반하면 이처럼 망할 수 있다고 경고하기 위함이다.

2) 오직 여호와만 섬기리라(왕하 18:13-20:21)

랍사게는 히스기야 왕에게 애굽을 의지하지 말고 자기들에게 항복하라고 명령한다. 애굽을 상한 갈대라고 부르며, 애굽을 의지하는 자는 다 이와 같으리라고 한다. 앗수르는 유다가 애굽을 의지하고 자기들을 배반하게 되는 경우를 두려워하고 있었다. 그렇게 되면 앗수르는 애굽과 새로 일어나는 바벨론에게 위협당할 수 있기 때문이었다. 무엇보다도 히스기야가 그 백성에게 오직 하나님만 의뢰하라고 한 일과, 유다와 예루살렘에서 산당을 제하고, 오직 예루살렘 성전에서만 예배하라고 백성들을 독려하는 일도, 그 땅의 지배자로서 보통 신경 쓰이는 일이 아니었다. 그래서 이 일에 대해서도 시비를 걸었다(왕하 18:22).

랍사게는 히스기야에게 앗수르 왕과 내기를 하라고도 한다. "너는 내 주 앗수르 왕과 내기하라 네가 만일 말을 탈 사람을 낼 수 있다면 나는 네게 말 이천 마리를 주리라"(왕하 18:23). 유다에는 말을 제대로 탈 사람이 한 사람도 없다는 것을 전제한 말이다. 이는 그들이 유다의 상황을 그만큼 정확하게 파악하고 있었다는 뜻이다. 그러니 "너희 신하 중에 앗수르의 지극히 작은 지휘관 하나인들 물리칠 수 있겠느냐"고 묻는 것도 과언이 아니다. '지극히 작은 지휘관(파하트)'에 해당하는 히브리어는 나라 전체를 다스리는 장관이 아니라 한 지방을 다스리는 통치자를 가리키는 단어로, 군사적인 의미에서는 '보잘것없는 군대의 지휘관'을 가리킨다. 그러므로 이 말은 히스기야가 전쟁에 능한 앗수르의 전체 군대는커녕, 가장 보잘것없는 소규모 군대의 지휘관 한 사람조차 물리칠 수 없을 정도로 빈약한 군사력을 갖고 있다고 조롱하는 것이다.

랍사게는 하나님의 이름까지 들먹이며 거짓말을 한다. "여호와께서 전에 내게 이르시기를 이 땅으로 올라와서 쳐서 멸하라 하셨느니라"(왕하 18:25). 이 말을 들은 히스기야는 얼마나 분하고 억울했을까? 랍사게는 성문에 올라 유다 백성들이 다 알아듣도록 유다 말로 히스기야의 말을 믿지 말라고 한다. "너희는 히스기야에게 속지 말라"(왕하 18:29). "너희는 내게 항복하고 내게로 나아오라 그리하고 너희는 각각 그의 포도와 무화과를 먹고 또한 각각 자기의 우물의 물을 마시라"(왕하 18:31). 각각 자기의 포도와 무화과를 먹으라는 말은, 전원 생활에서 조용히 자기들의 삶을 즐기는 이상적인 삶의 모습을 말한다. 그러니 빨리 나와 평화조약을 맺고, 평안히 고향에서 살라고 유혹한 것이다. 어느 신이 앗수르 왕의 손에서 자기 땅을 구원한 일이 있느냐고 모욕하기도 한다. 히스기야는 백성들에게 아무 말도 대답하지 말라고 한다.

3) 이사야의 충고를 듣고자 하다(왕하 19:1-28)

히스기야는 참모들과 함께 다 같이 베옷을 입고 주의 성전으로 들어간다. 그리고 이사야 선지자에게 사람을 보내, 남아 있는 자들이 위험에서 건짐 받도록 이를 위해 하나님께 기도해 달라고 요청한다. 남아 있는 자란 예루살렘과 그곳에 살고 있는 백성들을 말한다. 히스기야는 왕궁 책임자인 엘리야김과 서기관 셉나, 제사장 중 장로들에게 굵은 베옷을 두르게 한 뒤 이사야 선지자에게 이렇게 전하라고 보냈다.

> "오늘은 환난과 징계와 굴욕의 날입니다. 아이를 낳으려 하나, 낳을 힘이 없는 산모와도 같습니다."(3절, 새번역).

이사야는 자기를 찾아온 왕의 신하들에게 다음과 같은 하나님의 말씀을 전한다.

> "너희는 너희 주에게 이렇게 말하라 여호와의 말씀이 너는 앗수르 왕의 신복에게 들은 바 나를 모욕하는 말 때문에 두려워하지 말라 내가 한 영을 그의 속에 두어 그로 소문을 듣고 그의 본국으로 돌아가게 하고 또 그의 본국에서 그에게 칼에 죽게 하리라"(6-7절).

그러나 랍사게는 다시 사신들을 보내 히스기야에게 이렇게 조롱 섞인 말을 전하라고 한다. "너는 앗수르의 왕들이 다른 모든 나라를 멸하려고 어떻게 하였는지를 잘 들었을 것이다. 그런데 너만은 구원을 받을 수 있을 것이라고 믿느냐?" 히스기야는 앗수르 왕이 보낸 편지를 들고 여호와의 성전에 올라가, 그것을 여호와 앞에 펴놓고 기도한다. 히스기야의 기도와 여호와의 응답은 열왕기하 19장 15-28절에 길게 기록되어 있다.

19장 27절은 여호와 하나님께서 산헤립에게 주신 말씀의 끝부분이다. 하나님께서는 "나는 모든 일을 다 알고 있다"고 하시면서, "내가 갈고리를 네 코에 꿰고 재갈을 네 입에 물려 너를 오던 길로 끌어 돌이키리라"(28절)라고 말씀하신다. 그리고 그 징조까지 알려 주셨다.

> "히스기야야, 너에게 증거를 보이겠다. 백성이 금년에 들에서 저절로 자라난 곡식을 먹고, 내년에도 들에서 저절로 자라난 곡식을 먹을 것이다.…유다 사람들 가운데서 환난을 피하여 살아 남은 사람들이 다시 땅 아래로 깊이 뿌리를 내리고, 위로 열매를 맺을 것이다. 살아 남은 사람들이 예루살렘에서부터 나오고, 환난을 피한 사람들이 시온 산에서부터 나올 것이다. 나 주의 열심이 이 일을 이룰 것이다."(왕하 19:29-31, 새번역)

그뿐 아니라 하나님께서는 이렇게 말씀하셨다. "나는 내 명성을 지키기 위해서라도 이 도성을 보호하여 구원하고, 내 종 다윗을 보아서라도 그렇게 하겠다."(왕하 19:34, 새번역)

드디어 산헤립이 죽는다(왕하 19:36-37). 그날 밤에 주의 천사가 앗수르 진영에서 십팔만 오천 명을 쳐죽였다. 니느웨로 돌아간 산헤립이 그의 신전에서 제사하고 있을 때, 그의 아들이 칼로 자기 아버지를 죽이고 아라랏 땅으로 도망했다. 여호와 하나님의 말씀은 그대로 이루어졌다. 히스기야는 위대한 개혁자였다. 모든 우상과 우상 숭배를 제거하려 했다. 지방 산당을 없애려 했다. 이 시대에 나타난 예언자가 이사야다. 이사야는 히스기야의 정책을 전적으로 지원했다.

4) 히스기야의 발병과 회복(왕하 20:1-11)

바로 그즈음에 히스기야에게 험난한 고난이 또 찾아왔다. 회복 불가능한 병에 걸린 것이다. 그때 그의 나이가 39세였고, 그에겐 자녀도 없었다. 히스기야는 낯을 벽으로 향하고 여호와께 기도했다.

> "여호와여 구하오니 내가 진실과 전심으로 주 앞에 행하며 주께서 보시기에 선하게 행한 것을 기억하옵소서"(3절).

야웨 하나님은 그 기도를 들으셨다. 그리고 이사야를 통해 이렇게 말씀하셨다.

> "내가 네 기도를 들었고 네 눈물을 보았노라 내가 너를 낫게 하리니 네가 삼 일 만에 여호와의 성전에 올라가겠고 내가 네 날에 십오 년을 더할 것이며 내가 너와 이 성을 앗수르 왕의 손에서 구원하고 내가 나를 위하고 또 내 종 다윗을 위하므로 이 성을 보호하리라 하셨다"(5-6절).

기도의 응답을 받은 이사야는 신하들에게 무화과 반죽을 가져오게 해서, 그것을 상처 위에 놓았다. 그리고 그 병에서 해방되었다(히브리어로는 '그가 살아났다'). 당시 무화과 반죽은 종기나 궤양에 특효약으로 알려져 있었다. '그가 살아났다'는 말은 20장 1절의 "네가 죽고 살지 못하리라"는 말과 대구(對句)를 이룬다. 이로써 죽고 살지 못하리라 하셨던 하나님께서 마음을 바꾸시고, 치료 불가능한 상태에서 하나님의 은혜로 살아났다는 사실을 강조한다.

본문 8절에는 앞 문장과 자연스럽게 연결되지 않는 내용이 나온다. 히스기야가 이사야를 통해 주신 약속에 대한 증거를 달라고 한다. 아마도 하나님께서는 히스기야에게, 그의 질병을 고쳐주실 것과, 사흘 뒤에는 성전에 올라가게 될 것임을 말씀하셨던 같다. 그런데 이미 다 나았다고 하셨는데, 왜 증거를 보여 달라고 하는가? 믿음이 없는 것인가? 아마도 낫게 해주셨다고 믿었지만, 아직 겉모습은 완전히 회복되지 않았기 때문에 증거를 달라고 한 것일 수 있다. 성령께서 병을 고쳐주실 때, 간혹 나았다는 말씀을 먼저 주셨는데 증상은 여전히 남아 있는 경우가 있다. 그런 경우에는 끝까지 믿고 기다려야 한다. 결국은 그 말씀대로 반드시 완쾌될 것이기 때문이다.

여하튼 야웨 하나님께서는 그의 요구대로 증거를 주셨다. 그러나 이사야는 히스기야로 하여금 결정하도록 방법을 제안한다. "해 그림자가 십 도를 나아갈 것이니이까 혹 십 도를 물러갈 것이니이까"(9절). 이사야는 그림자가 십 도 나아가기는 쉬우니, 뒤로 물러가게 해달라고 한다. 그의 요구대로 히스기야의 해 시계 위에 나아갔던 해 그림자가 십 도 뒤로 물러갔다(11절). '해 시계'란, 궁전 내부에 하루의 시간을 표시하는 12계단을 만들고 그 주위에 있는 기둥이나 물체 위로 해가 지나갈 때 생기는 그림자가 그 계단을 따라 이동하는 것으로 시간의 추이를 아는 방식이었을 것이다(옥스포드). 해가 어떻게 뒤로 물러갈 수 있는지 의아할 수 있다. 그러나 때로는 단순하게 믿고 따르는 것이 그 이유를 밝히는 것보다 더 중요하다. 이는 성경에 기록된 하나님께서 해를 움직이셨던 두 개의 이야기 중 하나다 (참조. 수 10:13).

5) 바벨론 사신(왕하 20:12-19)

그 후 히스기야가 병에서 회복되었을 때, 바벨론 왕 므로닥발라단이 친서와 함께 예물을 히스기야에게 보냈다. 12절의 "병들었다"는 완료형이므로 "병들었다가 나았다"라고 읽는 것이 좋다. 히스기야가 병이 낫고, 앗수르 세력이 주춤하고 있을 때, 신흥 세력인 바벨론 왕이 친서와 함께 예물을 보내왔다는 것은 놀라운 일이다. 그때 히스기야가 얼마나 기뻤겠는가? 히스기야가 보물 창고와 무기고, 창고 안에 있는 모든 것을 그들에게 하나도 빠짐 없이 보여 주고 싶었을 만하다.

이 사실을 안 이사야가 히스기야를 찾아왔다. '그 사람들이 어디서 왔으며, 무슨 말을 했습니까?' 히스기야가 "먼 지방 바벨론에서 왔나이다…내 궁에 있는 것을 그들이 다 보았나니 나의 창고에서 하나도 보이지 아니한 것이 없나이다"(14-15절)라고 대답했다. 이 말을 들은 이사야는 그에게 여호와의 말씀을 전한다.

> "날이 이르리니 왕궁의 모든 것과 왕의 조상들이 오늘까지 쌓아 두었던 것이 바벨론으로 옮긴 바 되고 하나도 남지 아니할 것이요 또 왕의 몸에서 날 아들 중에서 사로잡혀 바벨론 왕궁의 환관이 되리라"(17-18절).

그렇다면 왜 지혜로운 히스기야가 그런 어리석은 짓을 했을까? 당시 메소포타미아 지역 상황은 패권국인 앗수르와 바벨론이 치열한 권력 다툼을 하고 있었다. 히스기야의 회복의 소식을 들은 바벨론 므로닥발라단은 이 기회에 예루살렘을 자기 편으로 끌어들여 반앗수르 연합을 굳건히 해야겠다고 생각했을 것이다. 한편 히스기야는 히스기야대로 앗수르의 지배에서 벗어나기 위해서는 새로운 동맹국이 필요했던 터였기에, 바벨론에서 사절이 온 것을 보았을 때 얼마나 감격했겠는가? 그들의 호의에 마음을 너무 많이 열어 보인 것이 결국 화를 자초하게 되었다. 히스기야의 잘못은 무엇인가? 자기 궁궐과 무기고까지 다 보여 준 것보다, 하나님만 의지했던 마음이 바벨론을 의지하게 된 것이었다. 이로 인해 결국 유다는 약 100년 후에 바벨론에 의해 멸망하게 된다.

● 히스기야에 대한 역대기의 평가

히스기야 왕에 대한 역대기 기록(대하 29–32장)은 열왕기와 다른 면이 있다. 역대기는 히스기야가 이미 앗수르의 손에 망해 버린 북왕국 이스라엘 백성들과 유월절을 함께 지내기 위해 그들의 땅을 두루 다니면서 백성들을 예루살렘으로 초청했다고 하는데, 열왕기에는 그런 언급이 없다. 역대기에는 히스기야 시대에 유다와 북쪽의 왕래가 가능했다는 기록이 있다. 히스기야가 북쪽 에브라임과 므낫세 지방에 편지를 보내 여호와의 유월절을 지키자고 했을 때, 많은 사람이 조롱하고 비웃었지만, 몇 사람은 예루살렘에 와서 유월절을 함께 지킨 이야기가 등장한다(대하 30:1–2, 10–13).

역대기는 왕들의 잘못에 대해 하나님께서 관대하실 때는 언제나 다윗 때문이라고 말한다(대하 21:7). 또한 히스기야가 살아 있는 동안에는 심판이 임하지 않고, 그에게서 태어날 아들이 하나님의 진노를 당하게 될 것이라고 한다. 히스기야는 그것만으로도 만족하게 받아들였다. 역대기 저자는 히스기야가 이루어 낸 위대한 일들을 역대기 29장부터 32장까지 자세하게 기록해 놓았다. 성전 정화사업(대하 29:3-17), 성전 재봉헌(대하 29:18-36), 유월절 회복(대하 30:1-27), 그리고 히스기야의 종교개혁에 대해서는 31장에 기록하고 있다

역대기에서는 히스기야의 종교개혁이 완성되었다고 말한다. 유다 여러 성읍의 주상들을 깨뜨리며, 아세라 목상들을 찍고, 유다와 베냐민, 에브라임, 므낫세 온 땅에서 산당과 제단을 없애버리고, 이스라엘 모든 자손이 각자 자기 고향, 자기들의 유산이 있는 곳으로 돌아갔다. 히스기야가 앗수르를 물리쳤다는 소식을 들은 주변국 사람들은 예물을 가지고 와서 여호와께 드리고, 히스기야에게도 선물을 바치며 존경을 표했다(대하 32:22-23).

히스기야가 죽은 뒤 그 아들 므낫세가 뒤를 이어 왕이 된다.

열왕기 저자는 히스기야 왕을 이렇게 평가한다. "그의 전후 유다 여러 왕 중에 그러한 자가 없었으니 곧 그가 여호와께 연합하여 그에게서 떠나지 아니하고 여호와께서 모세에게 명령하신 계명을 지켰더라"(왕하 18:5b-6). 그 결과 여호와께서 그와 함께 하셔서 그가 어디로 가든지 형통하였고, 앗수르 왕을 배반하고 섬기지 아니하였다.

6) 므낫세(왕하 21:1-18; 대하 33:1-20)

므낫세는 신앙의 명문 가정에서 금수저로 태어난 왕이다. 그의 아버지는 유명한 히스기야 왕이다. 그는 12세에 왕이 되었고, 55년을 다스렸다. 그러나 그는 자기 아버지가 살아온 길과 정반대의 길로만 걸었다. 자기 아버지가 헐어 버린 산당들을 다시 세우고, 아합의 행위를 그대로 본받아 바알을 위해 제단을 쌓았으며, 아세라 목상을 만들었고, 성전 마당에 일월 성신을 위한 단들을 쌓았고, 아들을 불

가운데로 지나가게 하고, 점을 치고, 신접한 자와 점치며 사술을 행하는 자들을 신임해 여호와의 진노를 쌓았다. 그는 이방 아모리 사람들보다 더 악했고 유다를 범죄하게 했다(2-9절). 므낫세는 야웨 하나님께서 싫어하는 것을 모두 쌓아 놓고 살았던 왕이다. 유대 왕 중에 가장 악한 왕으로 소개되기도 한다.

무엇보다도 하나님의 진노를 샀던 것은 예루살렘 성전을 우상의 소굴로 만든 점이다. 그는 여호와의 성전에 우상의 제단들을 쌓았다(4절). 성전 두 마당에 일월 성신을 위해 제단을 쌓고, 자기가 만든 아세라 목상을 세웠다(7절). 므낫세는 통치 기간에 여호와께서 싫어하시는 가증한 일을 골라 모두 복구시켰다. 더구나 성전을 산당화해 하나님께 드리는 예배를 우상의 제사 수준으로 끌어내렸다. 역대기에서는 그가 여호와의 전을 더럽혔다는 사실을 두 번이나 강조한다.

므낫세는 이스라엘의 오랜 역사 속에서 생겨난 모든 우상과 그 우상 숭배로 인해 벌어졌던 모든 범죄를 하나도 빠짐없이 다 복구시킨 왕이다. 이스라엘에 므낫세보다 악한 왕이 없었고, 그 백성들만큼 악한 자들이 없었다. 므낫세는 아버지 히스기야가 목숨을 내놓고 거부했던 앗수르의 제안을 모두 받아들였다. 그는 하나님께서 "내가 내 이름을 예루살렘에 두리라"(4절)라고 약속하신 바로 그곳에, 여호와가 명하신 율법을 성실히 지키기만 하면 그들의 조상에게 준 이 땅을 떠나 이스라엘이 다시 방황하지 않게 하겠다고 말씀하셨던 바로 그 성전 안에 이방 거짓 신인 우상을 버젓이 세워 놓고 제사하게 했다.

열왕기 저자는 므낫세가 이 가증한 일과 악을 행함이 그 전에 있던 아모리 사람들의 행위보다 더욱 심했고, 또 그들의 우상으로 유다를 범죄하게 했다고 울분을 토한다(11절). 그리고 야웨의 심판을 선언한다.

"내가 이제 예루살렘과 유다에 재앙을 내리리니 듣는 자마다 두 귀가 울리리라"(12절).

사마리아를 잰 줄과 아합의 집을 달아 보던 추를 예루살렘에 베풀고, 또 사람이 그릇을 씻어 엎음같이 예루살렘을 씻어 버릴 것이라고도 하신다(13절). 이런 악한 왕이 55년을 통치했으니, 온 나라가 이방 신들로 가득 차지 않았을까?

여하튼 성경 저자들은 므낫세의 죄로 인해 임한 여호와의 진노는 그 어떤 방법으로도 돌이킬 수 없었다고 평가한다. 지도자 한 사람의 생각이 잘못되면 자기와 자기 가정만이 아니라 한 나라를 멸망의 길로 인도한다. 백성들은 왜 아무 생각 없이 잘못된 왕의 길을 따라갔다 다 멸망당했는가?

아이러니한 것은 유다의 왕 중 가장 악한 왕이 히스기야의 뒤를 이은 아들이었다는 점이다. 히스기야의 아들이 왜 그렇게 되었을까? 아버지 히스기야가 살아가는 힘든 과정을 다 지켜보면서, 악한 일들과 타협하는 것을 배운 것일까, 아니면 너무나 크고 위대한 아버지에 눌려 소심한 성격으로 자란 것일까? 아버지 히스기야를 보면서 자기는 도저히 앗수르를 이겨낼 수 없을 것이라는 생각으로 스스로 포기한 것은 아닐까? 어거스틴은 "죄란 의지의 결핍이다"라고 했는데, 그는 하나님 앞에서 선을 행하고자 하는 의지조차 없었던 것으로 보인다. 만약 당시 므낫세를 대신해 경건한 왕이 이스라엘을 통치했다면 그들의 역사는 어떻게 달라졌을까? 역사는 항상 한 사람의 역할이 얼마나 중요한지를 가르쳐 준다. 오늘도 하나님께서는 '한 사람'을 찾고 계신다. 우리 모두가 그 한 사람이 될 수 있다.

● **므낫세에 대한 역대기의 변명**(왕하 21:1-18; 대하 33:1-20)

역대기에 기록된 므낫세의 통치 내용은 열왕기하 21장 1-18절과 대체로 일치한다. 다른 점은 열왕기에서는 므낫세의 악행을 고발하는 내용만 나열했고, 역대기는 므낫세의 악행과 더불어 그의 긍정적인 측면도 기록했다. 역대기에서 므낫세의 행적은 앗수르의 포로가 되기 전과 후로 크게 나뉜다. 므낫세는 포로 전에는 극악한 죄악을 저지르는 왕이었다. 그리고 자신만이 아니라 백성들까지 꾀어 이전 모든 나라보다 더 악하게 살도록 만들었다. 그 결과 여호와께서 앗수르 왕을 통해 유다를 치게 하시고, 므낫세는 쇠사슬에 묶여 바벨론에 끌려간다(대하 33:10-11). 그러나 므낫세가 다른 곳이 아닌 '바벨론'으로 끌려갔다는 것은 이해하기 힘들다. 앗수르의 군대 지휘관들이 유다를 공격해 므낫세를 잡았는데 왜 그를 바벨론으로 끌어갔을까? 아마도 여기서는 바벨론을 앗수르로 고쳐 읽어야 할 것이다.

포로로 끌려간 므낫세는 하나님 앞에서 겸손해졌다. 그리고 하나님께 기도한다. 하나님께서는 그 기도에 응답하셔서 그를 예루살렘으로 돌아오게 하셨고, 그제야 므낫세는 여호와만이 하나님이시란 것을 깨닫는다. 이에 성전을 수리하고, 성전 안의 이방 신상과 목상들을 없애 버리고, 예루살렘 곳곳에 만들어 놓은 모든 제단을 성밖으로 가져다 버린다. 여호와의 제단을 고치고 그 제단에서 화목제와 감사제를 드린 후, 모든 백성에게 여호와 하나님을 섬기라고 명령을 내린다.

이러한 차이점은 역사를 다루는 두 저자의 관점의 차이에서 기인한다. 열왕기는 므낫세의 죄악이 유다 멸망의 결정적 원인이라고 강조하는 반면, 역대기는 그처럼 악했던 므낫세까지 회개함으로 유다에 대한 하나님의 심판이 일시적이나마 유보되었음을 강조한다.

7) 아몬은 누구?

아몬은 므낫세의 아들이다. 그러나 그는 아버지 므낫세의 행함같이 여호와 보시기에 악을 저질렀고, 여호와의 길로 행하지 않았다(왕하 21:22). 이런 평가에 의하면, 아몬은 아버지 므낫세의 초기 통치의 영향을 많이 받은 것으로 보인다. 결국 그는 여호와 보시기에 악을 행하다 신복들의 손에 죽임을 당한다. 그리고 그 아들 요시야가 8세의 어린 나이에 왕위에 오른다. 그는 조부 히스기야와 같이 하나님 보시기에 올바르게 살았고, 다윗의 길을 본받아 정직하게 살았다. 다윗의 길을 그대로 따라 산 왕이 실로 오랜만에 등장한다.

이사야 선지자 시대의 앗수르와 바벨론 지도

2. 유다의 희망 요시야(왕하 22:1-23:30)

열왕기는 하나님을 따라 사는 자의 모범으로 다윗과 요시야를 내세운다. 요시야는 다윗 왕조의 등불로 해석되기도 하는 왕이다. 그런 왕이 여덟 살에 왕위에 올라 31년간 유다를 통치했다. 그는 히스기야와 함께 다윗을 가장 많이 닮은 왕으로 추앙받는 인물이기도 하다. 요시야는 여호와 보시기에 올바른 길을 걸었으며, 다윗의 모든 길로 행하고 좌우로 치우치지 않았다. 그리고 성전에서 율법책을 발견하기 전부터 이미 종교개혁을 시작해 진행하고 있었다. 율법책이 발견되면서 종교개혁은 엄청난 탄력을 받기 시작했다.

요시야 시대의 상황은 그에게 유리하게 흘러가고 있었다. 그가 유다의 왕이 되었을 때 앗수르는 이미 그 세력이 기울어 가고 있었고, 주변의 메대, 바벨론, 킴메르, 스쿠디아 등의 여러 나라가 앗수르의 지배권에 도전하고 있었다. 그러다 예레미야가 예언 활동을 시작하던 해인 주전 626년에 바벨론의 나보폴라살(Nabopolassar)에 의해 앗수르는 무너졌고, 주전 614년에 결국 멸망하고 만다. 요시야 왕이 26세가 되는 해다. 요시야의 종교개혁에 비해 예레미야는 늦게 예언 활동을 시작했지만, 요시야와는 마지막 5년 동안 같이 활동했던 것으로 보인다.

이런 시대적 상황 때문에 요시야는 조금 쉽게 종교개혁을 시도할 수 있었다. 그는 조부 므낫세와 부친 아몬이 저질러 놓은 잘못된 정책들을 되돌려 놓았고, 유다와 이스라엘을 재통합 시키려고 노력했다. 실제로 앗수르 세력이 쇠퇴하고 있었기 때문에 북쪽 영토를 어느 정도 자기 통치 안으로 끌어들일 수 있었다. 이에 히스기야 시대에 남북 왕국의 통일을 꿈꾸고, 또 백성들이 두 왕국 사이를 자유롭게 왕래하던 정책을 완성해 보려고 했을 것이다. 역대하 30장 1-2절과 10-13절에 의하면, 히스기야가 북쪽 에브라임과 므낫세 지방에 편지를 보내 여호와의 유월절을 지키자고 제안한다. 많은 사람이 조롱하고 비웃었지만, 몇몇 사람은 예루살렘에 와서 유월절을 함께 지켰다. 이처럼 히스기야 시대에는 남유다와 북이스라엘이 서로 왕래가 가능했던 것을 알 수 있다.

1) **율법책 발견**(왕하 22:3-20)

주전 622년에 성전을 보수하다 대제사장 힐기야가 율법책을 발견함으로 종교개혁은 활기를 띠기 시작한다. 요시야가 왕위에 오른 지 18년, 그의 나이 26세였다. 왕의 비서였던 사반은 성전에서 발견된 책을 왕에게 바치고, 그 책을 큰 소리로 읽어 주었다. 왕은 그 율법책의 말씀을 듣고 "우리 조상들이 이 책의 말씀을 듣지 아니하며 이 책에 우리를 위하여 기록된 모든 것을 행하지 아니하였으므로 여호와께서 우리에게 내리신 진노가 크도다"(13절)라고 말하며 애통해했다. 그리고 예언자 훌다에게 그 책의 진위를 물었다. 훌다는 그 책이 하나님께서 주신 참된 메시지라고 대답한다. 그리고 그는 유다의 장로들과 모든 사람에게 그 책을 읽어 주었다. 그 결과 왕과 백성들은 하나님과 맺었던 계약을 다시 갱신한다. 이는 시내산에서의 계약(출 19:3-8)과 여호수아의 계약(수 24:25-28) 갱신을 떠올리게 한다. 그동안 선지자들을 통해 여호와 하나님의 말씀을 듣고, 말씀을 밝히 아는 제사장들을 통해 말씀을 배우기는 했어도, 이처럼 직접 성경을 읽는 일은 처음이었으니 얼마나 감격스러웠을까?

여선지자 훌다는 그 율법책을 읽고 요시야 왕 앞에 나아가 여호와의 말씀을 전한다.

"'나 주가 말한다. 유다 왕이 읽은 책에 있는 모든 말대로, 내가 이곳과 여기에 사는 주민에게 재앙을 내리겠다. 그들이 나를 버리고 다른 신들에게 분향하고, 그들이 한 모든 일이 나의 분노를 격발하였기 때문이다. 그러므로 나의 분노를 이곳에 쏟을 것이니, 아무도 끄지 못할 것이다.'…'나 주 이스라엘의 하나님이 말한다. 네가 들은 말을 설명하겠다. 이곳이 황폐해지고 이곳의 주민이 저주를 받을 것이라는 나의 말을 들었을 때에, 너는 깊이 뉘우치고, 나 주 앞에 겸손하게 무릎을 꿇고, 옷을 찢고, 내 앞에서 통곡하였다. 그러므로 내가 네 기도를 들어 준다. 나 주가 말한다. 그러므로 내가 이곳에 내리기로 한 모든 재앙을, 네가 죽을 때까지는 내리지 않겠다. 내가 너를 네 조상에게로 보낼 때에는, 네가 평안히 무덤에 안장되게 하겠다.'"(16-20절, 새번역).

요시야 왕은 예루살렘 모든 주민과 제사장들과 예언자들, 그리고 어른으로부터 아이에 이르기까지 성전에 모이도록 하여 성경을 읽어 주고, 여호와 앞에서 언약하도록 했다.

"왕은 기둥 곁에 서서, 주님을 따를 것과, 온 마음과 목숨을 다 바쳐 그의 계명과 법도와 율례를 지킬 것과, 이 책에 적힌 언약의 말씀을 지킬 것을 맹세하는 언약을, 주님 앞에서 세웠다. 온 백성도 그 언약에 동참하였다."(왕하 23:3, 새번역)

진정한 개혁은 마음으로부터 일어나야 한다. 요시야 왕이 율법책을 읽으며 하나님 앞에서 회개하고 계약을 갱신한 것은 진정한 개혁의 면모를 보여 준다. 예언자들이 목이 터지게 외쳤던 것이 바로 이런 개혁이었다. 이 책은 신명기의 일부였을 것으로 추측된다. 여하튼 이때 발견된 이 책을 공식적으로 하나님의 권위 있는 말씀이라고 인정했던 것이 구약성경 경전 형성의 첫 단계가 되었다.

2) 요시야의 종교개혁(왕하 23:1-20)

열왕기는 요시야의 종교개혁에 대해 매우 구체적으로 기술한다. 그 내용을 요약하면 다음과 같다.

⑴ 바알 및 아세라 제단과 목상 제거

a. 바알과 아세라를 섬기려고 만든 기구들을 성전 밖으로 내놓는다. 그리고 예루살렘 바깥 기드론에서 불에 태운다. 그 태운 재는 벧엘로 옮겼다(4절).

b. 성전 안에 세워져 있던 아세라 목상을 성전에서 내어다 기드론 시내에서 불사르고 가루로 만들어 일반 백성의 공동묘지 위에 뿌렸다(6절).

c. 아하스의 다락 지붕에 세운 제단들과 므낫세가 성전 두 마당에 세운 제단들을 다 헐고 빻아 그 가루를 기드론 시내에 쏟아버렸다(12절).

d. 여로보암이 세웠던 제단과 산당을 헐고 불사르고 빻아 가루로 만들고, 또 아세라 목상을 불로 태웠다(15절).

⑵ 가짜 제사장들을 정리함

a. 유다 왕들이 모든 산당에서 우상을 섬기도록 임명한 모든 가짜 제사장들을 몰아냈다(5절).

b. 유다의 모든 성읍으로부터 산당 제사장들을 예루살렘으로 불러들여 다시는 여호와의 성전에 올라가지 못하게 하고, 누룩 없는 빵만 주어 생명을 유지하게 했다(9절).

c. 사마리아 각 성읍과 벧엘의 산당에서 바알을 섬기던 제사장들을 그 제단에서 죽이고, 그 해골을 제단 위에서 불태웠다(15-16절).

(3) 바알 숭배에서 파생된 악습 폐지

a. 여호와의 성전에 있던 남창의 집을 헐었는데, 이곳은 여인이 아세라를 위해 휘장을 짜던 집이었다(7절).

b. 힌놈의 아들 골짜기에서 몰렉에게 드리기 위해 자기 자녀를 불로 지나가게 했던 일을 폐지했다.

(4) 유월절 및 예루살렘 중심의 예배 회복(왕하 23:21-23)

요시야 왕의 종교개혁에 관한 내용에서 강조되고 있는 것이 있다. 바로 유다 왕들이 세운 이방 신들의 제단과 산당을 요시야 왕이 직접 헐고 불태웠다는 것이다.

1) 유다 왕들이 세운 제단과 산당들(11-12절)과 이스라엘 왕들이 세운 산당(19절)
2) 특별히 왕들의 이름을 밝힌 곳들, 곧 므낫세가 성전 두 마당에 세운 제단들(12절), 솔로몬이 세웠던 산당과 석상들(13절), 여로보암이 벧엘에 세운 제단과 산당(15절)

이런 제단과 산당들을 요시야 왕이 직접 헐고 불태웠다고 밝히고 있다(12, 15, 19절).

지금까지 내용만 보아도 바알 제단과 산당을 제거하는 일이 얼마나 어려웠을지 충분히 짐작할 수 있다. 산당에는 지방의 부호들과 권력자들이 개입되어 있었고, 바알의 제사나 축제를 즐기던 수많은 백성도 연계되어 있었다. 심지어 유다와 이스라엘 왕들이 세운 제단과 우상들이 얼마나 많았는가? 왕들이 세운 제단이나 우상을 백성들이 어찌 감히 손댈 수 있었겠는가? 그뿐 아니라 유대 땅 주변의 제국들이 우상 숭배를 명령하며 강요하곤 했다. 히스기야 왕도 산당을 제거한 것 때문에 크게 곤욕을 치른 적이 있었다(왕하 18:22). 이런 이유 때문에 왕들이 세운 것들에 대해서는 요시야 왕이 직접 개입해 헐고 불태웠다고 말하고 있는 것이다. 유대 역사상 산당과 우상에서 자유로웠던 왕은 다윗과 히스기야 그리고 요시야뿐이었던 것만 봐도 알 수 있다.

부와 권력을 가진 자들에게 산당은 매력적인 곳이었다. 그곳에서 이루어지는 모든 일을 그들 마음대로 조종할 수 있었기 때문이다. 따라서 당시 산당이라고 하면, 신앙의 사유화와 연관되어 항상 듣기 좋은 메시지만 듣고, 축복만 받고 싶어 하는 자들의 전유물이 될 수밖에 없었다. 이것이 신앙을 타락하게 만들었고, 결국은 나라를 멸망의 길로 이끄는 원인이 되었다. 산당은 사람들의 욕망이 형상화된 것이다. 인간들의 욕망을 형상화해 그것을 종교란 이름 아래 합법적으로 즐겼던 것이 산당이다. 신앙의 사유화나 욕망의 형상화는 지금도 곳곳에서 이루어지고 있다. 순수하게 야웨 하나님을 섬기고 그의 법도와 규례를 따라 살려면 먼저 교회 안의 산당, 그리고 우리 내면의 산당을 제거해야 한다. 우리는 여기서 얼마나 자유로운지 스스로 묻지 않을 수 없다.

이에 관해 열왕기와 역대기를 비교하면 큰 차이가 나타난다.

열왕기는 개혁에 앞서 온 백성과 함께 하나님과의 계약을 갱신한다(왕하 23:1-3). 그리고 바알 우상을 철폐한 내용이 이어지고(왕하 23:4-20), 유월절을 회복한 내용이 단 석 절(왕하 23:21-23)로 요약되어 있다. 반면 역대기는 먼저 요시야의 종교개혁의 첫 단계를 기록하고(대하 34 : 1-7), 이어서 성전에서 발견된 율법책에 의해 무너진 성전을 수리하고 말씀대로 살아가도록 결단하는 내용이 언급된다(대하 34:8-33). 그리고 역대하 35장 1-19절에 이르는 긴 내용으로 유월절 회복과 준수에 관한 이야기를 자세하게 다루고 있다. 이것이 우리에게 말하는 바는 무엇인가?

열왕기는 예언자의 관점에서 종교개혁을 무게 있게 다룬다. 반대로 역대기는 제사와 절기를 지키는 일에 관심이 있다. 이는 제사장적 관점이다. 그러나 참된 예배는 계약을 날마다 새롭게 갱신하는 일이 필요하고, 우리 안에 새로운 개혁이 있어야 한다. 그래야 살아계신 하나님께 바른 예배를 드릴 수 있다. 이런 면에서 우리의 관심을 더 끄는 책은 열왕기다. 열왕기는 오늘날 우리 개인은 물론 교회와 국가가 어떻게 살아가야 희망이 있고, 샬롬의 공동체가 될 수 있는지를 보여 주는 책이다. 이에 열왕기는 오늘 우리에게 하나님께서 말씀하시는 책이라 해도 과언이 아니다.

히스기야와 요시야 비교

히스기야	요시야
산당들을 제거함	제단과 산당을 불태워 가루로 만듦
주상을 깨뜨리며 아세라 목상을 찍어내고 모세가 만든 놋뱀을 부숨	아세라 목상을 불태움
성전을 청결하게 함	성전을 청결하게 함
유월절을 회복함	유월절을 회복함
제사장들의 질서를 회복함	산당의 거짓 제사장들을 죽임
오직 여호와만 의지함	여호와 보시기에 올바른 일을 함

3) 왜 하나님은 요시야 왕을 일찍 불러가셨나?(왕하 23:28-30)

요시야는 성전에서 발견한 율법책의 규례를 지키려고 유다와 예루살렘에서 신접한 자, 박수, 드라빔, 우상 등 모든 혐오스러운 것을 눈에 보이는 대로 다 없애 버렸다. 이같이 마음을 다하고 생명을 다해 모세의 율법을 지키고자 한 왕은 전에도 후에도 없었다고 성경은 말한다. 그러나 그런 노력에도 하나님께서는 유다에 쏟으려던 진노를 거두지 않으셨다. 그 이유를 열왕기에서는 므낫세의 죄악 때문이라고 지적한다. 그리고 여호와께서는 "내가 택한 이 성 예루살렘과 내 이름을 거기에 두리라 한 이 성전을 버리리라"(왕하 23:25)라고 하신다. 그토록 여호와의 규례와 법도를 행하지 않으면 성전을 버리리라고 하셨건만 그들은 그 말씀을 망각하고 멸망에 이르고 말았다.

"그러나 너희가 만일 돌아서서 내가 너희 앞에 둔 내 율례와 명령을 버리고 가서 다른 신들을 섬겨 그들을 경배하면 내가 너희에게 준 땅에서 그 뿌리를 뽑아내고 내 이름을 위하여 거룩하게 한 이 성전을 내 앞에서 버려 모든 민족 중에 속담거리와 이야깃거리가 되게 하리니"(대하 7:19-20)라고 하신 말씀이 이루어진 것이다.

왜 요시야 왕이 북진하던 애굽 군대를 막기 위해 므깃도로 출전했는지에 대해서는 여러 가지 학설이 있다. 열왕기는 요시야 당시 애굽의 왕 바로 느고가 앗수르 왕을 치고자 하여 유브라데강으로 올라갔기에 요시야가 맞서 나갔다고 기술하고 있다(왕하 23:29). 역대기에는 "요시야가 성전을 정돈하기를 마친 후에 애굽 왕 느고가 유브라데강가의 갈그미스를 치러 올라왔으므로 요시야가 나가서 방비하였더니"(대하 35:20)라고 기록되어 있다. 그러나 일반적으로 애굽의 바로 느고 2세가 이스라엘 므깃도 쪽으로 진출했던 이유는 앗수르와 연합해 신흥 바벨론 세력을 견제하려고 원정을 떠난 것이라고 이해한다. 요시야는 탈(脫)앗수르 정책을 선택했기에 앗수르가 애굽과 동맹을 맺어 다시 세력을 키워 나가는 것을 반대했을 것이다. 요시야가 애굽군을 막기 위해 므깃도로 출전한 것은 바로 이런 이유 때문이었을 것이다. 그때가 주전 609년 경으로 유다 왕국이 바벨론에 망하기 바로 전이다. 새번역 성경도 "이집트의 바로 느고 왕이 앗시리아 왕을 도우려고 유프라테스 강 쪽으로 올라갔다"(왕하 23:29)고 번역한다. 그런데 개역개정 성경은 이와 반대로 번역하고 있다. "요시야 당시에 애굽의 왕 바로 느고가 앗수르 왕을 치고자 하여 유브라데강으로 올라가므로."

어느 것이 맞는지는 확실히 알 수 없다. 개역개정성경이 말하는 대로, 이집트 바로 느고가 앗수르의 세력이 약해지는 틈을 타서 메소포타미아 지역에 이집트의 교두보를 세워 그 지역으로 뻗어나가는 거점을 마련하려고 했는지도 모른다. 열왕기는 요시야의 죽음에 대해 어떠한 신학적 평가도 내리지 않는다(왕하 23:29-30). 단지 요시야 왕이 맞서 싸우려 나갔다 애굽 왕에 의해 죽임을 당했다고만 언급한다. 반면 역대기는 이 위대한 왕의 죽음에 대해 그 이유를 밝힌다. 여호와의 입에서 나온 느고의 말을 듣지 않고 므깃도 골짜기로 나가 싸울 때 적군의 화살에 맞아 중상을 입고 후송 도중에 전사했다고 한다. 경건의 상징처럼 여겨지던 요시야이지만, 애굽의 느고를 통해 주신 여호와의 말씀을 깊이 경청하지 않았기 때문에 죽었다는 것이다(대하 35:22).

그렇다면 역대기에서 말하는 것처럼, 애굽 바로 느고가 하나님이 자기와 함께 계시니 죽지 않으려면 하나님을 거스르지 말라고 한 말을 요시야가 듣지 않아서 죽었다는 것을 어떻게 이해해야 할 것인가?(대하 35:21-22) 그 전쟁은 하나님이 계획하신 것이라는 말인가? 애굽 왕이 어떻게 하나님의 말씀을 받은 것인가? 그리고 요시야가 그 말을 듣고 즉시 돌이켜 돌아왔더라면 죽지 않았을까? 어떻게 하나님께서 이방의 왕에게 자신이 사랑하는 종의 일에 대한 말씀을 주실 수 있는지도 의문이다.

열왕기의 맥락에서 보면, 므낫세가 여호와를 격노하게 했기 때문에 여호와께서 예루살렘과 성전을 버리겠다고 하신 내용(왕하 23:26-27)에 바로 이어 요시야의 죽음을 알리고 있다. 이로 보아 하나님께서는 유다를 멸망시키기로 작정하셨기 때문에 요시야의 죽음을 허락하신 것이 아닌가 하고 추측해 볼 수 있다. 성군 히스기야나 요시야로도 이스라엘의 멸망을 막지 못했다는 것은, 그들의 죄악이 가득 차서 더는 방치할 수 없었다는 말이기도 하다. 요시야 왕이 죽자 율법책이 발견된 지 13년 만에 종교개혁은 끝나 버린다.

요시야의 종교개혁은 선지자 예레미야가 큰 관심을 가지고 지켜 보았던 사안이었다. 그러니 요시야 왕이 죽었을 때 예레미야가 얼마나 슬펐겠는가? 그래서 예레미야는 그의 죽음을 슬퍼하며 애가를 지었고, 모든 노래하는 남자와 여자는 요시야를 슬피 노래했다(대하 35:25).

롤랑 드보는 요시야 왕의 죽음 이후의 유다의 상황을 이렇게 기록한다. "요시야의 종교개혁이 실패하자 지방에서 다시 고개를 든 산장의 성소들을 찾아다니게 되었다. 다른 곳에서와 마찬가지로 이런 산당의 성소들에서도 혼합주의적인 제사 의식을 거행했다"(《구약시대의 종교풍속》, p. 12).

열왕기 저자는 요시야 왕을 그리워하며 이렇게 평가한다.

"요시야와 같이 마음을 다하며 뜻을 다하며 힘을 다하여 모세의 모든 율법을 따라 여호와께로 돌이킨 왕은 요시야 전에도 없었고 후에도 그와 같은 자가 없었더라"(왕하 23:25). 성전에서 발견한 율법의 말씀을 다 지키려고 최선의 노력을 한 왕이 곧 요시야였다고 평가한다.

3. 무기력한 왕들(왕하 23:31-24:20)

1) 여호아하스(왕하 23:31-34)

성군 요시야 왕이 죽고 그 뒤를 이어 당시 나이 20세의 젊은 아들 여호아하스가 왕위에 오른다. 요시야에게는 네 아들이 있었는데 요하난, 여호야김, 여호아하스(살룸), 시드기야가 그들이다. 아마도 요하난은 일찍 죽었던 것으로 보이고, 요시야가 죽자 백성들은 그의 셋째 아들인 여호아하스를 왕으로 세웠다. 그런 혼란 속에서 왕이 된 그는 정신을 차리지 못하고 야웨 하나님 앞에서 악하게 살다 애굽의 바로 느고에 잡혀 시리아의 립나로 끌려간다. 그가 느고에게 미움을 산 것은 아마도 요시야의 반애굽 정책을 따라갔기 때문인 것으로 보인다. 그로 인해 그는 애굽의 봉신(vassal)이 되어 이름도 살룸으로 바뀌고(렘 22:11-12), 애굽에 은 일백 달란트와 금 한 달란트를 조공으로 바치는 신하로 전락한다(33절). 결국 그는 예레미야의 예언대로(렘 22:10-12) 애굽으로 끌려가 거기서 종말을 맞는다. 그리고 이어 요시야의 둘째 아들인 여호야김이 왕위에 오른다.

2) 여호야김(왕하 23:34-24:7)

여호야김의 본래 이름은 '엘리야김'이다. '여호야김'은 그 땅의 백성들이 아닌 애굽의 바로 느고에 의해 왕으로 세워지면서 바뀐 이름이다. 그의 이름이 바뀌었다는 것은 그가 애굽의 신하가 되었다는 의미다. 애굽의 바로 느고는 여호야김을 신하로 만든 뒤 그에게 예루살렘이 감당하기 어려운 조공을 바치도록 했고, 백성들은 그 조공을 마련하느라 허리가 휠 정도였다. 그런데도 여호야김은 애굽에 바치기 위해 국민에게 무거운 세금을 징수했으며, 자기를 위해 화려한 집을 지으면서 백성들을 고용하고도 임금을 주지 않았다(렘 22:13-25). 그로 인해 그는 죽어서도 매장되지 못한다(렘 22:19). 열왕기하 24장 6절에서도 그의 죽음에 대해 말하지만, 다른 왕의 경우처럼 사람들이 그의 장례를 치렀다는 말은 없다.

여호야김 시대에 바벨론 왕 느부갓네살이 예루살렘을 침공해 들어왔다. 갈그미스에서 바로 느고를 쳐부순 느부갓네살이 그 여세를 몰아 시리아와 유다를 쳐들어온 것이다. 힘 없는 여호야김은 3년 동안 바벨론을 섬길 수밖에 없었다. 그러다 국가 재정이 바닥날 지경이 되자 여호야김은 우선 먼 나라 바벨론의 조공부터 중지한다(왕하

24:1). 그리고 이에 분노한 느부갓네살이 유다를 침공한다. 그는 예루살렘 성전의 금은 그릇을 비롯해, 왕족과 귀족, 그리고 귀족의 자제들을 인질로 삼아 바벨론으로 끌고 가버린다(단 1:1-4). 이때가 주전 605년, 곧 유다가 1차 바벨론 포로로 끌려가던 해다(단 1:1). 다니엘과 세 친구도 이때 바벨론에 포로로 끌려 왔다.

예루살렘의 함락을 앞에 두고 열왕기 저자는 그 이유를 밝힌다. 모두 므낫세가 저지른 죄 때문이라는 것이다(왕하 24:3-4). 곧 그가 죄 없는 사람들을 죽여 그 피로 예루살렘을 가득 채웠기 때문에 하나님께서 결코 용서하실 수 없으셨다고 말한다. 한편 여호야김이 죽고 여호야김의 아들 여호야긴이 왕이 된다.

3) 여호야긴(왕하 24:5-17)

여호야긴의 본래 이름은 '고니야'로, 18세에 왕이 되어 석 달 동안 다스렸다. 이때 바벨론 느부갓네살이 예루살렘을 포위하고 여호야긴을 잡아 바벨론으로 끌고 갔다. 느부갓네살은 성전에 있던 금 그릇을 다 파괴하고, 예루살렘의 모든 백성과 지도자와 용사 만 명뿐 아니라, 모든 기술자를 바벨론으로 끌고 갔다. 그뿐 아니라 왕의 어머니, 왕비들, 그리고 내시들과 그 땅의 고관들을 모두 끌고 갔다. 예루살렘에 남은 자들은 가난한 사람들뿐이었다. 그때 바벨론으로 끌려간 사람 중에는 7천 명의 용사 및 1천 명의 기술자와 대장장이가 포함되었다. 당시 바벨론으로 끌려간 유다인은 약 4만 명 정도가 된다고 한다. 바벨론 왕은 여호야긴의 삼촌인 맛다니야를 시드기야로 이름을 바꾸고, 대신 왕으로 세운다. 예레미야에 의하면, 시드기야는 바벨론으로 끌려가 두 눈이 뽑히고 죽는 날까지 감옥에 갇혀 있었다(렘 52:11).

VI.

예루살렘아, 예루살렘아!

---

1. 폐허가 된 예루살렘(왕하 25:1-7)

유대인의 자랑이요 영광의 면류관이었던 성전이 예루살렘과 함께 무너졌다. 시드기야 즉위 9년 10월 10일에 바벨론 군대가 예루살렘에 쳐들어와 포위한 지 17개월이 지난 때다. 성 안에는 양식이 다 떨어졌고 백성들은 더는 버틸 수가 없게 되었다. 그리고 이어 예루살렘 성벽이 뚫린다. 시드기야 왕은 밤에 호위병들을 거느리고 뚫린 성벽 사이로 도망치다 여리고 근방에서 잡히고 만다. 군사들은 그를 버리고 다 도망쳤다. 바벨론의 군대는 포로로 잡은 시드기야를 끌고 시리아 북서쪽에 위치한 리블라(립나)에 있던 바벨론 왕에게로 끌고 간다. 왕은 거기서 심문을 받았고, 그가 보는 앞에서 그의 아들들이 모두 처형당하고 만다. 시드기야는 두 눈이 뽑힌 채 쇠사슬에 묶여 바벨론으로 끌려 간다(7절). 바벨론 군대가 이처럼 예루살렘을 쳐들어

온 이유는 시드기야가 바벨론에 반기를 들었기 때문이다(1절).

2. 성전이 훼파되다(왕하 25:8-17)

여호와의 전인 성전과 왕궁이 불에 타고, 큰 건물들도 다 불에 타 버렸다. 열왕기 저자는 예루살렘이 멸망하던 날을 잊을 수 없었던 것인가? 그는 그 날짜를 정확하게 기억하고 있다(1절). 느부갓네살이 예루살렘을 치러 올라왔을 때가 시드기야 9년 10월 10일이고, 예루살렘이 함락되던 때가 느부갓네살 19년 다섯째 달 7일이라고 말이다. 느부갓네살 19년 10월 10일은 주전 586~587년으로 유다 왕국이 바벨론의 근위대장인 느부사라단에 의해 2차로 포로로 끌려 갔던 해를 말한다.

느부사라단은 예루살렘 성전과 왕궁에 불을 지르고, 모든 귀인의 집이나 큰 건물을 완전히 태워 버렸다. 그리고 성벽을 헐고, 수많은 백성을 포로로 끌고 갔다. 성에 남겨 둔 사람들은 모두 가난한 자들로, 포도원을 가꾸고 농사를 짓게 했다. 왕이 없는 땅 유다에 온 바벨론 군은 자기들 마음대로 불태우고 약탈하고 죽이고 빼앗았다. 그리고 예루살렘 성전과 궁궐에 있는 값비싼 기구들을 모두 바벨론으로 가져갔다. 열왕기 저자는 이 모든 보물은 솔로몬이 여호와의 성전에서 야웨 하나님을 섬기기 위해 만들었던 것이라고 지적한다(16절). 왜 솔로몬을 지적해 언급하는 것일까?

솔로몬이 성전 건축을 마치고 드렸던 기도를 들으신 하나님께서는 다윗처럼 여호와의 율례와 법규를 지키면 다윗에게 언약한 대로 '이스라엘을 다스리는 자가 끊어지지 않을 것'이라고 하셨다. 여기까지는 열왕기의 내용이다. 그러나 열왕기는 여기에 더 엄격하게 '만약 그렇지 않으면'이란 단서를 붙인다. "그러나 너희가 만일 돌아서서 내가 너희 앞에 둔 내 율례와 명령을 버리고 가서 다른 신들을 섬겨 그들을 경배하면 내가 너희에게 준 땅에서 그 뿌리를 뽑아내고 내 이름을 위하여 거룩하게 한 이 성전을 내 앞에서 버려"(대하 7:19-20)라고 하셨던 말씀을 회상하는 듯하다.

3. 바벨론으로 끌려 가는 백성들(왕하 25:18-21)

예루살렘 성전은 폐허가 되어 버렸다. 왕은 포로로 잡혀가 두 눈을 잃고, 나라의 일꾼들은 모두 죽거나 포로로 잡혀가고, 거리는 시체로 뒤덮이고, 큰 건물들은 불에 타고, 성전의 기물들은 모두 빼앗겼다. 그리고 잡혀 갔던 사람들 중 60명이 하맛 땅 립나에서 죽임을 당한다. 성경은 말한다. "이렇게 유다 백성은 포로가 되어서 그들의 땅에서 쫓겨났다."(왕하 25:21, 새번역) 아마도 저항하던 유대 백성들을 끌고 가서 처형했던 것으로 보인다. '그들의 땅에서 쫓겨났다'라는 말은 바벨론의 4차 침공을 가리키며, 그 땅에 남아 있던 제사장들이나 군대 장교들, 그리고 유다의 유력 인사들을 모두 바벨론으로 끌고 갔기 때문에 이제는 유대 백성이 모두 그 땅에서 쫓겨난 것처럼 표현한 것으로 읽을 수도 있다. 열왕기에 의하면, 이것으로 유다의 역사는 완전히 끝난다.

예레미야는 예루살렘 멸망에 대한 애가를 지었다.

> "예루살렘아, 너는 레바논 산에 올라가서 통곡하여라. 바산 평야에서 소리를 지르고, 아바림 산등성에서 통곡하여라. 너의 모든 동맹국이 멸망하였다. 네가 평안하였을 때에는 내가 너에게 경고를 하여도 '나는 듣지

않겠다!' 하고 거부하였다. 너는 어렸을 때부터 이런 버릇이 있어서, 언제나 나의 말을 듣지 않았다. 너의 목자들은 모두 바람에 휩쓸려 가고, 너의 동맹국 백성은 포로가 되어 끌려갈 것이다. 참으로 그때에는, 너의 온갖 죄악 때문에, 네가 수치와 멸시를 당할 것이다."(렘 22:20-23, 새번역)

4. 마지막 총독 그달리야(왕하 25:22-26)

바벨론 왕 느부갓네살은 유다에 남겨진 백성들을 관할하도록 그달리야를 총독으로 세운다. 그 소식을 듣고 그를 따르는 많은 사람이 몰려왔다. 그달리야는 백성들을 향해 맹세하면서 말한다.

"너희는 갈대아인을 섬기기를 두려워하지 말고 이 땅에 살며 바벨론 왕을 섬기라 그리하면 너희가 평안하리라"(24절).

그러나 일곱째 달에 왕족인 이스마엘이 부하 열 명을 데리고 와서 그달리야를 쳐죽인다. 또 미스바에 그달리야와 함께 있던 친바벨론자들인 유다 사람과 바벨론 사람들을 죽였다. 그리고 바벨론 사람들을 두려워한 나머지, 노소를 막론하고 온 백성과 군대 지휘관들이 애굽으로 내려간다(26절). 이 구절에서 눈에 띄는 표현은, "자기가[느부갓네살] 유다 땅에 조금 남겨 놓은 백성"(22절, 새번역), "바벨론 왕을 섬기라 그리하면 너희가 평안하리라"(24절), "노소를 막론하고 애굽으로 갔으니 이는 갈대아 사람을 두려워함이었더라"(26절) 등이다. 여기서 황량하고 폐허가 된 유다와 예루살렘이 보인다. 몇 사람 남지 않은 예루살렘인 데다, 조국과 허물어진 성전을 등지고 애굽으로 떠나는 모습이 마지막으로 남겨진 이스라엘 백성의 모습이다.

5. 여호야긴이 석방되다(왕하 25:27-29)

무너진 나라를 세워 보려고 왕들을 세웠지만, 무기력한 왕들로서는 어찌할 수 없는 상황이었고, 결국 이 나라의 소망은 사라졌다. 그러나 하나님께서는 무너진 잿더미 속에서 불씨를 보듯 희망의 메시지를 던지신다. 포로로 잡혀간 지 37년이 지난 후 여호야긴은 감옥에서 해방된다. 그리고 죄수복을 벗고 왕과 한 상에서 먹게 된다. 이것을 희망으로 보아야 하는가, 아니면 지속되는 답답한 억압으로 보아야 하는가? 그는 포로의 신분에서 벗어났다. 그러나 아직도 그는 포로였다. 이것이 당시 이스라엘의 상황이었다. 유다 백성은 포로로 잡혀간 땅에서 돌아왔지만, 가난과 절망 등의 암울함에서 또 해방되어 벗어나야 한다. 어떻게 이 포로 된 생활에서 벗어날 수 있을까?

바벨론이 유대 백성을 몇 차례나 포로로 잡아갔지만, 이스라엘 백성의 씨를 말리지는 못했다. 유대 땅에는 레위 지파의 일부가 남아 있었다. 그들은 사독 가문에게 밀려난 아비아달 제사장 가문의 후손들과 전국에 흩어져 살던 레위 사람들이었다. 이들은 갈대아 족속이 농사를 짓도록 남겨 두었던 농투성이들 중에 끼어 있었다(왕하 24:14, 25:12). 지금 이스라엘에게 희망은 왕이 아니라, 흙더미 속에 묻혀 하나님의 때를 기다리고 있던 거룩한 남은 자들이 아닐까?

이제부터 선택받은 백성들이 살아갈 수 있는 길은 무엇인가? 열왕기 처음부터 계속 외쳤던 다윗의 길을 따라 가는 것이다. 여기에는 철저한 자기 반성이 요구된다. 그리고 말씀을 듣고 따라 가는 삶의 변화가 필요하다.

역대기는 바사의 고레스 원년에 이스라엘 백성의 포로 귀환을 명함으로 포로에서 돌아오는 것으로 끝을 맺는다. 열왕기 저자는 포로 귀환을 알지 못하고, 역대기 저자는 알고 있는 것으로 보아, 역대기가 그 이후에 기록된 것임을 알 수 있다.

6. 남겨진 이야기

열왕기에는 제사장들의 이야기가 별로 없다. 아비아달 제사장이 쫓겨나고, 사독의 후손들이 권력을 잡은 이야기뿐이다. 그래서 우리는 이 두 가문의 싸움에 대해서만 알고 있다. 이 점에 대해 롤랑 드보가 그 이후의 이야기를 전해 준다.

"유대 땅에 남아 있던 사독 가문의 제사장들이 독점했던 제사장의 활동이 이제 다시 폐허 속에서 아비아달 가문의 제사장들에게로 넘어 갔고, 사독의 후손들과 아비아달의 후손들이 화해하고 연합한 일은 바벨론에서 이루어졌으며, 이 사실은 에스라가 그 두 집단의 대표자들을 대동하고 귀환함으로써 증명되었다고 한다. 에스라가 팔레스틴으로 귀환했을 때는 이미 스룹바벨과 함께 제1차로 귀환하면서 정착한 그 두 집안(사독과 아비아달)의 제사장들이 직무를 수행하고 있었다(스 10:18-22, 2:36-39). 에스라 이후에는 이 두 집안의 연합세력이 형성되었고, 공평하게 제사장의 직무를 나누어 맡았다.

● 왜 다윗의 왕국인 유다가 멸망했는가?

예루살렘 성전이 불타고 무너지는 모습을 보면서, 열왕기 저자는 솔로몬이 성전에서 야웨 하나님을 섬기기 위해 만들었던 것에 대해 언급한다(왕하 25:16). 이는 솔로몬의 치적을 찬양하기 위한 것이라기보다, 예루살렘 멸망의 씨앗을 심고 가꾼 사람이 바로 솔로몬이요, 그 죄악으로 인해 솔로몬이 세운 성전이 무너졌다고 비웃는 것이다. 솔로몬은 다윗 왕국 안에 우상의 씨를 심고 가꾸었다. 그리고 므낫세는 그 열매를 맺게 했다. 그 결과 히스기야의 노력이나 요시야의 헌신도 나라를 구하지 못했다. 솔로몬과 히스기야 시대 사이에 나라를 바로 세워 보려고 목숨을 걸고 노력한 왕은 아사를 제하고는 아무도 없었다.

예루살렘이 하나님의 진노로 무너진 데는 아합과 이세벨의 영향도 컸을 것이다. 특별히 그의 딸인 아달랴가 7년 동안 예루살렘을 다스리면서 저지른 악행들은 예루살렘이 멸망하는 데 큰 역할을 했을 것이다. 그러니 열왕기적 입장에서 아달랴를 며느리로 받아들인 여호사밧을 쉽게 용서할 수 있었겠는가?

■ **지도자의 책임**

예루살렘의 멸망을 보면서 지도자들의 중요성을 새삼 인식하게 된다. 지도자들에 의해 나라는 견고해지기도 하고, 기울어져 망하기도 한다. 동시에 백성들의 책임도 배제할 수 없다. 지도자들이 잘못되었더라도, 자신의 영달만 꾀하고 자기가 원하는 대로 사는 것 아니라, 나라를 바로 잡으려는 생각으로 의지적인 결단을 했더라면 위기를 막을 수도 있었건만, 도리어 백성들이 앞장서서 우상을 섬기는 일로 왕을 압박했을 것이다.

구약에서 왕은 하나님께서 양자로 삼으신 존재다. 하나님은 왕을 향해 "너는 내 아들이라 오늘 내가 너를 낳았도다"(시 2:7)라고 하신다. 함무라비 법전에 의하면, 고대에는 양자를 삼는 사람이 양자로 들어오는 자에게 "너는 내 아들이다"라고 말했다. 반면 양자 관계가 해소될 때는 "나는 너의 아버지가 아니다"라고 말하고, 이혼할 때는 "그녀는 이제 나의 아내가 아니다"라고 말했다(호 2:2). 하나님께서도 왕을 버릴 때는 "너는 이제 나의 아들이 아니다"라고 선언하신다. 이처럼 하나님께서는 자신의 대리자로 왕을 세우셔서 백성을 다스리기 때문에 왕이 하나님을 떠나면 그 백성이 고통을 당해야 했고, 왕이 바르게 하나님을 섬기면 그 축복을 백성이 누리게 되었다.

구약에서 왕은 구출자와 구속자다. 왕은 자기 백성의 평안과 번영을 책임지는 존재라는 말이다. 이는 왕이 무슨 복과 화를 몰고 다니는 신비한 힘을 가지고 있다는 뜻이 아니라, 단지 한 지도자의 삶의 자세에 온 나라의 운명이 달려 있다는 뜻이다. 하나님께서는 왕이 여호와 하나님께 충성할 때는 풍요하고 번영을 주시지만, 하나님을 배반하고 이방 신들을 섬길 때는 진노를 내리신다. 그리고 그 결과는 고스란히 백성이 받아야 한다. 그 예를 솔로몬에게서 볼 수 있다. 솔로몬에게 임한 하나님의 진노는 나라가 분열하는 비극이었고, 주변 나라들로 하여금 솔로몬을 배반하고 대적하게 하는 것이었다. 그 비극과 아픔을 온 백성이 겪어야 했다. 왕의 대관식에서 백성들이 "오 하나님, 당신의 왕위가 영원 무궁하소서!"(시 45:7)라고 외치는 이유가 거기에 있다(왕상 1:34; 시 45:7 참고).

열왕기는 유다의 멸망의 원인 제공자는 솔로몬이고, 북이스라엘의 멸망의 원인은 여로보암에게 있다고 거듭 말한다. 여로보암의 악은 외적으로 드러났지만, 솔로몬이 심은 악의 씨앗은 눈에 잘 보이지 않고 감춰져 있었다. 그러나 이 악의 씨앗은 장차 자라 나라를 뒤덮고 결국 무너지게 했다

예루살렘의 멸망을 보면서, 하나님의 말씀이 얼마나 소중한 것인지를 깨닫게 된다. 말씀을 떠난 왕들은 얼마 지나지 않아 곧 하나님을 떠났고, 그다음부터는 자기 마음대로 나라를 이끌어 갔다. 그리고 그들이 누렸던 평화와 형통은 결국 혼돈과 전쟁과 질병과 죽음으로 이어졌다. 그런 면에서 예언자(선지자)들의 위치가 얼마나 중요한지를 또한 깨닫게 된다. 말씀이 사라짐으로 인해 하나님과 백성들

간의 소통이 끊어져 버린 시대에 위험을 무릅쓰고 하나님의 말씀을 외쳤던 엘리야와 엘리사를 비롯한 수많은 선지자들의 외침이, 사마리아가 망하고도 유다가 135년(주전 722-587년)을 더 버틸 수 있게 해 주는 힘이 되었다. 위기 시대에 마지막 희망은 선지자(예언자)들이었다. 그러므로 예언자가 없는 사회는 죽은 사회다.

야웨 종교는 "평안하다", "복 받으라"라는 외침만으로 살아나지 않는다. 야웨의 말씀을 잘 듣고, 그 말씀대로 살아갈 때 생명력을 얻는다(신 28:1-3). 인생들이 살아갈 수 있는 최선의 길은 여호와의 인도를 따라 사는 것이다. 그렇다면 우리가 드릴 수 있는 최고의 기도는 주님이 가르쳐 주신 대로 "주의 뜻이 이 땅에 이루어지이다"(Your will be done on earth)이다. 시편 기자는 이렇게 고백했다. "주의 말씀은 내 발에 등이요 내 길에 빛이니이다"(시 119:105).

* 다음은 독자들의 이해를 돕기 위한 이스라엘 역사 연대표다. 학자들마다 조금씩 견해 차이가 있지만 웃시야 때부터는 일치한다. 본서에서는 존 브라이트(John Bright) 교수의 연대표를 사용한다. 학자들 간의 오차 범위는 6년 정도다.

이스라엘	연도	유다
여로보암 1세	922	르호보암
	915	아비얌(르호보암의 아들)
	913	아사
나답(여로보암의 아들)	901	
바아사(아히야의 아들)	900	
엘라(바아사의 아들)	877	
시므리(엘라를 죽이고 왕이 됨)	876	
오므리	876	
	873	여호사밧(늘 하나님께 물었던 왕)

아합(오므리의 아들-이사야, 후기에는 미가야 선지자)	869	
아하시야(아합의 아들, 아합과 이세벨의 길을 걸음)	850	
여호람(요람, 아합의 아들)	849	여호람(요람, 여호사밧의 아들, 아합의 딸과 결혼)
	842	아하시야(여호람의 아들, 아합 가문의 길을 걸음)
예후(여호사밧의 아들)	842	아달랴
여호아하스	815	
요아스	801	
	800	아마샤
여로보암 2세	786	
	783	웃시야(아사랴)
	750	요담(섭정)
스가랴	746	
살롬	745	
므나헴	745	
	742	요담
브가히야	738	
베가	737	
	735	아하스
호세아	732	
(무정부 상태)	724	
사마리아의 멸망	721	
	715	히스기야
	687	므낫세
	642	아몬
	640	요시야
	09	여호아하스
	609	여호야김
	598	여호야긴
	597	시드기야
	587	예루살렘 멸망

열왕기를 마치면서

이 책을 쓰면서 히브리인들의 문학적 기술 방법에 대하여 많은 것을 배웠다. 특히 역사 기록 방법이 특이하다는 것을 알게 되었다. 그들은 사람을 선하거나 악하다고 섣불리 평가하지 않는다. 열왕기가 왕들의 기록이어서 더 그랬겠지만, 쉽사리 평가하지 않는 대신 사건의 내용을 어느 위치에 놓는지를 통해 그 의미를 달리한다.

예를 들면, 솔로몬과 여호사밧에 대한 기록이 그러하다. 특히 여호사밧에 대한 기록은 독특하다. 우리는 여호사밧이 선한 왕이었는지 아니었는지를 먼저 판단하고 그에 대한 글을 읽으려 한다. 그러나 열왕기는 여호사밧에 대해 매우 짧게 기록해 놓았다. 그를 소개하는 총 열 구절 중 개인적인 신상에 관한 두 절(왕상 22:41, 42)과 마지막의 그의 죽음에 대한 한 절(왕상 22:50)을 제외하면 그의 행적에 대한 기록은 단 일곱 절뿐이다. 그마저도 아무런 설명 없는 단문으로 담담하다. 여호사밧의 이야기는 아합의 이야기(왕상 22:1-40)와 아합의 아들 요람 왕의 이야기(왕하 3:1-27) 사이에 끼어 있을 뿐이다. 그에 대한 판단은 독자들의 몫으로 남겨 놓은 셈이다.

이런 문학적 방법은 자세히 읽고 오래 생각하지 않으면 그 의미를 발견하기가 쉽지 않다. 그래서 "적은 단어로 많은 말을 하라"라는 탈무드의 말이 무엇을 의미하는지 알게 되었고, 히브리인들이 성경 묵상을 강조하는 이유도 다소 확실히 알게 되었다.

열왕기에 대한 책을 쓰면서 이 책이 역대기와 얼마나 다른지도 새삼 깨달았다. 역대기는 열왕기보다 적어도 150년 뒤에 기록된 책이다. 열왕기는 여호야긴 왕이 포로에서 자유의 몸이 된 후에 기록되었다면(주전 550/551년), 역대기는 주전 450년 또는 400년에 기록된 것으로 추정할 때, 두 책의 기록 시기는 무려 100년 또는 150년의 시간적 간격이 있다. 당연히 열왕기가 왜 유대 나라가 망했는지에 관심이 많았다면, 역대기는 예언자들의 희망적인 메시지를 기억하면서 부푼 꿈을 안고 예루살렘에 돌아온 포로민들이 직면한 현실에 관심이 더 많다. 당시 그들이 직면한 현실은 좌절과 절망, 배고픔과 혼돈, 그리고 버려짐뿐이었다. 예루살렘이 바벨론에 무너지던 때, 예루살렘 인구가 얼마나 되었을까? 예수님 당시에 6만 명 정도였다고 추산한다면 그때는 이보다 훨씬 적었을 것이다. 그런데 바벨론 포로로 끌려간 인원이 4만 명이라고 하니, 폐허가 된 예루살렘에 남겨진 사람들은 도대체 몇 명이나 되었을까?

유다 땅에 남겨진 적은 수(왕하 25:22)의 사람들이 성을 재건한다는 것은 상상도 할 수 없는 일이었다. 더욱이 백성들 사이에서는 하나님께 선택받은 자라는 선민의식(選民意識)도 점점 사라지고, 예배의식도 점점 쇠퇴해 가고 있었다. 예루살렘 귀환 후 10년이 지나고 50년의 세월이 흘러도 잿더미로 변한 그 땅의 모습은 그대로였을 것이다. 이런 상황에서 선포해야 할 메시지는 무엇이었을까? 당연히 희망과 회복이었다. 따라서 열왕기는 신명기적 가치관에 근거해 이스라엘 역사를 정리하려 했으며, 특히 하나님의 백성인 이스라엘이 왜 바벨론에 끌려가야 했는지, 그리고 어떻게 살아갈 때 나라가 부강해지고 형통하게 되는지를 묵시적으로 전달하려 했다. 반면 역대기는 신앙의 모범이 되는 왕들이나 백성들을 내세워 그들을 위로하고 선민의식을 회복하며, 어떻게 살아야 하나님의 은혜와 축복을 받을 수 있는지를 보여 주는 데 더 큰 관심을 쏟았다.

이러한 신학적 입장에서, 역대기는 다윗과 솔로몬의 약점을 모두 삭제하고 이들을 가장 이상적인 인물로 과장한다. 특히 열왕기는 므낫세를 가장 악한 왕으로만 평가하지만, 역대기는 그가 다메섹에 포로로 잡혀갔다 온 후에 새로워진 사실을 다룬다. 또 역대기는 예배를 강조하기 위해 하나님을 예배하고 섬기는 자들만 축복을 받을 수 있다고 강조한다(대상 16:1, 17:8).

열왕기에 대한 책을 쓴다는 것은 결코 쉬운 일이 아니었다. 무엇보다도 본문 자체를 읽는 일이 어려웠다. 수십 번을 읽어도 다음에 다시 읽어 보면 잘못 이해하거나 제대로 깨닫지 못한 내용이 있었다. 개역개정 성경은 아직도 수정하거나 교정해야 할 부분이 너무 많다는 것도 알게 되었다. 그런 구절에서는 새번역 성경의 도움이 필요했다. 본문의 의미를 정확하게 이해하기 위해서는 외국 번역서도 꼭 읽어야 했다. 이 책을 쓸 때도 많은 자료의 도움을 받았음은 물론이다. 그러나 내러티브로 본문을 읽기 위해서는 내 자신 안에 관통하는 신학이 있어야 했기에 그 신학을 따라가려고 노력했다. 이때 필요했던 것은 묵상이다. 묵상을 통해 본문의 내용을 정리하기도 하고, 숨은 의미를 찾아가기도 했으며, 무엇보다도 성령께서 주시는 통찰을 통해 많은 부분을 이해하게 되었다.

이 책은 열왕기상·하를 중심으로 쓴 책이다. 그러나 특별한 인물들에 대해서는 역대기와 비교 연구하려고 노력했다. 열왕기는 '두 길'을 제시한다. 곧 '다윗의 길'과 '여로보암의 길'이다. 다윗의 길은 하나님께서 인정하시는 의인의 길이다(시 1:6). 그러나 여로보암의 길은 망하는 길이다. 이 두 길이 열왕기를 관통하고 있다. 예수님께서 가르쳐 주신 두 길, 곧 '넓은 길'과 '좁은 길'의 비유를 정확하게 해석해 준 책이 열왕기라고 생각된다. 다윗의 길을 대표하는 말이 다윗이 아들 솔로몬에게 한 유언에 고스란히 담겨 있다.

> "너는 힘써 대장부가 되고 네 하나님 여호와의 명령을 지켜 그 길로 행하여 그 법률과 계명과 율례와 증거를 모세의 율법에 기록된 대로 지키라 그리하면 네가 무엇을 하든지 어디로 가든지 형통할지라"(왕상 2:2-3).

열왕기와 역대기의 차이를 정확하게 보여 주는 곳은 요시야 왕에 대한 기록이다. 요시야 왕에 대한 기록은 두 책을 쉽고도 명확하게 구분하게 해줄 뿐 아니라, 두 책의 신학도 분명히 다름을 보여 준다.

요시야 왕에 대한 열왕기의 기록은 열왕기하 22장에서 23장 30절까지다. 그중에서 율법책을 발견하고 하나님과 새로운 계약을 체결하는 내용이 22장 3-20절(총 18절)에 기록되어 있고, 종교개혁을 다룬 내용은 23장 1-20절(총 20절), 그리고 나머지 세 절에서 유월절 회복의 내용을 기술한 다음, 마지막으로 요시야의 죽음을 다룬다. 이처럼 열왕기는 종교개혁을 매우 길게 다루었고, 유월절에 대한 기록은 단 세 절로 그치고 있다. 열왕기의 관심이 종교개혁에 집중되어 있고, 성경책과 깊게 관련되어 있다는 사실을 알 수 있다. 이처럼 열왕기는 예언자적 관점에서 기록되었음을 보여 주는데, 그 핵심은 '말씀-개혁-유월절(예배)'이다. 이런 과정이 이루어질 때 야웨 종교는 생명력을 지닐 수 있다고 열왕기는 주장하고 있다.

역대기의 강조점은 좀 다르다. 요시야에 대한 기록은 역대하 34장 1절부터 35장 26절에서 발견할 수 있는데, 그중에서 종교개혁 첫 단계가 34장 3-7절에 기록되었고(총 5절), 율법책의 발견과 계약 갱신이 34장 8-33절까지(총 26절), 그리고 유월절에 관한 내용이 35장 1-19절에 매우 길게 기록되어 있다(총 19절). 그리고 이어서 요시야 왕의 죽음을 다룬다(대하 35:20-27). 역대기가 강조하고 있는 점을 통해 알 수 있는 것처럼 역대기의 관심은 종교개혁보다는 성전 예배와 유월절 준수에 있다. 그리고 그다음이 하나님의 말씀이다. 반면 열왕기는 하나님의 규례와 법도, 즉 하나님의 말씀에 강조점을 둔다. 그리고 그에 따른 삶을 강조한다. 삶이 없이는 축복도 없다는 것이 열왕기의 강조점이다.

이 책을 저술하는 동안 야웨 하나님에 대하여 많은 생각을 다시 하게 되었다. 하나님은 어떤 분이신가? 하나님이 우리 인간들에게 원하시는 바는 무엇인가? 어떻게 할 때 하나님이 기뻐하시는가?

열왕기는 수많은 왕들의 삶의 기록이다. 사울 왕부터 계산하면 남유다 23명의 왕과 북이스라엘 19명의 왕들의 기록이다. 그러나 그 왕의 수가 42명이라지만 그들 모두는 한 하나님 앞에서 살았다. 그렇기 때문에 그 왕들과 하나님과의 관계를 살펴보면 야웨 하나님이 어떤 분이신지를 알 수 있다.

하나님은 어찌 보면 참 단순하신 분이다. 인간들에게 많은 것을 요구하지 않으신다. 다윗과 솔로몬 그리고 왕들을 세우실 때마다 부탁한 내용을 보면 아주 단순하다. 세상을 창조하신 유일하신 하나님을 하나님으로 대접하라는 것이다. 그 내용을 요약한다면 "내 율례와 법규를 지키라"는 말씀이다. 언뜻 들으면 하나님은 독선적이고 이기적이신 분이라고 생각할 수 있다. 그러나 생각해 보자. 하나님이 우리에게 요구하시는 것은 오직 하나님만 위한 것이고, 인간들은 무조건 순복하란 말씀인가? 아니다. 피조물인 인간들이 하나님께 무릎 꿇고 야웨 하나님만 높일 때 인간들에게 참된 샬롬이 이뤄지기 때문에, 그리고 하나님은 사랑을 주어 기쁘시고 인간들은 그 사랑을 받고 살아서 행복한 것이 때문에 요구하시는 것이다. 이것을 하나님께서는 레위기 11장 45절에서 이렇게 말씀하셨다.

> "나는 너희의 하나님이 되려고 너희를 애굽 땅에서 인도하여 낸 여호와라 내가 거룩하니 너희도 거룩할지어다."

하나님을 섬기는 일은 그리 어려운 일이 아니고 참 단순한 것이었는데, 그 길을 멀리도 돌아왔다는 생각이 든다. 시편 기자가 말한 대로 "오라 우리가 굽혀 경배하며 우리를 지으신 여호와 앞에 무릎을 꿇자"(시 95:6)고 다짐하자. 이제는 우리의 고집을 꺾자. 그리고 욕심을 버리고 하나님께 굴복하자. 인간의 평화와 행복은 다른 데서 오는 게 아니라 하나님께로부터 오기 때문이다.

요한계시록은 이 땅의 모든 그리스도인은 하나님이 임명해 세운 왕이라고 선언한다(계 1:6, 5:10). 열왕기는 이스라엘 왕들에 대한 역사적 기록으로, 지금 이 땅의 왕으로 세움받은 우리 자신을 돌아보게 한다. 우리는 지금 다윗의 길을 가고 있는가, 아니면 여로보암의 길로 가고 있는가? 동시에 하나님은 왕으로 임명받은 우리에게 어떤 왕으로 살 것인지 결단하라고 촉구하신다.

이런 면에서 오늘날 우리가 관심을 가져야 할 책은 열왕기인 듯하다. 열왕기는 우리 개인에게 하나님 앞에서 바로 사는 법을 가르쳐 주는 책이면서도, 오늘날 현대 교회에 주는 예언서로서 교회가 생명력을 되찾을 수 있는 길을 제시하기 때문이다. 그 길은, 하나님을 기쁘시게 하는 길이고, 하나님을 하나님으로 존귀하게 높이며 사는 길이다!

"Come, let us bow down in worship,
let us kneel before the LORD our Maker"(시 95:6, NIV).

참고 문헌

게할더스 보스. 성경신학. 원광연 역. 서울: 크리스천다이제스트, 2005.

롤랑 드보. 구약시대의 생활풍속. 이양구 역. 서울: 대한기독교서회, 1983.

________. 구약시대의 종교풍속. 이양구 역. 서울: 나단, 2007.

________. 구약시대의 사회풍습. 이양구 역. 서울: 솔로몬, 2001.

리처드 넬슨. 열왕기상하. 김회권 역. 서울: 장로교출판사, 2000.

송병현. 엑스포지멘터리 역사서 개론. 서울: 국제제자훈련, 2011.

스티븐 튜엘. 역대상하. 배희숙 역. 서울: 장로교출판사, 2007.

알프레드 에더스하임. 유대인 스케치. 서울: 복 있는 사람, 2016.

옥스퍼드 원어성경대전(열왕기 I. II. III.). 서울: 제자원.

옥스퍼드 원어성경대전(역대기 I. II. III.). 서울: 제자원.

월터 브루그만. 구약신학. 류호준, 유호영 역. 서울: CLC, 2003.

장영일. 구약신학의 역사적 기초. 서울: 장로회신학대학교 출판부, 2001.

Brueggemann, Walter. *First & Second Samuel, Interpretation*. Louisville, KY: John Knox, 1990

Cogan, Mordechai & Tadmor, Hayim. *II Kings, Anchor Yale Bible commentaries*. Yale University Press, 1988.

Cray, John. *I & II Kings*. London: Westminster Press, 1976,

Hobbs, T. R. *Word Biblical Commentary(WBC)*. Tennessee: Thomas Nelson, 1985.

Interpreters. Kings & Chronicles. Nashville: Abingdon Press, 1954.

Jewish Publication Society. *Jewish Study Bible*. New York: Oxford University Press, 1999.

Kratz, Reinhard G., Bowden, John. *The Composition of the Narrative Books of the Old Testament*. London & New York: T&T Clark International, 2005.

Linville, J. R. *Israel in the Book of Kings*. Sheffield: Sheffield Academic Press, 1998.

The literary Guide to the Bible. ed. Robert Alter & Frank Kermode. Cambridge, MA : Belknap Havard, 1999.

내러티브로 읽는 성경 3 열왕기상 · 열왕기하

내러티브로 풀어가는 왕들의 이야기

1판 1쇄 인쇄 _ 2023년 5월 20일
1판 1쇄 발행 _ 2023년 5월 30일

지은이 _ 이연길
펴낸이 _ 이형규
펴낸곳 _ 쿰란출판사

주소 _ 서울특별시 종로구 이화장길 6
편집부 _ 745-1007, 745-1301~2, 743-1300
영업부 _ 747-1004, FAX 745-8490
본사평생전화번호 _ 0502-756-1004
홈페이지 _ http://www.qumran.co.kr
E-mail _ qrbooks@daum.net / qrbooks@gmail.com
한글인터넷주소 _ 쿰란, 쿰란출판사
페이스북 _ www.facebook.com/qumranpeople
인스타그램 _ www.instagram.com/qrbooks
등록 _ 제1-670호(1988.2.27)
책임교열 _ 이주련 · 김유미

 ISBN 979-11-6143-843-6 93230

책값은 뒤표지에 있습니다.

파본(破本)은 구입처에서 교환해 드립니다.